金恺文 著

困境与机遇

——民国成都道教生存状况研究

儒道释博士论文丛书

巴蜀书社

《儒道释博士论文丛书》编委会

《儒道释博士论文丛书》由上海城隍庙和北京东岳庙资助出版

《儒道释博士论文丛书》缘起

国家“985工程”四川大学宗教、哲学与
社会研究创新基地首席科学家
《儒道释博士论文丛书》
编委会主编 卿希泰

儒道释是中华民族传统文化的三大支柱，源远流长，内容丰富，影响深远，它对中华民族的共同心理、共同感情和强大凝聚力的形成与发展，均起了极其重要的作用，是我们几千年来战胜一切困难、经过无数险阻、始终立于不败之地的精神武器，在今天仍然显示着它的强大生命力，并在新的世纪里，焕发出更加灿烂的光彩。

自从1978年中国共产党第十一届三中全会确立改革开放路线以来，我国对儒道释传统文化的研究工作，也有了很大的发展，在全国各地设立了许多博士点，使年轻的研究人才的培养工作走上了有计划有组织地进行的轨道，一批又一批的博士毕业生正在茁壮成长，他们是我国传统文化研究方面的一支强大的新生力量，是有关各学科未来的学术带头人。他们的博士学位论文有一部分在出版之后，已在国内外的同行学者中受到了关注，产生了很好的影响。但因种种原因，学术著作的出版甚难，尤其是中青年学者的学术著作出版更难。因此还有相当多的博士学位论文难以及时发表。不及时解决这一难题，不仅对中青年学者的成长不利，且对弘扬中华优秀传统文化，促进学术交流也不利。我们有志于解决此一难题久矣，始终均以各种原因未能如愿。直到1999年，经与香港圆玄学院商议，喜得该院慨然允诺捐资赞助出版《儒道释博士论文丛书》，当年即出版了第一批共5本博士学位论文。此后的10余年间，在圆玄学院的鼎力支持及丛书编委会同仁的共同努力下，一批又一批优秀的博士学位论文通过这个平台展现在世人面前，到2013年，已出版了15批共130部；这些论著的作者，有很多已经成长为教授、博士生导师。2014年，圆玄学院因自身经济方面的原因，停止资助本丛书，我们深感遗憾，同时也对该院过往的付出与支持致以敬意和感谢！

令人欣慰的是，当陈耀庭教授得知本丛书陷入困境的消息后，即与上海城隍庙商议，上海城隍庙决定慷慨施以援手。2015年，慈氏文教基金有限公司董事长王联章先生也发心资助本丛书。学术薪火代代相传，施善之士前赴后继。在党中央弘扬中华民族优秀传统文化的英明决策指引下，本丛书必然会越办越好，产生它的深远影响。

本丛书面向全国（包括港澳台地区）征稿。凡是以研究儒、道、释为内容的博士学位论文，皆属本丛书的出版范围，均可向本丛书的编委会提出出版申请。

本丛书的编委会是由各有关专家组成，负责审定申请者的博士学位论文的入选工作。我们掌握的入选条件是：(1) 对有关学科带前沿性的重大问题做出创造性研究的；(2) 在前人研究的基础上有新的重大突破、得出新的科学结论从而推动了本学科向前发展的；(3) 开拓了新的研究领域、对学科建设具有较大贡献的。凡具备其中的任何一条，均可入选。但我们对入选论文还有一个最基本的共同要求，这就是文章观点的取得和论证，都须有科学的依据，应在充分占有第一手原始资料的基础上进行，并详细注明这些资料的来源和出处，做到持之有故、言之成理，避免夸夸其谈、华而不实。我们提出这个最基本的共同要求，其目的乃是期望通过本丛书的出版工作，在年轻学者中倡导一种实事求是地、一步一个脚印地进行学术研究的严谨学风。

由于编委会学识水平有限和经验与人力的不足，难免会有这样或那样的失误，恳切希望能够得到全国各有关博士点和博士导师以及博士研究生们的大力支持和帮助，对我们的工作提出批评和建议，加强联系和合作，给我们推荐和投寄好的书稿，让我们一道为搞好《儒道释博士论文丛书》的出版工作、为繁荣祖国的学术文化事业而共同努力。

2015年10月1日于四川大学宗教、哲学
与社会研究创新基地，道教与宗教文化研究所

编委会按：2017年，慈氏文教基金有限公司因自身原因中止资助，其资助金额由北京东岳庙管委会慷慨承担，谨此致谢。

目　录

绪　论

一　研究意义

清中后期以来，道教便逐渐在官方失去地位。[1] 清末民初，在西方民主和科学观念的影响下，旧有政治体制被推翻，传统受到前所未有的质疑和批判。在民主与专制的反复较量中，中国进入了长期的军阀混战时期。南京国民政府成立不久，全国又再次陷入抗战之中。毫无疑问，这是一个变革和动荡的时代。

民国时期，成都不仅是四川省政治、经济、文化的中心，同时还引领着四川道教的发展。对于道教而言，成都在全国乃至在道教史中也具有相当地位。那么在这样的时代背景下，成都地区道教呈现何种生存状态，面临怎样的发展机遇和困境，是一个值得深入研究的问题。本书试图将民国成都道教作为一个整体，并置之于时代、国家、社会大背景下进行一次初步的综合性研究。

① 卿希泰主编：《中国道教史》，成都：四川人民出版社，1996 年，第 4 卷，第 211 页。

在这一过程中解析成都地区道教生存与发展状况，道教在文化潮流、政治变革、历史事件中所受冲击、影响和反馈，以及道教与信仰民俗关系等方面内容。以此探究成都道教与国家政策、地方政治、时代变革、信仰民俗等多方面之互动。

希望通过以上研究，多少能够丰富和完善我们对民国成都道教的认识和理解。同时借助对成都这个道教重镇的案例分析，在一定程度上反映出民国时期道教的一般处境和地位，或许对于我们思考道教，乃至传统文化在中国现代化进程中的生存状况及其原因有所帮助。

二　研究现状

就民国成都道教本身而言，现有研究多集中在著名宫观、道士、道派、著作等方面，而将之置于时代、国家、社会大背景下，去分析成都道教与时代变革、国家政策、地方政治、信仰民俗等多方面互动的研究还为数不多。不过放眼海内外，已有不少将道教置于历史大背景下的综合性研究。此类研究，除了运用传统历史学、宗教学、社会学、人类学、民俗学等理论方法，还会采用地方史、微观史学、田野考察等研究方式。其中包括道教与地方政府、道教与社会、道教与信仰民俗、地方道教史、道派研究等多方面的论著。

关于道教与政治、社会的研究，海外和华人学者研究较多。如高万桑（Goossaert Vincent）对北京道教和天师道的研究：《1800—1949 的北京道士：一部城市道士的社会史》（*The Taoists of Peking*，1800—1949：*A social History of Urban Clerics*）、《清代江南地区的城隍庙、张天师及道教官僚体系》《清初苏州的道教与民间信仰——穹窿山施道渊的个案》，与王见川合编《近代张天师史料汇编》；施舟人（Kristofer Schipper）《道教在近代中国的变迁》《旧北京的宗教行事结构》；刘迅《张将军瘗埋枯骨：清初南阳重建与全真道教的合作》《清末南阳玄妙观传戒考略》，与高万桑合编 *Daoism in Modern Chine*，*Quanzhen Daoists in Chinese Society and Culture*，1500—2010，并正在撰写一部明清时期河南南阳地区全真道教宫观与地方社会关系历史的研究专著。杨庆堃《中国社会中的宗教》是早期把中国宗教、社会、政治、民俗结合研究的代表著作，对后世的影响和启发性很大。此外，还有国内学者黎志添结合道教庙宇碑刻，研究广州道教与地方社会的关系，并出版《广州府道教庙宇碑刻集释》《广东地方道教研究—道观、道士及科仪》《道教与民间宗教研究论集》等论著；还有付海晏《北京白云观与近代中国社会》，郭峰《近代城市宫观与地方社会——以杭州玉泉观福星观为中心》，郭武《道教与云南文化》，赵春晨、郭华清《宗教与近代广东社会》等。王东杰《近代道教之污名及其净化》深入分析近代中国知识精英对道教的认知和形象塑造过程，对于我们认识道教在民国时期的社会形象很有启发。

国内的研究，偏重于地方道教史和道派研究。地方道教史的研究，有樊光春《西北道教史》《陕西道教两千年》《长安·终南山道教史略》，孔令宏、韩松涛编著《民国杭州道教》，王光德、杨立志《武当道教史略》，杨学政、刘婷《云南道教》，张宗奇《宁夏道教》，黄兆汉、郑炜明《香港与澳门之道教》，郑国栋等编《泉州道教》，赵亮等著《苏州道教史略》等。道派研究有陈垣《南宋初河北新道教考》、盖建民《道教金丹派南宗考论：道派、历史、文献与思想综合研究》、丁培仁《元前道派研究》、李远国《神霄雷法》、汪桂平《东北全真道研究》、张继禹《天师道史略》、王士伟《楼观道源流考》、黄小石《净明道研究》、尹志华《清代全真道历史新探》等。

尽管已有如此丰富的研究存在，但就成都而言，这类研究相对较少。目前有丁培仁《近代成都道教活动管窥——从〈八字功过格〉说起》是较早研究成都道教与社会的论文；欧福克（Volker Olles）著有《法言——四川道教斋醮科仪与儒家团体刘门》（*Ritual Words: Daoist Liturgy and Confucian Liumen Tradition in Sichuan Province*）、《四川新津县老君山与道教二十四治》《道法的分工：四川法言坛的法脉及特点》《川西夫子论碧洞真人：刘止唐笔下的陈清觉——兼论四川道观与民间团体的关系》，把活跃于成都清代和民国时期的民间道派刘门教与全真道龙门派碧洞宗的互动关系进行了深入研究。

关于成都道教的研究，目前少有关于四川或成都地区道教的区域史或断代史出现。卿希泰先生主编《中国道教史》对成都地区的道教的研究，集中在天师道创教时期，以及清代、民国时期，把历史事件、道教思想、道派研究、宗教政策融为一体，进行了深入研究。先生还发表《道教在巴蜀初探（上）》《道教在巴蜀初探（下）》《有关道教发源于四川的几个问题》等文章，对道教发源问题进行阐述；龙显昭、黄海德主编《巴蜀道教碑文集成》，整理了历代成都地区道教碑刻，是重要的研究资料。此外还有李远国《四川道教史话》，张泽洪《元明清时期全真道在西南地区的传播》，郭武《全真道初传四川地区小考》，田茂泉《清代四川全真道发展略说》。《四川通史》《成都通史》之类著作对成都道教历代发展，仅作简要概括。同时，关于道教在成都的研究，主要集中在成都青羊宫、成都二仙庵、灌县青城山等道教中心，而对其余各州县道教发展的情况，却少有论及，以尹志华《清代全真道历史新探》的研究为代表。成都的道教研究集中在青羊宫、二仙庵、武侯祠，有冯广宏编著《圣迹仙踪青羊宫》，王辉刚《晚清民国成都二仙庵传戒研究——以1942年传戒为中心》。武侯祠方面，有唐大潮、梅铮铮、卿三祥、王安明、王晓乔等人的研究。青城山方面，除尹志华的研究外，早期有王纯五《青城山志》《青城山道教的宗派和现状》，新编有《青城山道教志》。关于道士的研究，主要集中在陈清觉、张清夜、陈复慧、易心莹等人，赵敏对易心莹和其《道教三字经》有深入研究。

道派研究方面偏重全真道，对当时正一道、火居道、民间道派的研究偏少，当然这与资料不足的事实有关。除了欧福克的研究外，早期由马西沙、韩秉方主编《中国民间宗教史》对刘门教也有论述，此外甘绍成对川西道教音乐的调查研究，如《川西道教音乐概述》《清代以来四川道教广成坛使用的科仪与音乐——从〈广成仪制〉〈雅宜集〉谈起》《从〈儒院文稿〉看早期成都儒坛的设置、仪礼与洞经音乐》也对这些道派有所研究。李远国著有《略考巴蜀地区的道教法印——以“灵宝大法司印”为例》。类似的研究有梅莉《民国城市正一火居道士群体研究——以汉口为中心》《民国年间汉口地方政府对火居道士的管理——以档案为中心的考察》。

民间习俗和信仰，以及节日与庙会方面，有张泽洪《道教斋醮科仪研究》，刘仲宇《儒释道与中国民俗》，李远国、刘仲宇、许尚枢《道教与民间信仰》，赵世瑜《狂欢与日常：明清以来的庙会与民间社会》，欧大年（Daniel Overmyer）《中国民间宗教教派研究》，寇凤凯《明代道教文化与社会生活》，廖宇《道教时日禁忌探源》，牟旭平《清代四川庙会地理分布研究》，孙跃中《近代成都劝业会研究》《从花会到劝业会——成都庙会文化的历史沿革》，胡锐《试论道教庙会的发展及特点》。还有丁培仁《道教与民俗浅议论——以斋醮、礼俗为例》，廖玲《清代以来四川药王庙与药王信仰研究》，丁若木《都江堰神祠与道教》，李远国、田苗苗《论巴蜀地区的川主、二郎信仰》《巴蜀川主信仰研究》，林移刚《清代四川土地崇拜和土地神信仰》《清代四川坛神信仰源流考》，刘雄峰《明清民间宗教思想研究：以神灵观为中心》，王汉民《道教神仙戏曲与传统文化》，文廷海《清代四川昌碑文与文昌信仰研究》。此外，濮文起《新编中国民间宗教辞典》，及《四川通史》《成都通史》《四川百科全书》《成都大辞典》、钟敬文编《中国民俗史（民国卷）》、傅崇矩编《成都通览》中，也记载了很多与道教有关的民间习俗与信仰。

慈善事业方面，刘门慈善活动研究偏多，马西沙、丁培仁、欧福克的研究中皆有论及。此外，还有丁常春《民国时期四川道教界的社会服务活动》，吕梓菱《浅谈民国时期成都民间慈善事业的概况》，谭绿英《民国中期成都慈善事业发展及变化》涉及此方面。类似研究还有周秋光《民国时期社会慈善事业研究刍议》，周秋光、曾桂林《近代慈善事业的基本特征》。

宗教政策方面，研究成都地区的论著较少，直接与道教有关的则更少，佛教方面的研究偏多。目前可作为参考的有马莉《民国政府的宗教政策研究》，刘思辰《民国政府佛教管理政策研究（1912—1949）》，陈志波《南京国民政府社团法制研究》，由申《清代道教管理制度研究》，谢重光、白文固《中国僧官制度史》，李德英《从民国温江县档案看抗战时期国民政府对乡村民间信仰的抑制与利用》。

庙产兴学，是清末民初对中国传统宗教影响极大的政策，关于成都这方面的研究也很少。类似研究主要有鲍宁《清末北京城庙产兴学与新式学堂的建设》，陈金龙《从庙产管理看南京国民政府时期的政教关系——以 1927—1937 年为中心的考察》，付海晏《革命、法律与庙产——民国北平铁山寺案研究》，黄运喜《清末民初庙产兴学运动对近代佛教的影响》，王芳妮《论清代民国年间全真道宫观经济与地方社会——以陕西留坝张良庙为个案的研究》，徐跃《清末庙产兴学政策方针与地方的运作——以清末四川叙永厅为个案》《清末四川庙产兴学进程中的砍伐庙树》，袁泉《政府、民间、寺僧之间的博弈——以民国宜都写经寺庙产纠纷案（1930—1948）为例》等。

研究历史背景中的成都道教，就要顾及国家历史、四川历史、成都历史等方面。张宪文、张玉法主编的《中华民国专题史》对共和制度、地方政治、城市化进程、乡村变迁等多方面都有研究，《四川通史》《成都通史》是研究成都历史的重要成果，又有傅崇矩《成都通览》，张学君、张莉红《成都城市史》，四川省文史研究馆编《成都城坊古迹考》，成都市政协文史学习委员会编《成都市文史资料选编》，袁庭栋《成都街巷志》，蒲孝荣《四川政区沿革与治地今释》等可供参考。王笛的《茶馆：

成都的公共生活和微观世界，1900—1950》《街头文化：成都公共空间、下层民众与地方政治（1870—1930）》虽然与成都道教没有直接关系，但其研究方法、思路，包括结论，对于研究和理解民国道教生存的大环境都颇有启发。吴华《民国成都佛教研究（1912—1949）》对认识民国时期成都宗教所处社会环境，以及在与道教进行比较研究时多有帮助。有关历史事件的研究，有成都市地方志编纂委员会编《成都市志·大事记》，隗瀛涛《四川近代史稿》《四川保路运动史》《四川辛亥革命史料》，张秀熟《五四运动在四川的回忆》等。

三　研究思路

（一）研究内容

本书是将民国成都道教置于时代、国家、社会大背景下的一个比较综合性的研究。解析该区域道教生存与发展状况，道教在文化潮流、政治变革、历史事件中所受冲击和影响，道教与信仰民俗的关系等方面内容。试图将成都道教作为一个整体，来探究其与时代变革、国家政策、地方政治、信仰民俗等多方面之互动，以此分析它遭受的外部冲击和应对，内部革新和困境，以及道教在民间的生存状况，以期管窥道教在民国现代化进程中的一般处境和地位。

本书研究的时间段是民国时期，即 1912—1949 年。由于背景研究和部分数据统计的原因，也会涉及清末和中华人民共和国成立初期的一些情况。同时因为材料的原因，相对而言关于1928 年南京国民政府成立之后的研究占比较大。所谓成都地区，主要采用《清史稿》中记载“三州十三县”的成都府行政划分，即成都县、华阳县、灌县、郫县、温江县、双流县、新繁县、金堂县、彭县、崇宁县、新津县、新都县、什邡县、简州、崇庆州、汉州。其中成都县、华阳县、灌县从清代至民国都是成都乃至四川道教最为活跃的地区之一。简州、崇庆州、汉州在民国时期改为简阳县、广汉县、崇庆县；1930 年成都县、华阳县各划出城区为成都市区。这 16 个县在 1930 年前属川西道；1935 年四川全省划分为 18 区，属第一、十三区；抗战胜利后全省改为 16 区，诸县区属未变。[①] 材料方面，周边与成都道教发展相关的一些市县如邛崃、大邑、安县等，也会酌情采用。

笔者在研究过程中发现，用“困境”与“机遇”的交织来形容民国成都道教的“生存状况”是较为合适的。简单来讲，道教自清代在上层渐失地位，清末民初又遭到外来文化的冲击，似乎在困境中越陷越深。但正是在这变革之机，宗教信仰、言论、集会自由却得以确立，这对于道教振兴来说又是一种机遇。而在发展机遇面前，道教仍然受制于各种内外不利因素，再度陷困境。本文也希望对“困境”与“机遇”内涵进行较为深入的诠释。

所谓“生存状况”，大致可以“外部环境”“内部状况”

① 周振鹤主编，傅林祥、郑宝恒：《中国行政区划通史》中华民国卷，上海：复旦大学出版社，2017 年，第 224、234—236 页。

"信仰民俗"① 三个方面作为分析框架，基本对应本书第二、三、四章，而这三方面也存在着千丝万缕的关系。比如"信仰民俗"长期以来与道教存在着互通关系，民间也是道教赖以生存的空间，正因如此道教在信仰民俗当中占据重要地位，在民间也有牢固而广泛的信仰基础。而恰恰因为这种关系，道教受到了"外部"更严重批判和抨击，其社会形象持续下滑。为了扭转这一局面并振兴道教，道教"内部"开始建立道教会，不仅建树有限，还暴露了诸多自身积弊，再次受到"外部"批评。同时"信仰民俗"在该时期受到了比道教更为严重的冲击，这意味着道教的生存空间受到了进一步挤压。因此对于道教三方面"生存状况"的研究，以及对它们之间关系的梳理，是本书的重点。

全书共分四章。第一章首先对清末民国以来成都、四川，乃至全国的社会和时代背景进行简要梳理；其次简述民国成都全真道、火居道等道派发展概况；然后从数据层面上分析成都、四川在宫观、道士、信众数量等方面的变化，并对各县宫观、道士状况进行初步研究，一定程度上反映出道教宫观在城镇中的分布特点；最后对比佛教、伊斯兰教、天主教、基督教的发展状况，以

① 本书"信仰民俗"的概念，主要借鉴乌丙安先生对"信仰的民俗"界定，"信仰的民俗"又可称为"民间信仰传承"或"信仰习俗"。其认为在民间的经济、社会生活中，包含着大量从人类原始思维的原始信仰中，不断传承变异而来的民间思维观念观的习俗惯例，并受到人们信奉，甚至成了支配人们物质、精神生活的重要因素。这些具有信仰色彩的事象，既不属于经济的民俗，也不属于社会的民俗，而属于"信仰的民俗"。参考乌丙安《中国民俗学》，沈阳：辽宁大学出版社，1999年，第267、278页。《道教与民间信仰》一书和《道教与民俗浅议——以斋醮、礼俗为例》一文，在界定"民俗"概念时，皆借鉴了乌丙安的观点，后者还强调了道教在"信仰民俗"上的复杂性。参考李远国、刘仲宇、许尚枢《道教与民间信仰》，上海：上海人民出版社，2011年，序言，第2页；丁培仁《道教与民俗浅议——以斋醮、礼俗为例》，《宗教学研究》，2001年，第4期，第20—25页。

探究道教在多种宗教共存环境中的势力和地位。

第二章首先从政策和知识精英层面分析了他们对道教和相关民俗批判和改良的态度；其次从警察系统、政府、党部等角度研究宫观、道士、道教会所受到的管理和控制；最后讨论军阀、学校、团体、机关等时代产物对道教宫观庙产的占用情况，以及道教界的回应和反抗。

第三章主要论述成都地区各道教会成立和发展之情况。首先分析民国道教会诞生的原因，道教会制度理念产生的深层原因；其次，讨论从1913年四川道教总分会，到1946年改组四川省道教会，至1946—1948年三次会员大会期间，成都道教界在道教会组织建设和道教发展方面做出的努力；然后分析新时代理念在道教会管理和会务推进中的运用，以及在道教会体系中制定和展开的一系列改革措施和社会活动；最后探讨道教会发展所面临的困境。

第四章主要讨论民国成都道教与当地信仰民俗的关系。民国时期，国家试图重建岁时节日，改良信仰民俗，禁绝迷信和巫觋。不过在实际情况中，尤其是在基层社会，这些目的并未彻底实现，或者在短时间内效果不明显。信仰民俗展现出顽强的生命力，并与道教神仙信仰、斋醮科仪、术数等紧密地联系在一起。因此本章首先从岁时节日入手，分析各节日习俗中与道教有关的成分；其次通过对老君、城隍、送子娘娘等庙会现象，以及各行会对其行业神的崇奉，初步分析民间信仰的兴衰；最后从日常生活的角度，探讨民众面对婚丧、疾病、灾祸等情况时通常采用的应对方式。

（二）研究方法和技术路线

本书以文献研究为主。所谓文献的研究，主要指史料典籍、研究论著、报纸杂志、档案资料四个方面。史料典籍包括各类经典、历史文献、方志、碑刻、诗词等。研究论著包括大量相关的著作与论文。报纸和杂志流行于清末和民国，其内容常常体现了时代思想的新风，在地方宣传着国家之政令，是研究地方政治与文化的宝贵资料。档案资料通常包括政令的下达，各类呈批，统计数据等，对于了解国家政策在地方的落实、民间活动的诸多细节方面的研究很有帮助。

当研究一个问题时，除陈述现象本身外，要尽可能地寻找和分析与现象产生有关的方方面面的原因，反思现象所带来的后果。比如在研究道教会时，应先在时代变革中寻找道教会理念产生的原因，再从政策、法规层面讨论促成道教会组织产生的因素，然后分析道教会具体章程和改革措施，最后查明道教会改革落实与否并分析背后的原因。同时保有微观的研究和宏观的掌控，在局部问题研究上始终围绕历史和时代背景展开。

（三）特色和创新

本书将民国时期成都道教作为一个整体，置之于时代、国家、社会大背景下，研究其与时代变革、国家政策、地方政治、信仰民俗等多方面的互动。虽然运用此类方式进行研究的论著已有不少，但就民国成都道教而言，这方面还有待充实。现有研究基本集中在个别著名宫观、道士、道派、著作等方面，少有兼具宏观和微观两种视角去探讨民国成都道教生存状况的论述，因此，本书在选题和研究方式上都具一定新意。

材料方面，本书运用了诸多方志、民国报纸杂志、档案方面的资料。许多资料目前尚未用于研究，特别是文中涉及的部分民国报刊、档案材料，或许还未曾被发掘。本书所涉论点多为之前少有或尚未论述的问题，在研究过程中，揭示和呈现了民国成都道教鲜为人知的部分面貌，得出了一些较为新颖的结论。

内容方面，第一章透过搜集掌握的历史数据，分析1916—1949年成都、四川在宫观、道士、信众数量上的变化，对各县宫观、道士数量进行初步研究，一定程度上呈现出道教宫观在城镇中的分布特点。在数据分析中发现，1916—1949年四川道士下降率并非如已有研究所称85%以上，而应在50%左右。① 在与佛教、伊斯兰教、天主教、基督教的对比中，多少映衬出道教在宗教共存环境中相对较低的地位和影响力。

二、三两章主要从微观视角进行论述。第二章通过地方政令、呈请、批示等繁琐文件的解读，观察到当时警察系统、地方政府和党部等对宫观、道士、道教会的某些管理控制模式；其军阀、学校、团体、机关对道教宫观庙产占用情况等文献，生动反映了外来冲击之猛烈，道教回应与反抗的乏力；而部分学者论著、地方志，尤其报纸、杂志等新兴媒体文章，则体现了民国成都地区知识精英对道教和民俗形象的认知和塑造。本章研究有助于认识民国成都道教所处外部环境。

第三章，除运用政令、呈请、批示外，结合各道教会章程、会议记录、会职员略历册，社会调查、新闻报道等，对成都地区部分道教会成立细节、发展情况，组织建设等方面的努力，“民主”“民权”“男女平等”等新理念在其中的运用，围绕道教会体系的一系列改革措施和成效，发展所面临的困境等问题进行了探讨。本章有助于认识民国成都道教为了生存振兴所做努力，以

① 卿希泰主编：《中国道教史》，成都：四川人民出版社，1996年，第4卷，第432页。

及道教内部积弊。即使在变革过程中最为突出的道教会创设，在很长一段时间里并未改变自身松散状态，其组织结构完善事实上更多是依靠政府强制改组促成。

第四章主要结合地方志、报纸杂志等，讨论了民国成都道教与信仰民俗的关系。分析岁时节日、庙会、行会等方面，基层民众在婚丧、疾病、灾祸等生活日常，与道教神仙信仰、斋醮科仪、术数等的关系。这部分研究，一方面，反映了信仰民俗在民间仍具顽强生命力；另一方面，从更长远时间范围观察，其形式和内涵已发生变化。这正是民国政府与社会精英长期批判改良所致，即便其效果在短时间内并不明显。

基于微观和宏观两方面的探究，本书将结论构建在"困境""机遇""生存状况"之上。首先是"困境"与"机遇"的内涵，对道教生存状况的影响和改变；其次是"生存状况"，即"外部环境""内部状况""信仰民俗"三个方面及其交互作用与关系。希望通过这个样本的分析，在研究民国成都道教生存状况的基础上，对认知中国道教乃至传统宗教和文化，在历史变革与现代化进程中的一般地位和处境有所启发。

第一章　民国成都与道教

民国初期，政治体制与社会观念产生了非常巨大的转变。延续千年的帝制被推翻，共和制度创立，西方自由、平等的思想逐渐传播到社会中，宗教信仰自由的原则得到确立。因此国家在宗教管理方面呈现出与以往大为不同的面貌，允许传统宗教建立合法组织以维持自身发展和处理各类事务，共同完善社会建设。这在没有集会自由的清代统治下，是无法想象的一件事。道教也顺应时代潮流，建立了各类道教会，增强了道教界凝聚力，较以往更有作为。

然而相较于从宗教信仰自由等相关政策中获得的好处，中国传统宗教，在民国时期遭受的冲击绝不占少数。在这个全面改良与革新的时代，许多社会精英对传统文化持消极和抵触态度，包括道教在内的传统宗教和受道教影响的信仰民俗，往往被斥为迷信和陋习。这种反思酝酿于晚清洋务运动、变法维新，经清末十年新政，至“新文化运动”“五四运动”前后发展到极盛。

民国成都道教的发展，不仅处于上述时代潮流中，也受地方历史背景的影响。在经历保路运动和辛亥革命的动荡之后，专制独裁与民主共和展开了新一轮较量，袁世凯和张勋先后复辟，讨袁战争、护国战争、护法战争相继爆发。由于滇、黔军入川，在战争结束之后，四川形成了独有的防区割据制，进入了漫长的军阀混战时期。1933 年刘湘统一四川，成都获得了短暂的安定。但好景不长，1937 年开始全面抗战，同年 12 月国民政府迁都重庆，四川成为战略大后方。成都成为日机轰炸的主要目标之一，受攻击频率仅次于重庆。可以说，民国成都道教就是在变革和战乱环境中艰难发展的。

宫观和道士是道教的重要组成部分和典型代表，道教的发展很大程度上取决于道士的作为，许多道教活动也围绕宫观展开。付海晏在关于白云观研究的结论中提到，宫观与道士是维系道教生存和发展的重要基础和力量，进行这两方面的研究，有助于我们进一步理解道教。①

本章试图通过对部分统计数据和方志记载的分析，来展现道教在宫观数量、信众人数、道士人数等方面所呈现的整体趋势及其与其他宗教存在的差距。并对成都地区各县宫观和道士概况，主要从数据层面进行了分析。在这一过程中我们发现，除了许多著名和大型的宫观外，城镇、街道中遍布着更多的中、小型宫观，包括部分祠庙。这些在文献中一笔带过的宫观，往往没有相关的闻名事件，没有组织庙会活动，规模极小且简陋，有的没有道士住持，甚至佛道难辨。但这恰恰是维系世俗社会道教信仰的重要因素之一。当我们翻开民国方志，会发现城镇中宫观、祠庙林立，分布在大小街巷中，这在现实生活中是无法想象的。随着

① 付海晏：《北京白云观与近代中国社会》，北京：中国社会科学出版社，2018 年，第 284 页。

清中后期道教在上层失去地位以后，道教在民间的活动愈发活跃。少数著名宫观，以及大量无名的宫观和道士，在城镇中形成了一张有形而无形的网络，存在于民众日常生活中，共同维系着道教文化和信仰在民间的流传。同时这个网络也在民国传统与变革的碰撞之中饱受冲击。

第一节　变革和动荡的时代

自中国在鸦片战争（1839—1842）失利以来，国势急转直下，内忧外患接踵而至。1860 年前后，以曾国藩、左宗棠、李鸿章为代表的中兴名臣，深感学习西方船坚炮利的重要性，展开“洋务运动”，推行了长达 34 年之久的改革新政。然而在甲午战争（1894—1895）中，北洋舰队却战败于黄海，中国遭到新一轮瓜分。在洋务运动严重受挫后，中国应以何种方式走出困境，成为人们最为关心的问题。以康有为、梁启超为代表，提倡维新变法；以孙中山为代表，则号召革命。康、梁的思想受到光绪皇帝支持，先后颁布了大量推行新政之诏令。但这一举措让当权保守派感受到了威胁，因此发动政变软禁光绪，变法以戊戌六君子被害告终。

戊戌政变之后，慈禧重新回到保守路线，启用义和团排外，遂招致八国联军侵入北京，慈禧流亡西安。经此事变，为缓和国内反抗情绪，取得列强信任，慈禧竟同意了新政推行，所行内容不外康、梁之法，是为清末十年新政。在这十年当中，清廷在政治、军事、教育、经济等方面做出了诸多改革。

政治方面，由于实行君主立宪的日本在日俄战争中胜出，加上保皇派的长期宣传，清政府于 1906 年下令仿行宪政。改内阁六部为十一部，新增外务部、民政部、度支部、礼部、农工商部、学部、法部、陆军部、邮传部、理藩部。同时实施三权分立，行政上加强省级行政官员的分工，增设巡警道、劝业道；立法上各省由士绅普选议员，成立谘议局；司法上成立各级审检机关。军事方面，于 1901 年废除武举，训练新军，1903 年成立练兵处，后改为陆军部，推行西方军事知识和技术。教育方面，于 1902 年设学部，令全国各地兴办大、中、小新学堂，1905 年废除科举。经济方面，主要特点是鼓励兴办实业，以实现经济现代化。在这十年的改革过程中，社会新群体不断涌现，新观念也逐渐扩散。随着民智渐开，人们越来越感觉到清政府并不能让中国走向富强。士绅屡请清廷召开国会未果，留日学生受到歧视，商业受制于不平等条约。① 内外交困和新旧冲突不断累积，终于在 1911 年爆发辛亥革命，中国延续千年的专制统治由是结束。

道教从清初开始，便不断受到抑制。全真道在官方和上层的地位每况愈下，正一道在清初尚有一定地位，直到道光元年（1821），清王朝敕令第五十九代天师张珏停止朝觐，不准进京，道教自此被赶出了宫廷。② 内忧外患的清末，统治者更无暇顾及道教的发展，只能任其自生自灭。但道教并没有因此消亡，作为与民间生活联系紧密的宗教，从官方走入民间，广泛传播并延

---

① 张宪文、张玉法主编：《中华民国专题史》第 1 卷，李金强、赵立彬、谷小水著：《从帝制到共和：中华民国的创立》，南京：南京大学出版社，2015 年，第 42—45 页。

② 卿希泰主编：《中国道教史》，成都：四川人民出版社，1996 年，第 4 卷，第 211 页。

续着。

民国成立之后，政府实行信教自由政策，道教得以合法存在。然而在这个政治、经济、文化都处于剧变的时代，对传统的质疑和西学与新观念的传入，使得固有文化在当时屡受诟病和批判，特别是在1919年五四运动前后，知识界掀起提倡民主，反对专制；提倡科学，反对迷信的新文化运动，道教同许多传统文化一样，成为被批判和打倒的对象。①

在这样的情况下，道教界为了争取在新体制下合法存在和推进道教发展，依照政府“信教自由”政策，筹备建立道教会。民国元年（1912），由北京白云观住持陈明霦等十八名道教界代表，于北京发起成立道教会。并于同年8月4日得到批复准予立案，自此中国道教第一次有了合法的道教会组织。②

为了回应外界的质疑和体现自身价值，道教会首先强调了道教存在的重要性，认为宗教具有从心理上消除人类恶习的功用，可以辅助社会稳定，称“有国以护教，有教以固国，国与教相维系而不可分离”③。并且，将道教重心转向世俗社会，认为出世法与入世法本无差别，道教徒要以振兴国家民族为己任，批判了脱离社会，排斥新思想的守旧习气。④ 这是道教界顺应时势做出的重大革新。之后发展建立的各类省、市、县道教会，基本上都遵循了这个思想。

---

① 卿希泰主编：《中国道教史》，成都：四川人民出版社，1996年，第4卷，第222页。

② 同上，第426页。

③ 《藏外道书》，成都：巴蜀书社，1992年，第24册第472页。

④ 卿希泰主编：《中国道教史》，成都：四川人民出版社，1996年，第4卷，第427—428页。

道教管理政策方面，北洋政府时期当权者频繁更迭，政策极不稳定，缺乏指导思想。南京国民政府时期，时局相对稳定，随着三民主义作为意识形态的逐步确立，政策更具系统性，对宗教的态度是利用与改良并重。① 有研究注意到，纵观民国宗教法规的制定，一般都将佛道并论。② 具体政策将在本文第二章结合成都实际情况讨论，兹不赘述。

四川在清末新政推行中表现较为突出。时任川督奎俊在改革之初，即派22名青年赴日留学，为新政培养人才。1902年岑春煊继任后，开始发展四川近代教育，在成都试办警察，编练新军。1903—1907年，锡良担任川督一职，为新政之高潮。随后之赵尔巽、赵尔丰亦继续推行新政。总的说来，四川新政主要表现在发展教育、振兴工商实业、开办警察、编练新军四个方面。当中的诸多改革措施和思想，一直延续到民国，影响着成都社会的发展。

教育方面，在10年间陆续成立学务公所、学务调查所、劝学所、四川教育总会、小学教育研究所等，管理省、州、县学务，调查和研究办学问题。1902年奎俊仿京师大学堂，合并尊经书院、锦江书院、中西学堂，建立四川通省大学堂。1905年锡良建立四川通省师范学堂，培养师资。1906—1910年间成都相继建立五大高等专门学堂，即四川法政学堂、四川藏文学堂、四川通省农政学学堂、四川工业学堂、四川存古学堂。1909年改造私塾，并广设简易识字塾。在所有兴办之学堂中，中学和小

① 马莉：《民国政府的宗教政策研究》，中央民族大学博士论文，2007年，第17页。

② 同上，第34页。

学占绝大多数，针对各县的普及教育。据统计，1902年四川全省近代学堂仅2所，学生140名，到1910年时，共有学堂11387所，学生41万余名。新式学堂的设立在民国时期更为普遍，新学通常以旧有宫观、祠庙、会馆为校址，故往往称之为“庙产兴学”运动。同时许多新兴机关单位也以寺观为驻址。这些行为极大地压缩了僧道的生存空间，宫观财产也遭受损失。

工商实业方面，在1904年设省劝工总局，试办工艺制造工厂，鼓励创造发明，以促进商品经济发展。1908年设通省劝业道，统筹农工商矿事业，扶持民族工商实业发展。为促进商品和物资流通，劝业道多次举办商品博览会和劝工会。同时政府开办了诸多实业学堂、训练班、传习所、讲习所等机构，以培养工商实业所需人才。① 事实上，四川保路运动和反清起义的爆发，与四川、清廷和列强在工商业上的矛盾直接相关。1911年5月，清政府宣布将已归商办川汉、粤汉铁路收归国有，并把路权抵押给英、美、德、法四国银行。四川铁路股金，大部分是通过政令随田赋征收，当时已筹得1500万两银。在这部分资金中，清政府称已用款项将作为无息股票，将来只归还本金，而放债倒闭的300余万两银，则不予承认。清政府之行为不仅出卖了铁路主权，还公然侵吞股本，损害了四川各阶层切身利益。于是在同年8月，成都发动全城罢市，随即发展为全省抗捐、抗税，有席卷全川之势。9月，川督赵尔丰诈称邮电部有电报传来，诱捕了保路同志会正副会长蒲殿俊、罗纶，川汉铁路股东大会正副会长颜楷、张澜等人。并枪杀数百名请愿民众，即震惊全国的“成都

① 吴康零主编：《四川通史》，成都：四川大学出版社，1994年，第6册，第152—167页。

血案”。惨案爆发后，激起全川保路同志军起义，赵尔丰被迫放人交权，于12月被斩首示众。① 尽管武昌起义一直作为辛亥革命首功，但在此之前，四川同志军已与清廷交战一月。由于其起义带有保路色彩，未明确同盟会的革命性质，故仅赋予导火索之功绩。②

警政方面，自1902年岑春煊在成都试办警察后，至1906年4月四川已有70余州县开办。为培养警务人才，岑于1902年在成都设警务学堂，周善培为教习。1903年设警察总局，取代保甲总局，其管辖范围仅限城内及外城附郭街道。管区共分为6路，每路设正局（即后之分局），正局各辖区设分局（即后之派出所）6—8个，民国警区划分即以此为基础。各局驻地多征用庙宇、公所。1905年，警察总局改称四川通省警察总局，管理全川警政。1907年四川设通省巡警道，1908年警察总局又改称警务公所，作为巡警道的办事机构。③ 在1928年成都市政府成立之前，警察起到负责地方安全、进行城市管理、推进社会改革三种作用，为市政机构奠定了基础。城市精英通过支持警察机构建立，来达到他们重塑下层社会价值观念和行为习惯的理想。④ 南京国民政府时期，警察机构广泛参与到地方宗教、民俗的改良中，并带有监控的性质。就道教而言，对道士、宫观的调查、统

① 成都市地方志编纂委员会编：《成都市志·大事记》，北京：东方出版社，2010年，第657—659页。

② 吴康零主编：《四川通史》，成都：四川大学出版社，1994年，第6册，第252页。

③ 成都市地方志编纂委员会编：《成都市志·大事记》，北京：东方出版社，2010年，第653页。

④ 王笛：《街头文化：成都公共空间、下层民众与地方政治（1870—1930）》，北京：商务印书馆，2013年，第197—199页。

计、监督，对民俗、信仰的改良、规范，均赖警察机构以推行。因此清末新政以来兴起之警政，与民国成都道教发展息息相关。

军制改革主要是裁撤绿营，编练新军。仿照西方军队模式练习，组建使用枪炮装备的新式陆军。1902 年，岑春煊请求袁世凯派员训练新军，并在成都设立四川武备学堂速成班，袁推荐亲信陈宧入川以握四川军权。1908 年四川开办陆军速成学堂。同年办四川陆军小学，毕业后送南京、西安等陆军中学和保定陆军军官学堂深造。于是，从陆军小学、中学、保定陆军军官学堂毕业学生形成“保定系”，以刘文辉、邓锡侯、田颂尧等为代表；毕业于四川陆军速成学堂的形成“速成系”，以刘湘、杨森等为代表。实际上为日后军阀混战埋下祸根。

据统计，从 1912 年“成都兵变”起，经历 1918 年防区制形成，到 1933 年刘湘统一四川，共发生大小 470 多次军阀混战。[①]成都地区也是战乱不断。护国战争结束后，滇黔军于 1916 年除夕发起兵变，击杀出面干涉的警察。1917 年 4 月，滇军罗佩金部与川军刘存厚部交战，烧毁皇城一带民房，杀死武城门执勤警兵十余人。在刘、罗成都巷战中，成都市民伤亡 3000 余人，皇城一带被抢劫居民 1000 余户，房屋焚毁 800 余户。是役后刘、罗二人被免职，戴戡暂行兼代四川督军。刘存厚因此与戴戡产生矛盾，恰逢张勋拥溥仪复位，任刘存厚为四川巡抚，戴遂以附逆罪名讨伐刘，刘、戴成都巷战爆发。是役双方士兵死伤 1000 余人，市民死伤 400 余人，以戴戡退出成都告终。随后，1918 年 2 月，熊克武发动“靖国之役”，在滇黔军支持下攻占成都。大概

① 温贤美主编：《四川通史》，成都：四川大学出版社，1994 年，第 7 册第 41 页。

从1918年5月护法战争失败，到次年5月一年内，逐步形成了四川军阀防区制，全省共分为11个区，如同诸侯割据，民众生活在战争的阴影和赋税的重压下。[①] 1920年5月，云南督军唐继尧拉拢部分川军将领，发动“倒熊战争”。1922年爆发“北道之战”。1925年8月，杨森“统一之战”失败后，刘文辉为完全收编杨春芳部一万余人，双方在成都南校场一带展开巷战，造成学生、居民的死伤。此时，成都由刘文辉、邓锡侯、田颂尧共同驻守，随着摩擦不断升级，终于1925年11月16日爆发刘、田巷战。是役双方士兵死伤10000余人，成都民众死伤2000余人，受灾难民2.7万余人。刘文辉因邓锡侯在巷战中暗助田颂尧，决定趁刘湘在荣县、威远一带时，先击垮邓锡侯部，在1933年与邓于郫县毗河一带激战，邓得到刘湘帮助，刘文辉因腹背受敌退守民间西岸。随后刘文辉部逐渐全面溃败，刘湘军队不断扩大，占有川东、川西、川南地区80余县，持续20余年的军阀混战到此结束。[②]

随之而来的是层出不穷的社会问题，烟毒泛滥、赌博成风、娼妓成群、流民乞丐充斥、匪徒横行等。当中一些问题早已有之，并在军阀统治过程中加剧。如烟毒问题，咸丰九年（1859）清廷下诏准许民间种植、买卖鸦片，四川因此成为最大鸦片生产省份。成都因地理气候优势，加上鸦片利润甚高，民间争相种植鸦片。军阀混战时期，鸦片成为许多军阀的主要财政来源，在他们的支持下，成都鸦片问题急剧泛滥，难以收拾，以至于国民政

① 成都市地方志编纂委员会编：《成都市志·大事记》，北京：东方出版社，2010年，第665—668页。

② 同上，第682—683页。

府时期屡禁不止。[①] 吸食鸦片和赌博一样，往往让人倾尽家产，导致凶杀、抢劫、卖淫、流民、乞丐等社会问题凸显。长年战乱也造成了严重的失业问题，失业又进一步增加了游民、乞丐、娼妓的数量。

四川的统一带来了相对的安定，然而好景不长，1937 年抗日战争全面爆发。同年 12 月 6 日，国民政府迁往重庆，四川成为重要战略后方，为抗战提供大量人力和物力，因此重庆和成都成为日军轰炸的主要目标，成都受到攻击的频率和强度仅次于重庆。据统计，自民国 1938 年 11 月 8 日成都首次遭受空袭以来，至 1944 年 12 月，日机总共轰炸成都达 28 批 790 架次，投弹 1600 余枚，致死 1262 人，伤 2200 余人，炸毁房屋 12000 余间，盐市口、少城公园、猛追湾一带损失尤为惨重。[②]

尽管抗战时期大学的内迁，促进了成都地区高等教育的发展，使之成为当时仅次于重庆的文化教育中心城市。[③] 但对于大部分普通民众来说，现实无疑是苦难的。战乱威胁着他们的生命，战后的经济萧条、难民涌入，和一系列随之而来的社会问题，都让人们的生活雪上加霜。

---

① 成都通史编纂委员会编：《成都通史》卷七民国时期，成都：四川人民出版社，2011 年，第 519—523 页。

② 成都市地方志编纂委员会编：《成都市志 · 大事记》，北京：东方出版社，2010 年，第 688 页。

③ 成都通史编纂委员会编：《成都通史》卷七民国时期，成都：四川人民出版社，2011 年，第 330 页。

第二节 道派概况

一 全真道龙门派

全真道龙门派大约在清初传入四川，康熙至雍正年间，先后有六位龙门派道士进入四川。其中穆清风、陈清觉、张清夜三人对四川道教影响为大，陈清觉更是引领了龙门派丹台碧洞宗在四川的兴盛，影响最巨。[①]

康熙六年（1667），四川巡抚张德地主持重修青羊宫，从康熙丁未之秋至辛亥（1671）之春，历时四年，并撰有《重修青羊万寿宫碑记》记其事，事毕命道士陶来御居之，其人为全真道龙门派第十三代传人。青羊宫重建后不久，有道士陈清觉云游至此。康熙三十四年（1695），四川按察使赵良壁见之，交谈甚欢，并为其创建修行场所，名曰二仙庵。[②] 康熙四十一年（1702），经赵良壁奏闻陈清觉事，圣祖皇帝敕封"碧洞真人"号，钦赐御书"碧洞丹台"匾额，"赤龙黑虎"诗篇，珊瑚树、金杯等物件。[③]

陈清觉的弟子，多为各地宫观住持。代代相传，逐渐形成了

① 卿希泰主编：《中国道教史》，成都：四川人民出版社，1996 年，第 4 卷，第 133 页。

② 尹志华：《清代全真道历史新探》，香港：香港中文大学出版社，2014 年，第 101 页。

③ 卿希泰主编：《中国道教史》，成都：四川人民出版社，1996 年，第 4 卷，第 135 页。

一个徒众甚多的龙门支派。他们尊陈清觉为宗师，以碧洞真人号之“碧洞”二字为名，称碧洞宗，成为清代至今四川很有影响力的一个宗派。该宗以成都二仙庵、青城山天师洞为中心，逐渐向其他州县发展。据《龙门正宗碧洞堂上支谱》记载，至少在24个州县中，有该宗道士担任过宫观住持。其中属成都所辖16县中的有：成都二仙庵、小北门太清宫、成都太清宫、三圣祠、东御街敬佛堂、外北报恩堂；青城山天师洞、文昌宫、朝阳洞、郭家庵；灌县二王庙、三台山东岳庙、太平场药王山；华阳县白家场高桥文昌宫；双流县天成宫；温江县东岳庙、盘龙寺；郫县寿尊寺；汉州元妙观、小汉镇陕西馆；崇庆州毛郎镇千佛山、南华宫、邹家庵、丹凤山南岳庙、娘娘岗龙驹寺、菩萨堂；彭县三教寺、三圣祠、九尺铺禹王宫、楠木厂真武宫、敖家场五显庙。[①] 从把广汉、崇庆称州来看，应为清代的统计。

道光二十九年（1849），四川总督裕诚游览二仙庵，为继承赵良壁的善举，赐二仙庵“十方丛林”匾额。时主持为张永亮，知宾为罗本忠。从此二仙庵从子孙庙变为十方丛林，安单接众，各地道士挂单任职者日益增多，为二仙庵在光绪年间的振兴打下基础。[②] 光绪十年（1884），二仙庵方丈宋慧安至京师白云观，受戒于高仁峒律师。接法回川后，于光绪十四年（1888）在二仙庵开坛传戒。至光绪二十年（1894），先后五次传戒，每次戒

① 卿希泰主编：《中国道教史》，成都：四川人民出版社，1996 年，第 4 卷，第 136—137 页。

② 尹志华：《清代全真道历史新探》，香港：香港中文大学出版社，2014 年，第 238 页。

期一年。[①] 自此一直到 1944 年，四川道士基本都在二仙庵受戒，二仙庵先后传戒 50 余期，受戒人数达 6000 余人。[②] 最后一次传戒是在 1944 年，由二仙庵方丈申信筠主持。[③] 由于传戒的原因，二仙庵在某种意义上成了成都乃至四川道教的中心。

宗派传承方面，陈清觉为龙门派第十代，清末大致传到第二十代。第十一代为陈一庆等 28 人，第十二代为王阳炳等 37 人，第十三代为吴来辉、王来通等 43 人，第十四代为万复证、陈复慧等 55 人，第十五代为万本圆等 100 人，第十六代为李合邦等 128 人，第十七代为徐教陞等 94 人，第十八代为肖永平等 66 人，第十九代为何圆清等 94 人，第二十代为程明星等 55 人。民国时期龙门派碧洞宗大致从第二十传至二十三代，第二十一代有彭至国等 54 人，第二十二代有易心莹、唐理朴等 46 人，第二十三有孙宗卿等 24 人。[④] 十六、十七代大约处于清嘉道年间，此时碧洞宗弟子人数达到顶峰，而民国以来人数下降明显。

主要宫观住持方面，民国时期天师洞先后由彭至国和易心莹担任住持；[⑤] 青羊宫住持先后为刘教宾、邹崇品、张圆和；二仙

① 尹志华：《清代全真道历史新探》，香港：香港中文大学出版社，2014 年，第 328 页。

② 成都市地方志编纂委员会：《成都市志 · 宗教志》，成都：四川辞书出版社，1998 年，第 10 页。

③ 四川省灌县县志编纂委员会编纂：《灌县县志》，成都：四川人民出版社，1991 年，第 699 页。

④ 卿希泰主编：《中国道教史》，成都：四川人民出版社，1996 年，第 4 卷，第 136、302—304 页。

⑤ 四川省地方志编纂委员会编纂：《四川省志 · 宗教志》，成都：四川人民出版社，1998 年，第 27—29 页。

庵住持先后为王妙生、熊理斌、王伏阳、申宗筠。[①]

研究表明，尽管龙门派碧洞宗拥有很多宫观与道士，并不能代表四川全真道所有道派。卿希泰先生主编《中国道教史》即以道士是否载入《龙门正宗碧洞堂上支谱》为依据，判定康熙年间起青城山上皇观李太浩一系，乾隆年间青城山天真观刘阳春、何来诚一系，包括成都青羊宫自清康熙以来的牛太安、张清夜一系等，均不属于龙门派碧洞宗。不过该谱系也存在遗漏，如光绪年间二仙庵方丈阎永和就未记录。[②] 但不管怎么说，龙门派别支的影响力都不及碧洞宗。此外，光绪二十四年（1898），道士李调阳在上皇观开创“青城派”，传人有唐复初、詹升红、刘升福，刘以后即不再传承。道士李调阳为湖南人，光绪十五年（1889）年游方青城山，初居天师洞，后携其徒至上皇观，光绪二十四年（1898）买下庙产，更名调阳仙馆，自成一派。[③] 从时间看，理论上民国初期该派应还存在，只是影响微乎其微。

二　正一道派

正一道，又称正一教、正一派。元成宗大德八年（1304），第三十八代天师张与材受命为“正一教主，主领三山符箓”，逐步形成以龙虎宗为主干集合融会符箓诸派而形成的符箓大派。此

① 参考：成都市地方志编纂委员会：《成都市志·宗教志》，成都：四川辞书出版社，1998 年，第 12 页；四川省档案馆，全宗号民国 186，目录号 01，案卷号 1839。

② 卿希泰主编：《中国道教史》，成都：四川人民出版社，1996 年，第 4 卷，第 139—140、136 页。

③ 王纯五：《青城山志》，成都：四川人民出版社，1994 年，第 187 页。

后，全国道教皆分属正一、全真两大派，明清政府也基本只承认此两派。该派道士可不出家，不居宫观，允许有家室，以符箓斋醮、降神驱鬼为主要宗教活动。①

民国成都地区，似乎不仅有关“三山符箓”即龙虎、茅山、阁皂的记载甚少，且神霄、清微、净明等符箓派活动也不多见。在当地最具影响者当属法言坛和广成坛，二者的产生和发展与全真道都有着密切的联系。不过在稍后的叙述，包括二、三章论述中，可以看到虽然“火居道”应属“正一道”范畴，但国民政府，民国学者和诸多方志编纂者，基本未称其为“正一道”，而多以“火居道”“坛门”“火坛”等称之。

在谈论这两个坛门时，首先要提及全真道龙门派碧洞宗道士陈复慧。嘉庆《温江县志》载：“陈复慧，字仲远，新津人。少时即好黄老学，从汉州老君观道士毛来至受玄门奥旨。后来温江住龙蟠寺羽化，著有《广成仪制》《连珠集》等书。”并提到“邑见道士共十八人”。② 旧志称其在清廷收复金川之后，为了在灌县举行超度亡兵的仪式，蜀制军闻名邀请陈复慧，“复慧作疏表，俱骈体，有六朝风格。制军器重之，坛毕欲携复慧归署，力辞”③。民国《灌县志》称：“陈仲远，青城道士也，淹博能文，校正《广成仪制》数十种，乾隆间邑人患疫，仲远为建水陆斋醮，会川督巡境临灌，闻于朝，敕赐南台真人，别号云峰羽客，

---

① 胡孚琛主编：《中华道教大辞典》，北京：中国社会科学出版社，1995 年，第 64 页。

② 民国《温江县志》卷四，《中国地方志集成 · 四川府县志辑》，成都：巴蜀书社，南京：江苏古籍出版社，上海：上海书店，1992 年，第 8 册，第 409 页。

③ 嘉庆《温江县志》卷二十九，何建民主编：《中国地方志佛道教文献汇纂》，北京：国家图书馆出版社，2013 年，第 114 册，第 23 页。

著有《雅宜集》。”[1] 可知《广成仪制》是陈复慧编订的最为重要的一部著作。

光绪三十三年（1907）成都二仙庵刊刻的《广成仪制目录》，载有陈复慧嗣派后裔的《原序》，称陈复慧系新津县江家沱人，俗名宽仁，生于雍正甲寅年（1734）。七岁丧父，拜老君观毛来玉为师，出家为道士。投陈贡生门下受业多载，博学能文。年二十，师父毛来玉羽化，陈复慧转至温江县文武宫。二十年后，接收盘龙寺，任主持。乾隆四十三年（1778），奉四川总督文绶之命，启建水陆大斋，超度死于金川之役的军民。事后，文绶将陈复慧所著《广成仪》诸书进献朝廷，蒙皇恩在书名后添增“制”字。嘉庆七年（1802）羽化，享年 69 岁。[2] 敕封“兰台亚史少微妙范和光敏悟真人”，开启兰台派，派字谱为：光开兰碧，仲绍体纯。妙元自溥，化理维新。圆融大洞，了无上真。领依正果，乃曰广成。[3]

《广成仪制》主要是搜集和整理，唐末以来散存于民间的各类道教经忏、斋醮科仪、符箓、章词等内容。取名为“广成”，是陈复慧希望发扬唐末道士，科仪宗师杜光庭的精神，在道教衰微之际，达到“以科教宏道”的目的。陈复慧辑录的《广成仪制》原貌已难以知晓，根据学者对成都二仙庵于宣统二年（1910）重刊《广成仪制目录》的研究，全书分为 42 卷，共 259 种科仪文本。《藏外道书》第 13 至 15 册所载道书，大多属于

① 民国《灌县志》卷十二，《中国地方志集成·四川府县志辑》，成都：巴蜀书社，1992 年，第 9 册，第 353 页。

② 成都二仙庵刊刻《广成仪制目录》，《原序》，第 1—4 页。

③ 同上，第 6 页。

《广成仪制》。近年成都青羊宫利用该宫观保存的二仙庵木刻版，重新印刷《广成仪制》，内容远超过宣统二年（1910）刊《广成仪制目录》，实为青羊宫所藏道书刻本的汇编。

另一部著作《雅宜集》共四卷，以“灵机畅达”四字分别作卷名。卷一灵集，包括序记类和榜意类；卷二机集，为表疏类；卷三畅集，包括杂文类和事文类；卷四达集，为叙聊类。类似道士行科仪的一部工具书。

《广成仪制》所收大量科仪，除了宫观朝科和度亡科仪，还有为适应民众生产生活所需制作，如保苗科仪、禳蝗灾科仪、虫蚁判散科仪、祈雨科仪等。有些科仪带有四川地方特色。如《川主正朝全集》，系为奉祀修建都江堰的李冰之子二郎而设。[①]由于陈复慧对道教科仪的特殊贡献，以及与民间科仪密切的关系，四川地区许多火居道士也尊其为祖师，逐渐形成了日后川西最为流行的火居道派之一“广成坛”。这类道士生活与俗人无异，无须住宫观，除了受邀在民间行各类科仪外，还有自己的副业。陈复慧除了全真道弟子外，还有很多这类正一、火居道士徒弟，虽然他们身份不同，但却往往遵循全真道龙门派的字辈，这是一个特殊现象。

其次是刘沅和法言坛的关系。刘沅，四川双流人，字止唐，一字讷如，道号清阳居士、碧霞居士。生于清乾隆三十三年（1768），卒于咸丰五年（1855）。乾隆年间三次会试不中，道光六年（1826）选授湖北天门县知县，不愿外任，该国子监典簿，后隐居教授，著书立说，后人整理为《槐轩全书》。刘沅既是一

① 尹志华：《清代全真道历史新探》，香港：香港中文大学出版社，2014 年，第 175—177 页。

名儒家学者，也深受道教内丹学说的影响，因此其思想表现出儒道合一的特点。除了大量的儒家经典和思想研究外，刘沅及其门徒依据道教科仪，整理出《法言会纂》，作为门徒斋醮科仪的依凭。[①] 在刘氏后人和门徒的发展下，逐渐成为学术、教育、慈善、宗教合一的团体，民间称之为“刘门”或“刘门教”。而《法言会纂》这部书亦成为法言坛的起源，由于刘门掌教一般不做法事，通常由既是刘门弟子，又是火居道士的人主坛，依据《法言会纂》行科。后来这样的火居道士继续独立地发展，逐渐形成流行于民间法言坛。[②]

据学者研究，《法言会纂》的编纂和法言坛的出现与陈复慧存在渊源。其中有两个人物非常关键，一是刘沅门人樊道恒，一是其师陶道夫。陶道夫曾在青城山得陈复慧之传授，开始收集和整理科仪，并在刘沅指导下修正这些科仪，是为《法言会纂》初稿。陶去世后，樊奉父命募资刊印《法言会纂》，并为刘沅提供许多科仪书，然后在刘沅、刘芬及其门人的整理、编纂、修订后，形成《法言会纂》定稿，最早刊行于 1844 年。《法言会纂》的特点在于标准简洁、文义通顺，并纳入刘家祖系。既用于民间火居道士举办法会、建斋设醮，也用于刘家祖先祭祀。在保存儒家思想的同时，也融入了道教斋醮科仪的特点。民国时期，法言坛占据火居道士绝大部分，尤其是成都西、南的郊区。

如在 1930—1940 年间，法言坛钟载阳、廖儒轩、谢鼎三、

---

① 马西沙、韩秉方：《中国民间宗教史》（下册），北京：中国社会科学出版社，2004 年，第 1007 页。

② 欧福克（Volker Olles）：《道、法的分工：四川法言坛的法脉及特点》，载盖建民主编，周冶、朱展炎副主编：《“回顾与展望：青城山道教学术研究前沿问题国际论坛”文集》，成都：巴蜀书社，2016 年，第 708 页。

胡济诚被称为成都四大法师，颇具盛名，他们四人又分别师承于钟道应、苏道辑、李雪岑、胡炜文，其中谢鼎三传法于曾华聪。[①] 又如民国《温江县志》中记载了温江县的一条法言坛胡清妙、周清志、唐喆、袁承祖、罗育仁、胡志仁的传承路线："邑人胡清妙，字观无，得沅混剖图之传，为刘门高足。周清志亦从之游。唐喆亲炙尤久，喆得其传，以授袁承祖，承祖以授罗育仁，育仁弟子新繁胡志仁为志其墓，称其师善诱门士如孟子所称，可欲有诸己者数十人，其大化者二十余人，其盛若此。"可见当时温江法言坛弟子众多，出众者就有二十余人。并简要叙述了处世和修炼的态度，认为"要其功效，全尤谢绝人事，闭关静坐而得"，但"岂必脱离人事，别寻秒窍而上达也哉？"且"若籍之为却病延年之方，是亦小道耳"。[②]

不过并非所有地区广成坛、法言坛都很兴盛，比如民国《灌县志》对二者评价就不高："晚近教徒有不住观而家居者，专以诵经谋衣食。其说不外地狱、天堂，与释氏之下乘绝相类，盖又神仙家之变体矣。道场亦分两派，一广成坛，创于陈复慧；一法言坛，启自刘沅。沅本儒者，别有所得于丹经，谓玄牝之门即儒之至善，道家修炼即儒之克己，牵合附会，亦颇有辞，而吾

① 参考欧福克（Volker Olles）：《道、法的分工：四川法言坛的法脉及特点》，载盖建民主编，周冶、朱展炎副主编：《"回顾与展望：青城山道教学术研究前沿问题国际论坛"文集》，成都：巴蜀书社，2016 年，第 708—727 页；Volker Olles：*Ritual Words*：*Daoist Liturgy and Confucian Liumen Tradition in Sichuan Province*，Harrassowitz Verlag. Wiesbaden，2013，p69—71。

② 民国《温江县志》卷四，《中国地方志集成 · 四川府县志辑》，成都：巴蜀书社，1992 年，第 8 册，第 409 页。

邑之宗其说者尚少也。”[①] 这与民国时期正一、火居道不受政府认可有一定关系。如1935年12月，张恩溥呈请国民政府回复正一真人封号并颁给印信遭到驳回。1936年1月，国民党中央民众运动指导委员会致行政院称：“查道教应属宗教团体，依法得许可组织，惟此项悬牌为业，类似巫觋之道士，不得利用团体，提倡迷信。应于章程中明白规定，如遇有提倡迷信之活动时，则应依法严予取缔。”[②] 全真道在1912年创立道教会时，亦称“彼以符箓为道者，是道贼也”[③]。而这些正是指向广成坛、法言坛等众多民间正一、火居道派而言，所以这些道派较全真道来说只能偏向于在民间发展。而他们究竟在民间有着怎样的活动，是有待今后深入发掘和研究的问题，兹不赘述。

不过就刘沅及其后人而言，从刘沅在世之时到民国时期与成都全真道一直存在着联系。如清道光十年（1830）刘沅为陈清觉撰写《碧洞真人墓碑》。清末刘门多次资助青羊宫培修殿宇，购买田地、铺面，参与到青羊宫内部重要抉择中，到中华人民共和国成立前夕一直协助青羊宫管理。因此青羊宫内曾供有刘沅和其后裔，以及刘门对青羊宫有功之人的牌位。类似的情况还出现在新津县天社山老子庙，刘门中人资助老子庙的建设，而老子庙亦供奉相关人员的牌位。在1913年四川省道教总分会创立之时，刘门中人如刘桢文、刘咸荣、刘咸焌等以赞助人的身份参与其

① 民国《灌县志》卷十六，《中国地方志集成·四川府县志辑》，成都：巴蜀书社，1992年，第9册，第402—403页。

② 中国第二历史档案馆编：《中华民国史档案资料汇编》第五辑第一编，文化（一），南京：江苏古籍出版社，1994年，第1069页。

③ 《藏外道书》第24册，第472页。

中。[①] 刘咸荣与二仙庵来往密切，曾为王伏阳所刊《老君历世应化图说》作序；1916—1921 年刘咸荣等资助二仙庵的二仙殿修复；1938 年，时年 81 岁的刘咸荣还为邹崇品复制之吕纯阳像碑题字。[②] 以上都表明刘门与成都全真道宫观、道士有着频繁的来往，[③] 在道教研究上也颇有建树。[④]

第三节　宫观与道士概况

一　数量下降的趋势

在谈论具体问题前，我们必须清楚了解民国成都的寺观存在“僧道互居”的情况，即从寺观名称来看，僧人居住“宫观”，道士居住“寺庙”。当然这并非是民国时期独有的现象。当时的一些方志中就谈论了这个问题，表明这种情况在历史上早已有之：

> 唐宋道观至明多为佛庙，如唐之天庆观，明为天庆寺；宋之崇道观，明为天台寺，以此类推，全蜀皆然。佛道既随时为消长，今且僧道迭居，浮屠老子并在一堂，所谓寺庵宫

① 四川省档案馆，全宗号民国 186，目录号 01，案卷号 1839。

② 成都市地方志编纂委员会：《成都市志·宗教志》，成都：四川辞书出版社，1998 年，第 37 页。

③ 参考欧福克（Volker Olles）：《川西夫子论碧洞真人，刘止唐笔下的陈清觉——兼论四川道观与民间团体的关系和互动》，载盖建民主编，周治、朱展炎副主编：《第四届中国（成都）道教文化节“道在养生高峰论坛暨道教研究学术前沿国际会议”论文集》，成都：巴蜀书社，2015 年，第 567-581 页。

④ 刘咸炘的道教学术研究在第二、三章均有论述。

观亦不复分矣。[①]

又如：

> 自汉明帝时，迦叶摩腾、竺法兰以白马驮经至雒阳处之鸿胪寺，故后世僧侣所居皆曰寺。元帝被疾，召方士处汉中、道士王伸都于昆明观，故后世道流所居皆曰观，晚近则僧道互居寺观几不分矣[②]

因此在研究民国成都寺观之时我们必须把握这个特点。而与此同时，僧道互居的现象，也给判定寺观的佛道所属增加了困难，所以在实际定性时应谨慎。

一般认为，四川省道士人数从1916年的35657人[③]，下降到1949年4177人[④]，下降率达85%以上。成都地区宫观、道士数量理论上讲也应处于这种下降的背景中。[⑤] 在稍后的分析中，亦可以看到这种下滑趋势。不过在研究过程中笔者发现，民国四川道士数量的下降率似乎并没有这么高。

在1916年四川省内务统计报告书中，有《四川省祠庙改废

---

① 宋育仁纂，王嘉陵等整理：《重修四川通志稿（外一种）》，北京：国家图书馆出版社，2015年，第594页。

② 叶大锵修、罗骏声纂：民国《灌县志》，民国二十二年铅印本，第99页。

③ 宋育仁纂，王嘉陵等整理：《重修四川通志稿（外一种）》，北京：国家图书馆出版社，2015年，第614页。

④ 四川省地方志编纂委员会编纂：《四川省志·宗教志》，成都：四川人民出版社，1998年，第19页。

⑤ 《四川省志·宗教志》以及卿希泰主编《中国道教史》第4卷皆采用了这种观点，认为从1916年到1949年间，四川道士人数下降85%以上。见四川省地方志编纂委员会编纂：《四川省志·宗教志》，成都：四川人民出版社，1998年，第19页；卿希泰主编：《中国道教史》，成都：四川人民出版社，1996年，第4卷，第432页。

增存统计表》① 和《四川省祠庙住守人数表》②，分别统计了成都所辖 16 县寺观、祠庙，僧人、道士的数量。所谓祠庙，即包括祠宇、僧寺、道院、尼庵、女道士观 5 类，祠庙分存、改、废、增 4 类，住守人数分师徒、雇人 2 类。

为方便对比，现将道院、女道士观数量和对应住守人数合为一表，僧寺、尼庵合为另一表：

表 1—1　1916 年成都道院和女道士观统计数据

	道院			女道士观			道院		女道士观	
	存	改	废	存	改	废	师徒	雇人	师徒	雇人
成都县	36			1			138	55	2	1
华阳县	31	2	4	7			401		17	
双流县	8						11	12		
温江县	22						12	7		
新繁县	6	1		3			13	6	5	4
金堂县	5						11	2		
新都县	12	2		4			43	5	8	1
郫县	9	2		5			30		11	10
灌县	43			5			292	33	13	5
崇宁县	1						2			

① 宋育仁纂，王嘉陵等整理：《重修四川通志稿（外一种）》，北京：国家图书馆出版社，2015 年，第 425—426 页。

② 同上，第 441—442 页。

续表

彭县	8						8	75		
简阳县	37						57	29		
崇庆县	35			2			104	19	11	2
新津县	7			5			14	6		9
广汉县	3	11	3				45	2		
什邡县	26	4	2	1		1	67		3	

表 1—2　1916 年成都僧寺和尼庵统计数据

	僧寺			尼庵			僧寺		尼庵	
	存	改	废	存	改	废	师徒	雇人	师徒	雇人
成都县	66			16			469	89	61	9
华阳县	126	6	11	55	4	3	994	32	218	
双流县	55			53			116	34	203	35
温江县	94			58			159	2	105	
新繁县	73	37	8	11	3	1	88	30	13	6
金堂县	111			13			481	16	19	3
新都县	20	40		17	1		231	71	94	20
郫县	78	33		22	4		316	77	96	12
灌县	72			24			272	42	85	21
崇宁县	20			5			34	20	15	4
彭县	152			31			363	17	75	27

续表

简阳县	151			2			220	53	25	4
崇庆县	313			26			482	97	109	24
新津县	38			11			66	3	25	1
广汉县	11	46	12	11	2		237	20	39	2
什邡县	274	48	22	9			514		15	3

表末分析："据各县报表祠庙多少与住守人数多少无比例关系。有祠庙数多而住守人数少者；祠庙少而住守人数多者；有一宗教徒兼守多祠庙者，也有无宗教徒而雇人看守者。"

1916 年时，在上述十六县中，共有道教宫观 325 座（道院 289 座，女道士观 36 座），道士 1318 人（男道士 1248 人，女道士 70 人）。佛教寺庙 1960 座（僧寺 1654 座，尼庵 306 座），僧尼 6239 人（僧 5042，尼 1197 人）。在这份统计表的总计一栏，记载 1916 年四川有僧人 34110 人，尼 8386 人；男道士 7125 人，女道士 857 人。其中道院共雇人 1748 人，女道士院雇人 274 人。[①] 这些数据一方面表明，佛教在寺庙、僧人数量上，均远远多于道教宫观、道士；同时就道教而言，男、女道士数量悬殊。在随后第三章的研究中也反映出，正是由于基数差异，导致虽然道教会不断提倡提升"坤道"地位，但实际作为会、职员的女道士仍然十分稀少。

① 宋育仁纂，王嘉陵等整理：《重修四川通志稿（外一种）》，北京：国家图书馆出版社，2015 年，第 456 页。

信徒方面，有1916年《四川省佛道回各教信徒人数表》记载①：

表1—3　1916年成都佛教和道教信徒人数

	佛教	道教
成都县	667	307
华阳县	1966	860
双流县	308	11
温江县	203	162
新繁县	44	29
金堂县	261	50
新都县	1539	386
郫县	316	349
崇宁县	80	76
灌县	413	489
彭县	363	90
简阳县	476	197
崇庆县	641	156
新津县	222	53
广汉县	279	45
什邡县	514	84

① 宋育仁纂，王嘉陵等整理：《重修四川通志稿（外一种）》，北京：国家图书馆出版社，2015年，第599—600页。

总计一栏称，1916 年四川省共有佛教信徒 144680 人，道教信徒 35657 人。成都佛教信徒 8292 人，道教信徒 3344 人。该表末“备考”明确称：“川省佛、道二教几于无地不有，有非僧流、道侣而亦信仰者。”[①] 也就是说在这 35657 个道教信徒中，包含有大量非道士的普通信仰者人数，就算其中统计了诸多火居道士，或许也不能将其作为 1916 年全川道士人数的参考数据，去与 1949 年的数据对比。

不过 1949 年四川道士有 4177 人的数据是接近事实的。[②] 因为在 1948 年四川省道教会第三次会员大会的工作报告中称：目前本会各市、县分会改组成立者共 57 县，尚在筹备和来函请示者 38 县。各市、县分会领取证章共 2885 份，基本、普通会员人数共 2885 人。[③] 若以已成立 57 县分会平均人数 50 计算，待 95 个分会全部成立之时，全川各道教会共有会员 4750 人。在当时所有宫观道士必须强制入会的情况下，4177 人的数据是较为可靠的。

因此在 1916 年，全川居宫观的道士共 7982 人，看守共雇 2022 人。即便把看守雇人全部视作道士，1916—1949 年四川道士下降率为 47.6%—58.2%之间，而并未达到 85%以上。

宗教信徒方面，1935 年间四川省政府以“我国宗教流传，名目繁多，品类不一，尤以吾川地处边隅，交通不便，人民智识程度较为低落，种种邪教易于羼入”为由，为预防、监督和保

① 宋育仁纂，王嘉陵等整理：《重修四川通志稿（外一种）》，北京：国家图书馆出版社，2015 年，第 614 页。

② 四川省地方志编纂委员会编纂：《四川省志·宗教志》，成都：四川人民出版社，1998 年，第 19 页。

③ 四川省档案馆，全宗号民国 186，目录号 01，案卷号 1838。

护起见，认为有彻底调查和统计的必要。并依照中央饬令办理全川寺庙总登记，制订宗教调查表。1936 年，全省调查基本完毕，四川省政府将四川省各县信教人数统计表呈报国民政府查考。

表 1—4　1936 年成都佛教、道教、基督教、天主教信徒人数

	佛教	道教	基督教	天主教
成都市	762	280	54	7
温江县	541	17		
成都县	270	27		4
华阳县	854			19
灌县	346	331		
新津县	69	121		
崇庆县	358	82		
新都县	368	34		
郫县	442	46	8	14
双流县	364	84		
彭县	669	121	18	165
新繁县	587	32	46	50
崇宁县	69	33		
简阳县	759	99		2
广汉县	225	30	19	54
什邡县	430	63	8	78
金堂县	727	903	16	16

按照表格统计，四川在1936年合计有佛教信徒44984人，道教信徒12131人，回教信徒2832人，基督教信徒3673人，天主教信徒9781，总共75712人。[①] 成都佛教信徒7840人，道教信徒2303人。对比1916年的统计，四川省共有佛教信徒144680人，道教信徒35657人。成都佛教信徒8292人，道教信徒3344人。若以此数据为标准，1916—1936年间，四川省佛教徒下降率为68.9%，道教徒为66.0%，成都佛教徒下降率为5.4%，道教徒为31.1%。至于这种下降率差异性的产生，目前难以细究。就准确性而言，国民政府对社会的调查和控制更为系统和严密[②]，当较民国初期的统计数据可靠，因此我们或可初步认同佛、道教信徒人数下降的趋势。但我们需要认识到，抛开前后两次调查统计在方法和标准上可能存在的差异不谈，事实上我们对当时的调查方式细节也知之甚少。对信众人数的统计，尤其是在中国基层社会当中展开调查，或许是一个较为棘手的问题。不同于对僧人、道士的统计，民众的信仰时常难以界定。比如部分民众家中，“于中堂大书天地君亲师位，旁列文昌、财神、牛王诸神不等，甚有中列真武、观音、文昌、牛王、马王、关圣、财神等，而祖宗反居左侧者，名为三教香火”[③]。政府如何界定这类人，民众如何声称自己的信仰所属等因素，都会左右数据的最终呈现。

---

① 中国第二历史档案馆编：《中华民国史档案资料汇编》第五辑第一编，文化(一)，南京：江苏古籍出版社，1994年，第1048页。

② 本书第二章的论述中有所阐述。

③ 《简阳县志》，民国十六年铅印本，丁世良、赵放主编：《中国地方志民俗资料汇编·西南卷》，北京：书目文献出版社，1991年，第136页。

二　各县概况

关于成都各县道教宫观和道士的情况，尤其是数据方面的统计，民国时期的方志和统计资料实际上较为零散而不全面。中华人民共和国成立以后，相关研究和统计有所改善，中华人民共和国成立前后有关宫观、道士、庙产等方面的一些数据才逐渐为人所知。在这些为数不多的材料当中，我们依然可以感受到民国成都地区道教宫观、道士、庙产数量逐步下滑的趋势，道教的生存和发展空间受到的挤压。也在一定程度上反映了道教宫观在城镇当中的分布形态，和寺观中僧道互居的特点。

（一）成都县和华阳县

1916 年成都县有道观 37 座，道士 140 人。[①] 主要道观为青羊宫和二仙庵。青羊宫民国时期常住道士 50 余人，各地挂单道士在 50—60 人之间。约有田产 18. 67 公顷，土地 6. 67 公顷，街房 81 间。[②] 中华人民共和国成立后大部分道士回原籍生产或转入其他宫观，所有田地除将 2. 33 公顷分与道士外，其余全部征收分给农民。街房在减租退押时卖掉，仅留生活用房 8 间。[③] 二仙庵中华人民共和国成立前夕有道士 71 人，中华人民共和国成

① 宋育仁纂，王嘉陵等整理：《重修四川通志稿（外一种）》，北京：国家图书馆出版社，2015 年，第 441 页。

② 一说青羊宫、二仙庵中华人民共和国成立前有田地 730 亩，街房 87 间，仓库 60 余座。见四川省地方志编纂委员会编纂：《四川省志 · 宗教志》，成都：四川人民出版社，1998 年，第 25 页。

③ 四川省地方志编纂委员会编纂：《四川省志 · 宗教志》，成都：四川人民出版社，1998 年，第 32 页。

立后庙产缩减至 151 亩。[①]

华阳县 1916 年有道观 38 座，道士 418 人。[②] 1946 年华阳县道教分会改组过程中，会员名册记录了各会员所属宫观和宫观地址，现将有道士住持之宫观整理于下：

表 1—5　1946 年华阳县道教宫观道士人数和地址[③]

名称	人数	地址	名称	人数	地址
玉皇观	5	玉皇观街 64 号	天祥寺	2	天祥街
武侯祠	17	南外	法华寺	1	南外
关岳庙	2	纯化街	观音堂	4	外东青莲下街
老关帝庙	3	外东三元横街	惜字宫	1	庆云南街
武圣宫	1	外东	五童庙	1	天涯石北街
诸葛井	1		桓侯祠	1	外南
临江庵	1	外南	瘟祖祠	2	南门
文昌宫	3	外南元通桥	宝云庵	2	外南青羊镇
财神庙	1	外东三官堂	伏羲庙	2	外东万年场神仙树
凌云寺	1	外东土地庙	丛兴寺	2	外东牛王庙上街
地藏寺	2	外东金龙街	观音堂	3	外东牛市口
大悲寺	3	外南大悲巷	观音堂	4	外南红牌楼

① 成都市地方志编纂委员会：《成都市志·宗教志》，成都：四川辞书出版社，1998 年，第 14 页。

② 宋育仁纂，王嘉陵等整理：《重修四川通志稿（外一种）》，北京：国家图书馆出版社，2015 年，第 441 页。

③ 四川省档案馆，全宗号民国 186，目录号 01，案卷号 1839。

续表

久圣祠	2	华阳永丰乡神仙树	三清观	1	福字街
三官堂	1	外东	地母庙	2	迎曦街
白云庵	2	外东白骨碑	观音阁	2	外东太平街
关帝庙	1	外东涂家堰	燃灯寺	3	新兴乡
地母庙	3	外东高店子	净土寺	2	白鹤寺小堰口

可见此时华阳县共有道观34座，道教会会员94人[①]，其中男58人，女36人。除4名男道艺外，其余从字辈上看或均属全真道道士。表中的从兴寺、地藏寺、观音堂等，一直到地母庙、净土寺等15座宫观均为坤道住持。1949年统计，华阳县有道教宫观19座，道士57人，其中乾道23人，坤道34人。[②]说明华阳县1916年到1949年间，宫观和道士数量不断下降。

辛亥革命后，成都县废，地入成都府。成都府仅辖清代成都县、华阳县区域。1913年废府，复置县，1930年2月前为四川省会和西川道驻地。1930年2月划出城区为成都市区，同时华阳县也划出城区为成都市区，意味着成都市的出现。[③]因此民国时期不少宫观、道士数量是按照成都市范围统计的。成都市《社会调查与统计》称："成都道教徒人数不多，其在区内的活动组织为慈善团体，道教会，和为家有丧事者拜忏。人民对道教

① 基本可认定为华阳县全真道士人数，因为此时法规规定所有宫观道士必须全部加入道教会。

② 四川省双流县志编纂委员会编纂：《双流县志》，成都：四川人民出版社，1992年，第811页。

③ 周振鹤主编，傅林祥、郑宝恒著：《中国行政区划通史》中华民国卷，上海：复旦大学出版社，2017年，第224页。

的信仰，也不如佛教及耶教甚广，道士除为人拜忏念经外，亦无他事。”①

早在宣统年间（1909—1911），傅崇矩在《成都通览》中就对成都“省城”进行过研究，即包含部分成都县和华阳县地区：

> 成都人虽近三十万，然崇儒教者，不过十分之七八。此十分之七八中，能明理者，不过数百人，能识字者不过数万人，教育未普及故也。儒教十万人，此十万人中迷信佛教者十之九，学生约万余人；道教二百六十六人。释教男僧四百八十六人，女僧一百一十一人；回教二千五百九十四人；洋教福音、天主两教共三千九百七十九人。②

另据宣统元年（1909）的成都户口普查统计：成都市区有公馆 28 所，庙宇 263 座；净居道 108 人，火居道 161 人；男僧 597 人，尼僧 113 人；巫教 95 人。③ 数据基本与《成都通览》相近，同时可判定傅崇矩所称“道教二百六十六人”应包含居宫观道士和火居道士。

到了 1937 年，四川省会警察局《成都市道教宫观登记表》统计：成都市共有宫观 50 座，其中明代所建 8 座，清代 31 座，民国 3 座。1949 年中华人民共和国成立前夕，市区共有道观 42 座，道士 260 余人：④

---

① 《社会调查与统计》，1944 年，第 4 期，第 139 页。

② 傅崇矩：《成都通览》，成都：成都时代出版社，2006 年，第 53 页。

③ 成都市地方志编纂委员会编：《成都市志 · 大事记》，北京：《东方出版社》，2010 年，第 656 页。

④ 成都市地方志编纂委员会：《成都市志 · 宗教志》，成都：四川辞书出版社，1998 年，第 6—7 页。

表 1—6　1949 年成都市区道教徒及庙观情况一览表①

名称	人数	地址	名称	人数	地址
宝云庵	2	青羊正街	邱仙观	3	望仙场
武侯祠	14	南门外	白庙子	3	凤凰山
九真寺	2	神仙树	法华寺	3	望仙场
文昌宫	1	元通桥	观音阁	2	新南门外十二街
太平寺	2	红牌楼	莹华寺	2	外南铁门坎
关岳庙	1	纯化街	三官堂	1	外东牛王庙
惜字宫	1	庆云街	观音阁	2	外东大田坎
大悲阁	1	南门大桥	天祥寺	2	新东门外
大南海	3	外北	地母庙	2	迎曦街
下南海	2	外北	三清观	1	福字街
丞相阁	1	簸箕中街	詹天庙	1	北糠市街
观音阁	1	字库街	都司庙	1	西外乡农寺
大红土地庙	1	大红土地庙街	广福庙	2	花牌坊
观音祠	2	小天竺	观音阁	1	王家塘
都城隍	1	大墙后街	娘娘庙	3	西马道街
诸葛井	1	沟头巷	福德祠	1	西马道街
陕土地	1	沟头巷	弥勒庵	2	西马道街

① 成都市地方志编纂委员会：《成都市志·宗教志》，成都：四川辞书出版社，1998 年，第 14 页。

续表

桓侯祠	1	浆洗街	新观音	3	青连下街
瘟祖庙	3	治平巷	二仙庵	71	青羊正街
关帝庙	16	新南门外	青羊宫	97	青羊正街
临江庵	1	外南水巷子			

1956 年 5 月，又有成都市区道教宫观调查统计表：①

表 1—7　1949 年成都市区道教宫观调查统计表

名称	地址	房屋（间）	面积（亩）	创建年代
杜康庙	均隆街	12	2	明嘉靖初年
天祥寺	天祥寺街	30	4	明嘉靖年间
地母庙	迎曦上街	2	0.083	民国二年
牛王庙	牛王庙街	15	4	清光绪年间
雷神庙	东郊公园	50	3.3	民国初年
韦陀堂	三桥南街	12	约 1	清乾隆二年
陕土地庙	西沟头巷 84 号	1	0.8	清康熙年间
同善堂	君平街 113 号	14	2.1	清康熙年间
会水神庙	后包家巷 10 号	23	2.1	清雍正四年
观音阁	小塘坎城墙边	2	1	清同治五年
石佛寺	光大巷 19 号	1	0.5	清嘉庆八年

① 成都市地方志编纂委员会：《成都市志·宗教志》，成都：四川辞书出版社，1998 年，第 15—16 页。

续表

王爷庙	柳荫街 146 号	12	1	明代末年
临江寺	水巷子 14 号	9	1	清乾隆年间
瘟祖庙	瘟祖庙街	10	0. 417	清乾隆年间
观音堂	青年下街	12	1. 3	清同治五年
关帝庙	惜字宫街 17 号	1	0. 8	清雍正四年
二仙庵	青羊正街	不详	151	清康熙三十四年
财神庙	三元坝街 137 号	9	0. 8	清雍正四年
大仙庙	太平横街 159 号	2	0. 2	清雍正四年
大悲阁	大慈巷 9 号	14	2. 1	明代末年
张爷庙	桓侯巷 231 号	12	1	清雍正四年
文昌宫	簸箕街 139 号	9	1	明嘉靖初年
娘娘庙	西马道 50 号	23	16. 4	清康熙年间
小西天	上河坝 123 号	4	0. 5	清康熙年间
大南海	下河坝 5 号	7	0. 5	清康熙年间
邱仙观	青羊横街	12	1	清雍正四年
宝云庵	青羊正街 19 号	9	1. 2	明嘉靖初年
都城隍	大墙后街	1	0. 8	清同治五年
慈云庵	王家塘 72 号	23	2. 1	明嘉靖初年
广福庙	西牌坊巷 137 号	12	1. 5	清乾隆二年
财神庙	宁夏街 69 号	14	2	清康熙年间
都司庙	西牌坊巷 137 号	1	0. 8	清乾隆二年
佛慈堂	西较场 13 号	13	2. 1	清康熙年间
青羊宫	青羊正街		67	唐代

在 1956 年所存 34 座宫观中，仅迎曦上街地母庙和东郊公园雷神庙 2 座为民国初年创建，说明民国时期成都市宫观兴建基本趋于停滞。道士人数上，青羊宫 97 人，二仙庵 71 人，具有较大规模，南外武侯祠和新南门外关帝庙分别有 14、16 名道士居住，其余宫观基本只有 1—3 名道士。庙产方面仅青羊宫、二仙庵具较大规模，不过在 1949 年之后亦大幅减少。其余宫观多拥田产数亩，或不到一亩。

（二）灌县、新津县、彭县

该三县道教宫观有一共同特点，即除城镇宫观外，当地都有道教名山，形成了独特的道教名山宫观群。灌县有青城山，新津县有老君山，彭县有葛仙山、丹景山，其中以青城山为最著。民国《灌县志》称："邑有道观，莫著于青城，以其为神仙都会，而天师之鼻祖所在也。"[①]

1916 年，灌县有道观 48 座，[②] 道士 305 人。[③] 1946 年灌县县政府《简要统计手册》记载：时全县主要宫观 23 座，道士 260 人。[④] 中华人民共和国成立初期，全县有全真道、火居道居住的大小宫观、会馆共 120 余座，乾道 348 人，坤道 71 人。1985 年时仅天师洞、祖师殿、上清宫、圆明宫、玉清宫、建福

---

① 民国《灌县志》卷十六，《中国地方志集成·四川府县志辑》，成都：巴蜀书社，1992 年，第九册，第 402—403 页。

② 宋育仁纂，王嘉陵等整理：《重修四川通志稿（外一种）》，北京：国家图书馆出版社，2015 年，第 426 页。

③ 同上，第 411 页。

④ 一说 1946 年青城山"尚有主要宫观 10 余所，道士 200 余人"，见成都市地方志编纂委员会：《成都市志·宗教志》，成都：四川辞书出版社，1998 年，第 24 页。

宫、八角庙 7 座由道士管理和使用，全县道士人数下降至 45 人。①

据 1941 年统计，青城山全山有乾道 299 人，坤道 56 人，共 355 人。宫观 47 座，主要有天师洞、祖师殿、建福宫、圆明宫、玉清宫、朝阳庵、长生宫、丈人观、飞仙观、上清宫、龙居庵、石笋堂、白云观、上元宫、玉皇观、中皇观、清皇观、文昌宫、真武庵、太清宫、回龙庵等。② 青城山常道观、上清宫、建福宫等宫观中华人民共和国成立前有田地 684 亩，自给自足。③

常道观，又名天师洞，1949 年有田产 21 亩，地百余亩，常住道士 53 人。道士彭椿仙从 1919 至 1933 年间屡次培修常道观殿宇、楼阁，先后创建或重修了斋堂、西廊、饮霞山舍、银杏阁、三清殿、灵祖殿、长啸楼、客堂等。1941 年预备在玉皇楼原址上重建黄帝祠，后由易心莹接替完成。④ 建福宫 1949 年有土地 14.7 亩，道士 9 人。清末迄今住持为：马理建、杨洪兴、陈兴全、吴元昶、张明心。上清宫 1949 年有田产 1.33 公顷，道士 20 余人，经济来源主要为地租、化缘、道场收入。清末至 1985 年住持先后为：杨松如、赵明江、张伯岳、马理乾、冯南轩、胡宾阳、肖宗静等。⑤

---

① 四川省灌县县志编纂委员会编纂：《灌县县志》，成都：四川人民出版社，1991 年，第 693—694 页。

② 四川省地方志编纂委员会编纂：《四川省志 · 宗教志》，成都：四川人民出版社，1998 年，第 26—27 页。

③ 同上，第 25 页。

④ 张明心、马瑛主编：《青城山道教志》，北京：中央文献出版社，2007 年，第 155—156 页。

⑤ 四川省地方志编纂委员会编纂：《四川省志 · 宗教志》，成都：四川人民出版社，1998 年，第 27—29 页。

除青城山诸道观外，灌县二王庙也是非常重要的宫观之一，清代和民国地方政府都十分重视。二王庙主要供奉李冰及二郎，清代由总督、巡抚住持清明节举行放水会，民国时期由省府和水利厅官员代之。同时，二王庙每年农历六月二十四日举办川主会，在民众中颇具影响。[①] 1925 年二王庙遭火灾，烧毁大殿、后殿、祖堂、戏楼等殿宇及附属房屋百余间。同年住持李云岩募化资金，并出卖庙产水田 360 亩，重建各殿，历时十年竣工。时二王庙范围，包括林园面积约 5 万平方米，大小殿堂 10 余座。从正山门起，有 3 座主殿，主殿老君殿供奉太上老君；老王殿供奉李冰夫妇；二王殿供奉二郎。配殿 16 座，分别为青龙殿、白虎殿、三官殿、灵官殿、城隍殿、土地殿、玉皇殿、娘娘殿、祈子殿、丁公祠、圣母殿、魁星阁、神龙殿等。[②]

新津县全真道道士较少，主要分布在文井乡关帝庙、江城寺，邓双乡玉皇观，永商乡老君庙等道观。在家火居道士较多，他们各立坛口，为人做道场，超度亡人。或设坛供天、打醮祈求平安。民国时期新津火居道士分为法言坛、灵宝坛、香花坛，有各自的科仪程序和经典。[③]

天社山，又名老君山，位于新津县城南 2.5 公里处，传为二十四治稠稉治所在地。老子庙位于天社山巅，始建于唐代，几经兴废。在清代和民国时期均有增修，现存宫殿多为 1926 年所建，

---

① 四川省灌县县志编纂委员会编纂：《灌县县志》，成都：四川人民出版社，1991 年，第 726 页。

② 成都市地方志编纂委员会：《成都市志·宗教志》，成都：四川辞书出版社，1998 年，第 31 页。

③ 四川省新津县志编纂委员会编纂：《新津县志》，成都：四川人民出版社，1989 年，第 971 页。

主要有灵祖楼、混元殿、八卦亭、三清殿、三官殿、斗姆殿等。[①]

据光绪《彭县志》记载，彭县全县有文昌宫、东林寺等21座道观，道士46人。清乾隆末年，道士简来庆为文昌宫第一代住持。[②] 光绪十一年（1885），葛仙山葛仙观由张本恒住持，民国间住持尹理俊曾任彭县道教会会长。至1949年已传理、宗、诚、信等第二十一代字辈，时有山地100余亩，殿堂100余间。[③] 中华人民共和国成立前后，全县宫观发展到75座，有乾道62人，坤道45人，火居道士200人左右。[④]

葛仙山距离彭县23公里，是张陵所设二十四治葛馈山治所所在地，唐代剑南四川节度使韦皋开始重修观宇，清代形成宫观建筑群。旧有“三月三朝葛仙山”的习俗。由老君殿、三清殿、灵祖殿、玉皇观、观音殿、东岳殿、斗府宫等10余座宫殿组成。这些建筑一直存在到50年代，1978年尽数毁于火灾。[⑤] 同时，民国时期彭县以正月初五、初九、十五为东岳会，其间该县民众会前往丹景山东岳庙参加东岳会。[⑥] 丹景山东岳庙中有阴曹地府的雕塑，塑有判官、小鬼、牛头马面、下油锅、磨子推、望乡台

① 成都市地方志编纂委员会：《成都市志·宗教志》，成都：四川辞书出版社，1998年，第32页。

② 四川省地方志编纂委员会编纂：《四川省志·宗教志》，成都：四川人民出版社，1998年，第31页。

③ 同上。

④ 四川省彭县县志编纂委员会编纂：《彭县县志》，成都：四川人民出版社，1989年，第866页。

⑤ 成都市地方志编纂委员会：《成都市志·宗教志》，成都：四川辞书出版社，1998年，第33页。

⑥ 四川省彭县县志编纂委员会编纂：《彭县县志》，成都：四川人民出版社，1989年，第839页。

等阴森恐怖画面，宣扬因果报应的观念。①

（三）其余各县情况

从1916年四川省内务统计报告来看，宫观和道士数量都居多的惟成都县、华阳县、灌县、崇庆县4处。前三县从清代以来一直为全真道龙门派盛地，道教自然也较发达。1916年新津县有道观12座，道士14人；彭县有道观8座，道士8人。宫观数量不及温江、简阳、崇庆、什邡；道士人数不及新都、郫县、简阳、崇庆、广汉、什邡。② 虽然存在调查误差，但也反映出两县道教实际并不兴盛。但由于两县分别有老君山、葛仙山、丹景山等道教名山的存在，使之较其余各县的道教发展状况更具特色而已。

崇庆县1916年有道观37座，道士125人，具有一定规模。不过自民国以来衰退较快。据1926年《崇庆县志》记载："崇境释氏约三百有六七十人（民国有佛教分会），道家三十余人（居宫观者），尼不逮百人，女道士二人，耶教天主约一万五千人，福音百数十人。"③ 道士人数已下降至32人。民国时期崇庆县道教会建于城区北外辰居路，道教会在每年农历2月15日老君诞辰日，集结教徒于县城设坛崇祀。1943年廖家真武宫全真道士彭定诚任道教会会长。1947年左右道教活动一度活跃，有道观18座，道士120人。中华人民共和国成立前夕，全县道观

---

① 四川省彭县县志编纂委员会编纂：《彭县县志》，成都：四川人民出版社，1989年，第844页。

② 宋育仁纂，王嘉陵等整理：《重修四川通志稿（外一种）》，北京：国家图书馆出版社，2015年，第441—442页。

③ 谢汝霖等修，罗元黼等纂：民国《崇庆县志》，《中国地方志集成·四川府县志辑》第14册，成都：巴蜀书社，1992年，第401页。

22 座，分布在城厢、怀远、廖家、梓潼等 12 个乡镇。由于道士生活困难，老君年祀停止。戒规日益松弛，凡人愿至宫观谋生或为躲避抓壮丁而愿着道服者，皆被视为入教。①

对于新都县、金堂县来说，目前只掌握其在 20 世纪 20—30 年代间的宫观情况。1929 年《新都县志》记载了当时新都县宫观及其地址和修建情况。称全县有道士住持的庙宇共有 14 处，不过在文中实际记录了 16 处：

> 道教托始于老子，其徒曰道人，曰道士，大都无识庸流。县计由道人住持之庙宇共十四处，或为公私祀祠，或为禅宫梵宇。
>
> 玉皇观，在县东关外厢左，明建，清康熙三年重建，宣统元年重修。
>
> 桓侯庙，在县东关外厢右，清光绪三十三年本城屠行集费创建。
>
> 观音庄，在县西五里，清康熙五十三年创建，乾隆十六年、道光二十七年重修。
>
> 观音阁，在县城北街，清乾隆五十六年重建，咸丰八年、光绪三十四年重修。
>
> 报恩寺，在县东六里，明建，原名杨家庵，清雍正元年重建，光绪二十五年重修两廊及乐楼，咸丰元年培修两廊、前后殿宇。
>
> 凃家庙，一名仁寿宫，在县南七里，清康熙四十四年重

① 四川省崇庆县志编纂委员会编纂：《崇庆县志》，成都：四川人民出版社，1991 年，第 763 页。

修，五十六年添建两廊，咸丰五年培修。

甘露庵，在县东十里，元至顺三年建，明初仅存正殿一，弘治、嘉靖时屡加修葺，清康熙三十五年重建，雍正六年培修。

云峰寺，原名郑家庙，在县北十里郑家营，清雍年间重修，乾隆十四年重修，又更名观音堂。

慈云寺，一名张家庵，在县南十五里，明万历二年建，清康熙二十五年重建，乾隆五十八年三月增建东岳殿，道光四年重修。

唐家寺，在县东弥牟镇场中，明建，旧系石庙甚卑隘，清光绪十三年拓广基地，建正殿一间、厢房数间、乐楼一座。

安乐寺，在县西二十里，清乾隆四十八年重修。

三圣寺，一名火神庙，在县北军屯镇场内，清乾隆五十二年创建，道光十一年庙宇焚毁，移建中场，十六年增建乐楼及厢房三间、住室四间、字库一座，民国六年培修。

龙神庙，在县北军屯镇场内，清乾隆五十二年建，光绪二十九年培修。

五灵寺，在县南二十五里滥泥沟，清乾隆二十九年建，原名都爷庙，祀张都、李都、毛都及天后、关圣之像，相传张、李、毛三人为粤之长乐人，俱显官，明季兵燹协力保护粤民，民赖以安，后俱阵亡，屡着灵异，粤民比户祀之。清初长乐人杨、冯、缪、李、江、黄六姓移家入蜀，共建此庙以达神贶，示不忘本也。嘉庆十五年重建。

吕真君祠，在桂湖，嘉庆十七年建，道光十九年重建。

高观，在县西十五里，建修年代不详。[①]

这 16 个宫观中，仅县北军屯镇三圣寺在 1917 年有过培修，其余皆为清代及以前修建，且未在民国时期有培修，更无民国时期新建之宫观。

民国《金堂县续志》记载了 1921 年当地道观中居住的道士人数，和民国《新都县志》反映出来的情况类似，许多从名称上看属于佛寺的寺庙，都由道士住持或看守，是僧道互居现象较为直观的一个例证。该方志按方位统计了由道士住持的寺观，道士人数从一人到四人不等，并且有坤道住持的一些宫观，现整理于下：

城内：三清观（雍正中姚来亨建）、灵官庙。

治东：东岳庙、米家庙、普安庙、柳仙观、兴隆寺、玉皇观、湖炉观、古东岳庙、棲贤寺（即前鸿都观）、关帝古庙、黑黄寺、净乐寺。

治南：长寿寺、龙尾寺、雍家庙、寿尊寺、蟠龙寺、观音阁、东岳庙（有二）

治西：西林寺

治北：五显庙

由坤道住持的宫观：治东的万安寺、普度山庙、观音庙；治南的朝王庙、新观音庙。还有不少道观由看司住持香火。[②]

---

① 陈习删等修，闵昌术等纂：民国《新都县志》，《中国地方志集成·四川府县志辑》第 11 册，成都：巴蜀书社，1992 年，第 755—756 页。

② 王暨英等修，曾茂林等纂：民国《金堂县续志》，《中国地方志集成》，成都：巴蜀书社，1992 年，第 4 册第 469—476 页。

即当时由道士住持之宫观共29座，相比起来亦具一定规模。另有资料称1921年金堂县全县有道观48座，应当是加上由看司住持宫观数量后的总数。民国时期，金堂县道士曾多次在县城三清观内设坛崇祀老君诞辰。中华人民共和国成立初期，部分高龄道士转入青城山宫观，一些道士转而行医。①

对于更多县来说，目前只掌握其在民国初期和40—50年代的情况。什邡县1916年有宫观28座，道士70人。② 最有规模的宫观是县城外北五瘟堂和外西三教堂，其他分布在县治附近的龙王庙、文昌宫、天后宫、真武宫，蓥西镇真庆宫、上火神庙、下火神庙，龙居乡老君观，湔氐乡玉皇观等。道士日常诵经拜神，施药治病。五瘟堂居住道士在30—40人之间，由长居宫观的老道士和短期游方道士组成，有部分道士经常为丧、病人家举行超度、拜忏仪式。1948年全县道士人数在50人左右。③

广汉县在清嘉庆年间（1796—1820），有道教宫观20余所，当时应称汉州。据1944年广汉县道教分会改组的《指导人民团体组织总报告表》记载，分会地址在西安路元庙观，理事长为刘信铭，时有会员56人，男53人，女3人，基本可认为是乾道、坤道人数。④ 1947年调查资料显示，全县道观20所，大部

① 四川省金堂县志编纂委员会编纂：《金堂县志》，成都：四川人民出版社，1994年，第892页。

② 宋育仁纂，王嘉陵等整理：《重修四川通志稿（外一种）》，北京：国家图书馆出版社，2015年，第441—442页。

③ 四川省什邡县志编纂委员会编纂：《什邡县志》，成都：四川大学出版社，1988年，第24—3页。

④ 四川省档案馆，全宗号民国186，目录号01，案卷号1839。

分为明清修建，房屋264间，土地104亩，乾道48人，坤道6人。[①] 与1944统计资料数据接近。

温江县1916年有宫观22座，但居宫观的道士仅12人。较晚资料称：民国时期温江县境内道教宫观有城关城隍庙，永安乡许家庙，公平乡文殊寺、梅家庵，隆兴场东岳庙，寿安乡道祖庙、龙蟠寺，毗卢乡关帝庙，通平乡崇福寺、林远寺等，陈复慧曾居龙蟠寺。除城隍庙外，其他香火都不旺盛。全县在庙的全真道龙门派道士仅18人，早晚念经，从事生产劳动、游方募化，有的也参加打醮和超度亡人等活动。[②]

在数据上有时出现了一些反常现象。如1916年郫县有道观9座，双流县有8座，崇宁县仅1座。而到了40年代，三县道观数量却变多了。1946年，郫县有道教宫观14座，其中以县城东街纯阳观，回龙乡天林寺、白衣庵规模较大，1943年成立的郫县道教会即设在纯阳观。时有乾道34人，坤道30人，庙产田地60亩。中华人民共和国成立初期，郫县道士人数下降到34人。[③] 1948年，双流县有道教宫观13座，乾道13人，坤道3人，田产123亩。[④] 1946年崇宁县有道教宫观5座，规模最大的是县城东街吕祖祠。全县道士共30余人。[⑤] 在成都各县宫观、

---

① 四川省广汉县志编纂委员会编纂：《广汉县志》，成都：四川人民出版社，1992年，第615页。

② 四川省温江县志编纂委员会编纂：《温江县志》，成都：四川人民出版社，1990年，第856页。

③ 四川省郫县志编纂委员会编纂：《郫县志》，成都：四川人民出版社，1989年，第738页。

④ 四川省双流县志编纂委员会编纂：《双流县志》，成都：四川人民出版社，1992年，第811页。

⑤ 四川省郫县志编纂委员会编纂：《郫县志》，成都：四川人民出版社，1989年，第738页。

道士数量普遍下降的大趋势下，郫县、双流、崇庆三县不降反增，是否真的存在这种现象，还是民国初期统计有误，或是前后统计标准不一致造成的，还须进一步研究才能做出结论。

三　其他宗教的冲击

若要了解民国成都道教的处境，仅着眼于道教本身是难窥其全的。道教的发展从来都不是孤立的，长期以来与佛教、伊斯兰教、天主教、基督教处于共生状态。在民国这个中西交融、新旧交替的时代，外来宗教尤其是天主教、基督教对中国传统佛教、道教的冲击较大，多少直接或潜移默化地改变着民众的信仰结构。同时，比对道教与其他宗教在自我革新、经济情况、信众势力、社会活动等各方面呈现出的不同状态和表现，也有利于把握民国成都道教处境的特点和多方面存在的不足。

民国初期，有人把佛教、伊斯兰教、天主教、基督教在四川的传播概况和特点进行了简要分析：

> 回教偏于保守，聚族而居，与教外人划若鸿沟，推行不广，川省百有余县渐染不及其半焉。基督教自新旧两派外，有所谓美以美会、内地会、浸礼会、若瑟堂、慈母堂、三育社，竞相传播，要不越两派之范围。旧教以法人为多，意人次之；新教以英人为多，美次之。自约法信教自由而民教之争已息，且今有非基督教同盟，盖科学昌而宗教替，真理著而迷信衰，自然之势也。惟释氏邃入真理，物竞天择，适者

生存，固当未艾。[1]

即伊斯兰教相对保守；天主教和基督教在信教自由的背景下，本地民众和外来宗教的对抗已不似清末激烈；佛教虽然受到一定打击，但仍有相当之势力。而未谈及道教的情况。

1916 年，四川省内务统计报告书统计了当时成都各宗教信仰人数，并行表两张表格。其一是《四川省佛道回各教信徒人数表》：[2]

表 1—8　1916 年四川省佛道回各教信徒人数表

	佛教	道教	回教
成都县	667	307	4723
华阳县	1966	860	263
双流县	308	11	
温江县	203	162	
新繁县	44	29	1
金堂县	261	50	53
新都县	1539	386	253
郫县	316	349	371
崇宁县	80	76	84
灌县	413	489	761

① 宋育仁纂，王嘉陵等整理：《重修四川通志稿（外一种）》，北京：国家图书馆出版社，2015 年，第 595 页。

② 同上，第 599—600 页。

续表

彭县	363	90	507
简阳县	476	197	
崇庆县	641	156	
新津县	222	53	
广汉县	279	45	15
什邡县	514	84	39

其二是对天主教、基督教信徒人数的统计：①

表 1—9　1916 年四川省天主教、基督教信徒人数表

	天主教		基督教	
	本国人	外国人	本国人	外国人
成都县	1664	21	593	11
华阳县	1594	4	1183	13
双流县	190			
温江县	679		125	
新繁县	141		136	
金堂县	4077		105	
新都县	432		349	
郫县	3282		810	

① 宋育仁纂，王嘉陵等整理：《重修四川通志稿（外一种）》，北京：国家图书馆出版社，2015 年，第 614—616 页。

续表

崇宁县	408		90	
灌县	428		177	3
彭县	1578	1	130	7
简阳县	388		2819	
崇庆县	3781		766	
新津县	712	1	122	
广汉县	550	1	70	
什邡县	1336	1	380	

综合二表，1916 年成都地区十六个县共有佛教信徒 8292 人；道教信徒 3344 人；伊斯兰教信徒 7070 人，主要集中在成都县；天主教信徒 21240 人；基督教信徒 7855 人。1936 年四川全省合计有佛教信徒 44984 人，道教信徒 12131 人，回教信徒 2832 人，基督教信徒 3673 人，天主教信徒 9781，总共 75712 人。① 单从数据来看，道教信徒人数是最少的。

不过这并不是四川省独有的情况，在 20 年代到 30 年代中期的调查中，多省道教信徒、道士人数或宫观财产数量方面，都表现出弱势。1934 年山东省各宗教人数统计，佛教 36668 人，道教 4804 人，回教 51969 人，基督教 22259 人，天主教 70989 人。②

① 中国第二历史档案馆编：《中华民国史档案资料汇编》第五辑第一编，文化（一），南京：江苏古籍出版社，1994 年，第 1048 页。

② 同上，第 1052—1053 页。

1935 年河南省各宗教团体状况调查统计，全省佛教僧徒 2520 人，道士 650 人，回民 103520 人，基督教徒 25360 人，天主教徒 23520 人。并称："河南省佛教僧徒为数无多，人民研究佛典者实属寥寥，各县寺庙虽间有办理教育事业者，但成绩未著，对于地方直无影响之可言。道教尤为式微，无甚足述。"①

据 1929 年 8 月广州各宗教团体状况调查称：

> 道教团体共有六十二个，分布连平、广州等十一县市，住持均为本国人，教徒甚少，往往一道庙仅有教徒一名者，计六十二团体中，仅有男教徒二百人，女教徒五十八人；财产方面，多的仅有院房屋一间，间有田地数分，动产多者二千元，其余则有五百元、四百元、三百元、二百元、一百元及七十元者，然亦仅此数间而已。

佛教虽遭到冲击，但仍较道教为好：

> 佛教团体，共有二百二十一个，分布河源、广州等二十四县市，住持均系本国人，教徒总共一千九百三十六人，内男教徒一千一百零六人，女八百三十人；财产方面，不动产除房屋外，间有田地山场等，多者一百余亩，少者二三亩，动产多者三千元，少者四五十元，然多产者近已拨作学校经费，各该佛教团体附办学校计有四处，附办慈善事业者计六处。②

---

① 中国第二历史档案馆编：《中华民国史档案资料汇编》第五辑第一编，文化（一），南京：江苏古籍出版社，1994 年，第 1061 页。

② 同上，第 1061—1062 页。

因此，除开所谓道教与民间习俗、民间信仰根深蒂固的关系，[①] 民国时期道教在宫观数量、道士人数、庙产数量等方面较其他宗教而言并不占优，甚至差距颇大。

佛教方面，1994 年成都市佛教开放的寺庙有 58 座，而道教宫观仅 15 座。[②] 民国时期，佛教拥有的庙产是道教无法比拟的，昭觉寺时有田地 7000 余亩，文殊院 1800 余亩，草堂寺 700 余亩，宝光寺 700 余亩，近慈寺 100 余亩，大慈寺 70 余亩。成都市区寺庙所属街房 16328.6 平方米，市郊各区县，每县计有寺庙三四十座，每座寺庙有田地几亩到几十亩不等。[③] 因此民国时期佛教庙产受到侵占的事件较道教为多，佛教在回应庙产侵占事件上也表现出更强的积极性和组织性。

其实道教在教会建立方面比起佛教并不逊色，不足之处在于教会建立之后的种种举措和建树，包括教职人员培养、社会教育，文化研究和宣扬等方面的工作。如成都佛教界在 1916—1938 年间先后成立成都佛学社、宝慈佛学社、净名佛学社、挽劫佛学社等，分别有社员数十至四百余人不等，举行讲经和念佛活动；同时有三佛洞居士林成都分林、四川佛教居士林等组织传播教义；并由中国佛学会成都分会、维摩精舍等以研究佛学、昌明佛法为目的的组织。[④]

自我教育方面，早在 1921 年到 1928 年间，四川省佛教支会就开始筹措经费，许多寺院开始创办佛化小学校，培养僧才。

---

① 这方面内容将在第四章详细论述。

② 成都市地方志编纂委员会：《成都市志·宗教志》，成都：四川辞书出版社，1998 年，第 83、17 页。

③ 同上，第 89—90 页。

④ 同上，第 111—116 页。

1924 年又在文殊院成立了四川佛学院，1926 年首届佛学院学生毕业。[①] 1929 年在文殊院成立空林佛学院，1934 年成立宝光寺佛学院。这一时期成都佛教教育模式，主要分为国民政府支配下的倡办教育和丛林合办教育。[②]

报刊方面，1925 年四川省佛教会创立《四川省佛化旬刊》，以“弘扬佛法，补正人民，挽回劫运，培养国脉”为宗旨。抗体战争期间由于经费有限改为月刊。1928 年宝慈佛学社社长傅雨居士创立《宝慈月刊》，宣传佛教因果感应，提倡素食，惜生戒杀等观念。1937 年居士许至凡、刘亚休创立《佛化新闻报》，主要内容为佛化消息、新僧运文艺等方面。[③]

民国成都道教，在自我教育、社会教育、教义传播等方面与佛教的确存在着差距。不仅罕有教内教育机构，目前也未发现如居士林、佛学社等传播教义、研究佛学的机构，更无报刊创立。有关道教的具体情况将在第三章详述。

民国时期，成都市共有清真寺 38 座，市区、郊区 16 座，郊县 22 座。中华人民共和国成立初期，市区仍存 11 座。大部分清真寺修建于清代，民国时期共新建 3 座，重修 2 座。[④] 穆斯林的组织在中国形成独特“教坊制”，教坊以一座清真寺为基本单位，穆斯林居住周围。在农村即在周围种田，在城市则在周围设作坊、开店、摆摊等，形成一个个以清真寺为中心的聚居区，各

---

① 吴华著：《民国成都佛教研究（1912—1949）》，北京：宗教文化出版社，2016 年，第 74—77 页。

② 同上，第 81—85 页。

③ 成都市地方志编纂委员会：《成都市志 · 宗教志》，成都：四川辞书出版社，1998 年，第 102—104 页。

④ 同上，第 142—144 页。

区之间互不统摄，有活动也会互相邀请。清真寺的经济来源主要靠穆斯林的捐赠，以之购买田地和房产。据1936统计，成都市内各清真寺有房屋10—20余间，田产1—20余亩，铺面10—30余间，附属房间10—23间。多产者如皇城清真寺有水田24亩；清真东寺有房屋价值两万余元。[①] 清真寺庙产虽不能和青羊宫、二仙庵等大型宫观相比，但比起许多普通道教宫观来说并不逊色。

同时，相对保守的伊斯兰教，在文化传承和传播上并未停滞。1924年回教俱进会四川省支部出版《清真导报》；1945年清真八寺董事会出版《清真八寺董事会会刊》；1946名彭县回民青年支会出版不定期刊物《铎声》；1947年回教协会四川分会出版《谷声》月刊，出版两期。学校方面，1921年皇城清真寺创办清真学源堂，培养穆斯林青少年初识经文，一直办到1930年；1945年，蓝祥林创办弘道小学，培养伊斯兰教经堂文化后代，学生多为家境贫寒者。[②]

天主教方面，民国时期成都教区起到引领全省教务的作用。自1918年前洪广化任代牧主教将座堂从彭县迁来成都平安桥天主堂后，成都一直是天主教传教的中心，是四川最大的教区。成都教区自1930—1984年管辖48县，共有县市分堂75座，教徒39022人，教职人员174（华籍司铎54人，华籍修士7人，华籍修道61人），办中学1所，职业学校3所，小学2所，孤儿院1所，孤老院1所，医院1所。拥有房屋13幢，出租房屋1150

① 成都市地方志编纂委员会：《成都市志·宗教志》，成都：四川辞书出版社，1998年，第145—146页。

② 同上，第155—158页。

间，田地 24256 亩。[①]

天主教和基督教表现最为突出的，是其在社会事业方面做出的贡献。清光绪三十二年（1906），玛利亚方济各会传教会女修会在成都张家巷创办平安医院，一直开办到 1952 年。专门收容孤贫无依的病人，免费提供医药、稀饭、床铺，死后安葬，最初设床位 174 张，后增至 200 张。收容的病人死前，会受临终洗。据统计民国时期平安医院一年最多收容了 4401 人，受临终洗人数 2734 人。可见该医院收容了人大量病人，且半数以上都死亡了。张家巷天主堂内还设有孤儿院、孤女院、孤老院各一。成都马道街圣婴院成立于清同治十三年（1874）。1934 年，收容 1528 名婴儿，在付洗入教后，在 3—8 岁期间学习念经、洗衣、煮饭、挑水、烤面包等。[②]

文化传承和传播方面，天主教创办了诸多经言学校，培训教徒子女和新入教者，逐渐发展为凡教徒子女 7 岁起，在就读普通学校以前，必须先进经言学校读经。1916 年，成都教区每个堂区均设有一所经言学校。1931 年学校数量达到顶峰，共有 370 所。同时，1947 年成都教区创办《蜀铎月刊》，发行量 400 份，1949 年 7 月停刊。[③]

进入成都内地最早的基督教会，是由英国人在光绪七年（1881）建立的内地会福音堂。[④] 光绪二十一年（1895）毁于成都教案事件，次年得赔款重建。此外还有中华基督教卫理公会、

---

① 成都市地方志编纂委员会：《成都市志 · 宗教志》，成都：四川辞书出版社，1998 年，第 182—185 页。

② 同上，第 206—208 页。

③ 同上，第 203—204 页。

④ 同上，第 230 页。

中华基督教会四川大会、中华圣公会、浸礼会、成都教会等各种教会，设诸多教堂在民间进行传教、布道活动。[①] 据 1990 年成都地区乡镇教堂的调查显示，在 36 座教堂中，有 20 座是在民国时期创办，其余多为清末创办。[②] 可见基督教在民间的发展十分活跃。同时，民国时期基督教存在或成立了许多以社会改良为目的的团体，如存在于 1906—1926 年间的华西教育会是指导基督教教育的机构；1918 年成立妇女自强会，倡导和宣扬男女平等观念；1925 成立华西卫生教育会，提倡公共卫生等。[③] 社会活动方面，基督教还成立若干医院，最著者为 1915 年成立的华西大学医院，1892 年陕西街存仁医院后并入华西大学医院；稍后在 1938、1939 年于华西坝成立结核病疗养院、麻风病院；1946 年在四圣祠成立慢性病医院等。[④]

教育方面，基督教创办了诸多教会学校。其中包括宗教教育性质的金马街传道学校，华西坝华西协合神道学校、华西协合神学院，方正街华西协合妇女圣经学校；也包括诸多职业教育、普通教育之中小学。[⑤] 为宣扬基督教和传播教义，基督教还创办了刊物。1924 年《希望》月刊创办，一直出版至 1952 年，后并入《新希望》月刊；1941—1943 年间《卫理青年》月刊发行；1944—1947 年有期刊《灵讯》；同年创办的还有《青年问题》月刊，1952 年同样并入《新希望》月刊。[⑥]

---

① 成都市地方志编纂委员会：《成都市志·宗教志》，成都：四川辞书出版社，1998 年，第 231—236 页。

② 同上，第 240 页。

③ 同上，第 246 页。

④ 同上，第 250—251 页。

⑤ 同上，第 248—249 页。

⑥ 同上，第 250 页。

在记载有入川时期的59名外国传教士当中，有54名是在民国时期进入的，一定程度上反映了基督教势力在四川地区的增长。[①] 中华人民共和国成立前夕，成都市全市共计有16个宗派，56座礼拜堂，男女青年会2处。外国传教士127名，中国教职人员64名，教徒2000余人。[②]

由此可见，民国成都道教在宫观庙产、教职人数、信众势力等方面，较其余四教并不占优，甚至存在很大差距。尤其突出表现在自我教育、文化传播两方面，道教罕见教内教育机构，亦少有成立机构或报刊以传播教义。在实际情况中，并未全面和良好地推进全国道教总会强调的“世间业”，也与四川道教总分会“阐扬先圣之玄旨，增进人群之道德”的宗旨存在一定差距。[③]

在这样的情况下，民众对道教乃至佛教的态度或许会产生一些变化。本来民众更认可传统佛教和道教，并曾一度与外来宗教存在矛盾和冲突。而在这新旧交替的时代，一方面传统文化受到批判，同时传统宗教，尤其是道教的经济情况极为不振。当民众从传统宗教那里得不到物质上的，包括饮食、医疗、住房、安葬等方面的支持或回报时，其信仰多少会倾向于满足了他们需求的外来的天主教或基督教。

正如广东省1929年宗教人数调查统计中“各种宗教对于地方之影响”一节概括的那样：“各种宗教对于地方之影响，就中以道教、佛教之影响于迷信及卫生者为最大。盖粤省各县居民对

---

① 成都市地方志编纂委员会：《成都市志·宗教志》，成都：四川辞书出版社，1998年，第260—266页。

② 同上，第230页。

③ 四川省档案馆，全宗号民国186，目录号01，案卷号1839。

于丧葬祭祀各事，类多延请僧道，设坛超度，或诵经斋荐，虽虚糜巨款，亦所不惜，偶有疾病，则纷向各寺庙焚香祷告，求福禳祸，医药方面反不注意，虽有因忽略医药而致死者，亦不觉悟。其次，影响于国人之思想及教育者为天主教及耶稣教，综观上表，教徒最多而附办学校及慈善事业最多者惟该两宗教，一般妇孺往往贪其小惠，其始虽不信仰天主耶稣两教，然以入教对于疾病苦难较有救济，且以教会学校不需缴纳或缴费较少，多愿其子女入教会学校，久之思想渐受麻醉，渐失其爱国心。"[①] 民国成都地区道教的在各宗教中的处境，以及民众在信仰倾向上的变化，应与此有类似之处。

在宗教多元环境中，不同宗教间的冲突一方面会巩固民众的凝聚力。比如光绪二十一年（1895）甲午战败之后，成都民众因不满英、美等国对日本的支持，在当年端午节成都东校场"掷李会"结束后，裹挟着对传教士的不满，捣毁外国教会在成都的教堂、医院、住宅多处。[②] 但无可否认的是，随着天主教、基督教在中国的不断发展，和背后雄厚的财力支撑，多少对民众的传统宗教信仰起到了分流作用。同时上述文字在一定程度上表明，政府似乎对固有和外来宗教皆有不满。一方面称"延请僧道"进行丧葬、治病、祭祀等活动，不重视医药，是"迷信"行为；而当佛、道无法提供足够医疗、教育等资源，民众转向外来宗教求助时，又被冠以"贪其小惠""渐失其爱国心"等评

① 中国第二历史档案馆编：《中华民国史档案资料汇编》第五辑第一编，文化（一），南京：江苏古籍出版社，1994 年，第 1063 页。

② 成都市地方志编纂委员会：《成都市志·大事记》，北京：东方出版社，2010 年，第 647—648 页。

价。在体现出国民政府内心矛盾和冲突的同时，也多少反映了政治和社会精英对下层民众批判和轻视的态度。

本章小结

鸦片战争以来，清王朝在对外战争中屡战屡败，洋务运动、变法维新相继受挫。然而在八国联军进犯北京之后，原来坚持守旧路线的慈禧出于多方面的考虑，最终同意了新政推行。在清末十年新政中，清廷效仿西方在政治、军事、教育、经济等方面做出了诸多变革。四川省在新政推行中表现较为突出，在岑春煊、锡良、赵尔巽、赵尔丰的带领下，大力发展教育，振兴工商实业，兴办警政，编练新军。诸多改革举措和改革造成的影响，一直延续到民国时期。如庙产兴学占用寺观，挤压了僧道的生存空间；工商实业促使青羊宫花会改为劝业会；警察系统对寺观、僧道的管理；军制改革为军阀割据埋下伏笔，使得 1912—1933 年间四川一直处于军阀混战中，并带来一系列社会问题。以上都影响着成都道教的发展。

道教派别方面，民国成都地区最主要的道派是全真道龙门派，其中以龙门派碧洞宗为绝大多数，民国时期大约从第二十代传至二十二代。清代成都地区还存在有龙门派别支，但影响力都不及碧洞宗，民国时期更趋于沉寂。除全真道外，成都地区严格意义上的正一道活动似乎少之又少，更多的是以火居道形象出现。其中以广成坛、法言坛为最著，在民间有广泛影响，二者之产生与全真道亦有渊源。同时，孕育法言坛的刘门，又是一个集学术、教育、慈善、宗教为一体的团体，不仅影响着法言坛的发展，在全真道宫观资助和管理上也有相当之贡献。不过在民国时期，政府并不看好火居道，故其更多的是在民间活动，而未形成像全真道各道教会那样受政府认可的团体组织。

从成都和四川的角度来看，民国时期道教宫观和道士的数量呈下降趋势。不过下降率并不像已有研究所称的85%以上，实际应在50%左右。有关成都辖县宫观和道士情况的资料较为零散，不过在这为数不多的材料中，我们依然可以感受到民国成都地区道教宫观、道士、庙产数量逐步下滑的趋势，和道教生存和发展空间所受到的挤压。也在一定程度上反映了道教宫观在城镇当中的分布形态，和寺观中僧道互居的特点。

同时我们发现，道教的宫观数量、教职人数、信徒人数、庙产数量较其余四种主要宗教，即佛教、伊斯兰教、天主教、基督教，并不占优甚至存在相当大的差距。比较多省数据后，我们更看到道教在数据方面呈现出的弱势，并不是四川独有的特点，河南、山东、广东等省也存在这样的情况，或许这正是全国的普遍形势。就成都地区而言，道教与四教长期以来就处于共生状态中。抛开道教与民间习俗、民间信仰根深蒂固的关系不谈，就从数据层面分析，可以看到道教在不同方面与不同宗教存在着差距。其中最为明显的是，这四种宗教在教职人员培养和文化传播方面均有所建树，而道教不仅罕见教内教育机构，亦少有创办报刊以传播教义。与此同时，民国时期天主教和基督教在社会公益慈善活动方面尤为活跃，创立了诸多医院、学校，免费为民众提供治疗和教育。在民国信教自由的背景下，民众与外来宗教的矛盾逐渐缓和，加上当他们在传统宗教那里得不到物质上的支持或回报时，其信仰偏好多少会产生倾斜。民国时期，佛道二教的经济情况受到严重打击，尤其对于道教而言，在庙产经济本就不及佛教的情况下，各类庙产侵占更是雪上加霜。糟糕的经济状况，使得道教无法展开大规模的公益慈善①活动。从这个层面上看，天主教和基督教在社会公益慈善事业上的表现，应当对传统宗教信仰起到了一定的分流作用。

① 道教公益慈善活动的具体情况将在第三章详述。

第二章 改良与控制背景下的民国成都道教

民国是一个全方位改良与革新的时代，在这样的环境中，一方面宣扬着宗教信仰自由与人权的构建，另一方面传统宗教与民俗在新旧思想的交锋中，饱受质疑与冲击。在大部分知识精英看来，道教和相关民俗是迷信与落后的代表，因此受到批判或忽视。

处于军阀混战时期的成都，很难谈得上有多少具体改良举措，相反宫观财产时常受到军阀威胁和侵占。南京国民政府时期，政府颁布了诸多有关宗教、民俗改良或禁止的政令，是国家干预宗教发展最为频繁的阶段。随着抗战全面爆发，政策制定开始围绕社会团体控制和战时动员展开，政府对宗教的态度更带有防范和监控性质。种种政策都不同程度地影响和制约着成都道教的发展。

在政策制定与政策实施过程中，都离不开大量的调查和统计工作。这些繁琐工作的开展，得益于清末渐兴的警察系统，民国成都公安局各署及各分所，在其中发挥了至关重要的作用。地方政府和党部积极参与到道教会管理和改组中，政府委派指导员监督改组，三民主义也逐渐被纳入道教会章程和宗旨中。

调查和统计虽然有利于宫观和道士管理，但宫观的人员、财产状况被许多觊觎庙产者所掌控。随着新式学堂与新兴机构不断涌现，许多庙产被用作学校、团体、机关的建设。其中有合法租借，也存在巧取豪夺，种种都严重挤压和损害了道教的生存空间。道教界虽然在能力范围内进行了回应，但始终处于弱势一方。

第一节　改良的趋势

一　政策层面的改良与禁止

在西方观念的冲击下，道教等中国传统文化受到了前所未有的质疑和抨击，发展和生存空间受到严重挤压。同时，由于道教神灵与民间信仰、习俗密切的关系。因此某一政策在规范道教信仰的同时，也限制着民间信仰的发展；一个表面上禁止民俗中迷信、巫觋的法规，也规范着道教的行为活动。本节主要是从政策和知识分子视角出发，探讨政府和社会精英[①]对道教、民俗改良的趋势。至于道教与民间习俗、信仰的具体关系和民俗、信仰的改良成效，以及其他与民俗更为相关的法规、条例，将在第四章详细论述。

从政策层面入手，我们可以看出政治和思想界精英对道教和民俗的态度。北洋政府时期颁布的政策，基本上只与寺观、僧道管理有关，而与道教信仰和民俗改良无太大关系。如 1915 年 10 月 29 日颁布的《管理寺庙条例》，在寺观界定、庙产、僧道活动、处罚、寺观注册等方面规定详细。[②] 1921 年《修正管理寺庙条例》的规则与前者大同小异。

南京国民政府建立之后，较有系统和针对性的政策才相继出台。1928 年 10 月 23 日内政部颁布《神祠存废标准》，旨在破除淫祀、迷信，改善风俗。其中与道教有关准予保留的神祠有伏羲、神农、黄帝、岳飞、关羽，元始天尊、老子、三官、天师、王灵官、吕祖。以上属于先哲、宗教类，允许保留并由地方政府

① 王笛曾在其研究街头文化的著作中对“精英”概念有界定。西方中国史研究领域中，“elite”是常用词，在中文中没有完全的对应词，一般翻译为“精英”。但该“精英”与通常理解的思想和政治精英分子有很大差别，它包括士绅、知识分子、商人、大中小地主以及其他全部在地方有财富、权力、影响和受过良好教育的人，尽管他们的财富、权利、影响、教育很有限。他们也不一定受现代化或西化影响，只要他们试图在政治、经济、文化、思想上对一般民众施加影响，即可算作“精英”范畴。这些“精英”致力于对下层民众、空间的“改良”，他们当中一部分被称为“社会改良者”。在王笛看来，这些改良者一种是如周善培那样掌握政治权力的人物，一种是如傅崇矩这样的地方文人和精英组成。因此我们可以认为，政治和思想界精英，同样属于宽泛“精英”概念范畴。［王笛：《街头文化：成都公共空间、下层民众与地方政治（1870—1930）》，北京：商务印书馆，2013 年，中文版自序，第 5 页；第一章，第 24—25 页］

② 《管理寺庙条例》（1915 年 10 月 29 日），《京汉铁路管理局公报附张》（下册），1915 年，第 536—539 页。

保护。古神一类与道教有关的是日神、月神、火神、魁星、文昌、五岳四渎、东岳大帝、龙王、城隍、土地、灶神、风雨雷电之神。这些神灵载于明清祀典，为古代可祀之神，但国民政府认为以现代科学的眼光来看，以上信仰均无存在价值，应予更正，打击程度不及淫祀强烈。明确为淫祀的有送子娘娘、财神、二郎、瘟神、赵公明、狐仙等，应严格取缔。假宗教之名，附会委托之神，也算作淫祀。同时规定信仰道教者，应服膺老子《道德经》，其以服饵修炼，或符箓禁咒蛊世惑人者，应一律禁止。①

该标准在表面上重构了信仰系统，尽管在民间发挥的作用并不理想，但在保护先哲、宗教一类神祠时却产生了作用。如民国《灌县志》记载："神道设教，古有之矣。民国十五年，有某甲者指挥少年捣毁庙宇，自谓破除迷信，即欲攘据产业。乡人愤而讼焉，执将官里去。幸得免今政府规定条例，去淫祀而保存先哲与宗教，一举两得，激者当无所借口矣。"② 是民众运用《神祠存废标准》制止这种投机行为的例证。

1928 年 9 月 22 日颁布的《废除卜筮星相巫觋堪舆办法》，和 1930 年 3 月 19 日颁布的《取缔经营迷信物品办法》，以十分强硬的态度，旨在禁绝各种迷信、术数。对于各地方从事卜筮、星相、巫觋、堪舆等营业者，必须在三个月内强制改营他项正当职业，到期无业者应收入地方工厂改习另业。各地方书局、书店不允许出售相关书籍；遇婚丧疾病，也不得雇佣此类人员祈禳、

① 中国第二历史档案馆编：《中华民国史档案资料汇编》第五辑第一编，文化(一)，南京：江苏古籍出版社，1994 年，第 495—506 页。

② 叶大锵修，罗骏声纂：民国《灌县志》，《中国地方志集成 · 四川府县志辑》，成都：巴蜀书社，1992 年，第 9 册，第 435 页。

占卜。[①] 所谓迷信物品，包括供鬼神所用之锡箔、纸炮、冥镪、纸钱、黄表、符箓、文疏、纸马像生及一切冥器等，制造或贩卖此类物品即为迷信物品营业者。对于这类群体，政府要求公安局和工商业团体加以劝导，限期一年以内改营其他正当职业，并加大对迷信危害的宣传。

在成都1930年迷信物品业的调查表中，我们发现这类店铺遍布大街小巷，出售纸炮、纸钱、香蜡、纸扎、黄表、锡箔、符箓等物品。部分店铺还召有学徒，并且世代以此为业。如总府路94号桂林轩一家，以卖香为主，有学徒3人，营业年程达125年；上南大街85号龙鸿发一家，从事纸扎70余年，有学徒2人；更有众多营业年程十余年、二十余年者。因此这种强制改良实施起来非常困难，迷信物品关乎整个造纸行业，一旦出现断层，会造成极大的社会问题。所以1930年4月28日，浙江省政府呈国民政府称：自该办法施行一个月以来，已造成纸业、纸商一片恐慌，社会呈不安现象。虽然迷信物品关乎文化进展，理应取缔。但近年来工商凋敝，失业者与日俱增。而从事纸业的数百万人，想于一年内谋得他职非常困难，恐又增大批失业者。因此希望暂缓该办法的推行，同年5月17日得到国民政府批准[②]。

这种信仰的规范，迷信、巫觋、术数的禁止，对“在家道士”的影响很大，包括正一道士、火居道士等。另有一类“端公道士”，如绵阳县组建道教会时，县政府告知社会处称：“查

① 《废除卜筮星相巫觋堪舆办法》（1928年9月22日），《内政公报》，1928年，第1卷，第6期，第26—27页。

② 中国第二历史档案馆编：《中华民国史档案资料汇编》第五辑第一编，文化（一），南京：江苏古籍出版社，1994年，第493—495页。

该代表等声称之道教系以祈福、禳灾、庆坛、卜巫为业，乃一般所称端公道士之流，缘非崇尚老子之出家道士所操职业。涉及迷信运动，与改良风俗习惯有碍，应否准予组织，理合呈请钧府核示俾资遵循。”大概所谓“端公道士”即是端公，但县政府不直称端公，而冠以“道士”之名，说明政府有时也难以界定不同类型的“在家道士”。至于端公群体，显然政府是不允许他们作为代表组建道教会的。

在新津县道教会组织过程中，同样可以看到政府对火居道士的排斥。1946 年 2 月 24 日，新津县各宫观住持萧明远、杨至魁、周至铭、张太源、闵至全、萧理通、魏至轩、罗清阳等联名发起成立道教会。但同一县区域内依法定不能有同一性质之两个团体，该县早有道教会组织，由代人祈祷行业之道士组建，各宫观道人并未参加。对此四川省政府指示：“查宗教团体会员以信仰相同者，即可为团体组织成员加入，本不限于从业人。该县寺庙道士与住家道士，除巫觋外，应该合并筹组。”于是原县道教会常务理事李晓舟和宫观道士代表萧明远开始合力筹备，改组为四川省道教会新津县分会，宫观道士与行业道士均得参加为会员。改组要求取缔巫觋，而火居道士之祈禳、符箓等，正在政府禁止的迷信、巫觋范围内。

因此在民国时期，政府似乎都不太看好以祈禳、符箓为主的正一道士和火居道士，他们的地位始终不高，正一道教团体活动十分有限，受政府认可的全真道在创建道教会之初也试图与之划清界限。①

---

① 四川省档案馆，全宗号 186，目录号 01，案卷号 1837。

二　知识精英眼中的道教和民俗形象

有研究认为道教衰败是一个长期趋势，其中包括道教徒自身理论和实践水平的下降；道教影响力的缩小；社会形象的败坏三个层面。并从“社会形象”入手，探讨了近代知识精英[①]对道教的评价和态度。

晚清至20世纪以来，中国知识精英对道教的抨击和歧视，不可完全视为明清以来士人传统的延续。实际上是新文化人在更大范围内展开的社会和文化批判的一部分。其一，他们将道教与其他许多“落后”的社会文化现象建立起各种关系。如谭嗣同、金岳霖等认为中国人受道教影响而“柔弱”“阴狠”“消极”；顾颉刚认为阳间已为民国，张天师作为鬼神界皇帝的存在，于帝制重生来说是一个危险的信号；主张废汉字的钱玄同称汉字几乎都用于记载孔门学说和道教妖言，绝不能适应新的时代。其二，许多学者在强调道教与民间牢固关系的同时，也对下层民众表现出批判和鄙视，道教也因之受到打击。其三，道教在知识分子眼中的地位普遍低于佛教，“逻辑”的有无是他们评判的重要因素。道教的逻辑缺乏和杂糅性，常使其不受读书人待见，在近代学术兴起过程中更是如此。佛教因为“因明”“逻辑”的存在，得到了诸多肯定和推崇，佛学常与汉学、科学、哲学并论。如梁启超称佛教信仰为“智信”而非“迷信”；将宗教分为多神教、一神教、无神教的章太炎认为，宗教须经此三阶段成为最高级的

① 原文多采用“知识人”这一说法。

无神教，道教和佛教恰处两端。以上种种都让道教成为众矢之的。

不过在王东杰看来，在当时特定的环境中，知识分子对道教的批判似乎有些不妥，甚至带有其他有意无意的目的。比方说从逻辑上讲道教与帝制、汉字等传统因素并无直接关系，而新文化人认定它们都是落后事物，没有详细论证的必要就可将之一网打尽。还略带调侃地指出钱玄同这段代表“二十世纪文明”之废除汉字的议论，仍是由汉字书写的。民俗方面，道教在发展过程中与民间信仰的互动，虽扩充了它的影响力，却不得不代之受过。道教受抨击的“杂糅性”，却在一定程度上使之成为一种极具“包容性”的宗教。

同时，陈独秀、顾颉刚、缪钺等一批知识分子，在批判西汉儒家（主要是今文经学）时常将其弊病归之于阴阳家、方士，即把矛头指向道教，或多或少有为儒家开脱之意。异曲同工的是，先秦道家在清末以来与道教的界限划分也日益明显。研究者如傅勤家、许地山、蒋维乔等都强调着二者之不同和矛盾之处。随着“宗教”和“哲学”概念的兴起，“道教”和“道家”受到不同的概念界定，在作为宗教的道教衬托下，作为哲学的道家受到更多认可，也被赋予挽回本土文化尊严的重任。①

王东杰的研究对于我们了解清末民国知识界对道教的整体态度倾向大有裨益。当我们把眼光拉回成都地区时，同样也会看到类似的情况。从一些很有影响力的学者来看，如蒙文通和刘咸炘等，他们对于道教的态度实际上较为中立与平和，不过在道家和

---

① 具体参考王东杰《近代道教之污名及其净化》，《学术月刊》，第50卷，第4期，第142—162页。

道教的差异上，也表达出明确的立场。蒙文通从道教史研究的角度，对二者的差异和联系提出了提纲挈领的论述："道家之学始于晚周，而道教则源于汉末；道家之与道教，初似无大关系，自后世道教徒奉老子为神人，尊老、庄书为经典，道家之与道教遂若不可复分。原其初始，未必然也。"同时对学人在研究道教史时表现出的不求甚解提出批评："今日为道教史，似可以于其哲学理论之外一切姑略置之，或略及之而不必详悉，一如近世作佛教史仅以思想学说为主而略其余。晚周以来之道家，虽不必为道教，然自魏、晋而后，老庄诸书入道教，后之道教徒莫不宗之，而为道教哲学精义之所在，又安可舍老、庄而言道教……而言道教史者每混然不分，未能表见各宗各家之面目……倘于此淆混迷离，亦何贵于思想史。乃道教史之作，于此殆有歉然。"①

刘咸炘论述了道教的三个远源，即巫医、阴阳家、道家，并探讨了三者之间的紧密联系和差异，并指出"内修"与"冥通"是道教最重要的特点：

> 道教之远源，古之巫医、阴阳家、道家也。即今之道教，无过内修与冥通，内修即养气也，冥通事神巫也，特非如后世巫医之浅褊尔。儒者多辨道教与古道家之异，夫老庄以还，杨朱到申不害、计然之伦，汉世黄老家，魏晋玄学，其流至于宋明儒，或专言治术，或通论人生，是诚与道教殊异。然谓绝无关于内修，则非也。养气之旨，老庄实言之……唐以还道教诸名师，皆明药之非草，长生之非形躯，不

① 《蒙文通文集》第一卷，《古史甄微》，成都：巴蜀书社，1987 年，第 315—318 页。

言白日升天矣。阴阳家于道家本近，以其同主顺天，而所言宇宙又同也。邹衍阴阳家也，而有重道延命之方，见汉书刘向传。别录载其吹律黍谷事，亦近方士之为，而邹衍见礼于燕齐，海上怪迂之徒由此兴，则太史公明著之矣。董仲舒亦阴阳家也，而其书言养气，又有请雨止雨篇。隋书经籍志有董仲舒请祷图，至于斋醮科仪所说鬼神位序，无不以道家一气，阴阳五行为根，尤显然也。淮南王安为汉世道家正传，而其外书有杂技异方及黄白之术，三家之相连可见矣。

较为独特的是，刘咸炘对于马端临所言道家[①]的清净、炼养、服食、符箓、经典、科教等学说之“杂而无端”，以及后世学人沿袭这一说法而不加判辨颇为不满，认为这种杂乱的认识，是儒者尚未理清道教的源流造成的：

清净、炼养，初非二事，服食本炼养之一端，老庄重本轻末，故不言也。伯阳不言清净，自以经子已详。符箓有为炼养之资者，有本炼养以为用者，岂有专言符箓者哉，特有所偏重耳。张氏传太清丹经，何云不言炼养。六朝时已盛行经箓，何谓杜光庭始专重。儒者不考道教源流，故动辄成谬，要之内修之事，自古圣至末世本同一流，冥通之术，古本在于巫祝，巫祝既亡，其遗乃存于道家，故至汉始显耳。

这一段论述对马端临的言论进行了多方面的批判，同时对学人妄评道家、道教却并未进行细致考证的行为表示不解，多少有试图扭转学人无端攻讦道教趋势的意图。在接下来的一段论述中

① 实际包含许多道教的成分。

我们还会发现，刘咸炘并未遵循前文提及的整体趋势，即通过批判道教而抬高道家，他对道教保有客观中立的态度，并且在学人普遍看低道教的氛围中，反而流露出支持道教的一面。他在观察到道教弊病的同时，也清晰地认识到弊病产生背后的人为因素，不可一概而论。并质疑同样的问题在儒家和佛教中都存在，甚至更为严重，何以佛教可以得到宽恕，而唯独道教受到更多批判和讥讽，认为这是不公平的：

> 道家①之授人口实者，由言丹法者多近于利欲，言符法者多涉于戏弄，此自诸大师亦不能免也。至于媚主惑民，凭权恃宠，则尤儒者所深诋。不幸道门之高者，多不显于时，而贵显者大都败类，论者遂一例讥之，而失于辨别。魏之寇谦之，唐之赵归真，明之陶仲文，固不足道，若开元宣和时之以术进者，则非可概讥也。罗公远戏弄，叶法善则无之，林灵素戏弄，王冲和、张虚靖则无之，灵素取说干进，冲和引身而去，虚靖遗书，亦讥以知机而归。后人动以张王侪于罗林，是董仲舒辕固侪于公孙宏儿宽矣。夫利欲玄怪，道释二家之所同有，佛图澄之流，未尝不戏弄。而自元魏以来，释道二家，互为争胜，皆为权宠，沙门之凭而恣虐者，犹胜于道士，史迹具在，不可掩也。邱长春之箴规成吉思汗，岂如佛图澄之逢迎石虎，论者于释则别白而恕之，于道乃混而苛讥之，得为平乎。②

随着清末以来新兴媒体的出现，如报纸、期刊、杂志等，知

---

① 实指“道教”。
② 刘咸炘：《道教征略上》，《图书集刊》，1946年，第7期，第26—28页。

识精英可以通过这些媒体相对自由地表达自己对政治、社会、传统等方面的观点和看法。这当中自然就包含大量对道教、民俗、迷信等传统文化的讨论。相比起学者的严谨，部分论著有时就显得较为随意和笼统，概念也不太明确和精准，甚至是极为感性和片面的认识。不过其中也不乏许多可取的观点。比如其一他们不会专门去区分道家和道教；其二在批判道教之时，有时会点明“道教”或“道士”，有时则以批判“宗教”“民俗”“神仙”“迷信”的形式出现，虽未直接提及“道教”，但显然与之有关，这与道教和民俗的交融有很大关系。

傅崇矩在《成都通览》中提及“成都之迷信”时称开民智为国家强盛的关键，为此必须扫除一切迷信：“今日国家欲图富强之术，莫不曰开民智。顾民智之开，固在新学，然必将一切惑世诬民之事、神仙怪诞之谈，一概驱除净尽，而后百姓晓然天下事只可求之人事，不可求之鬼神，于是乎知所以专注于士农工商有益于人之事矣，此所谓之开民智也。”然后在批判扶乩的基础上，认为一切神仙和鬼神之说，以及相应的崇拜是导致国家疲软，不肯着力于人事的原因，虽曰“礼不可废”，终究是“虚文误世”。[①]

当时在四川传播范围较广的一种报刊，是在 1903 年 4 月创办于重庆都邮上街的《广益丛报》，其以传播新思想、新知识为目的，期达到“树新风，振民气”的作用。成都自该报刊创立，直到 1912 年停刊，一直设有代派处。[②] 关于宗教和迷信，该报

---

① 傅崇矩：《成都通览》，成都：成都时代出版社，2006 年，第 243—244 页。

② 王绿萍编著：《四川报刊五十年集成（1897—1949）》，成都：四川大学出版社，2011 年，第 9—10 页。

曾有过不少讨论，其结论也十分有趣。

首先它承认中国传统宗教确实存在问题，但并非是儒、释、道的“本身”有问题，而是在历史发展过程中，人为的因素让宗教成了迷信：“儒非真儒，道非真道，释非真释。黉门之士而可以耽禅悦，习熏修，持斋讽经焉。衲子、羽衣之流而可以弄文墨，习卜筮焉。儒释道三者相混合，遂成一非儒、非释、非道之迷信鬼神国。”这就导致了三种情况，即灾祥之说兴而学术陋；神权重而政治紊；祈祷炽而道德衰。①

该报在《论中国迷信之害》一文中说：

> 国家之存亡，系乎风俗。风俗之良否，视乎宗教。宗教之盛衰，常与国民之智愚为比例。大地之初，生民之朔，一切组织尚未完全，不能不以宗教为合群之基础。是以摩西之十戒，印度之韦陀经，皆以宗教代法律以范围其民，使之受治于其下，此固中西之所同也。然欧美诸国自十八世纪后，科学大明，凡旧日之所迷信者，已一一廓清而摧陷之。惟吾国则组成宗教之仪式最早，而脱离宗教之束缚也亦最迟，是以起源虽同而结果则异。近数十年来，新学新理之输入者日众，而一至内地则五家之村，十室之邑，仍有奉淫祠，信术数者。

根据这段论述，其想表达的似乎是“宗教即是迷信”，但实际上并非如此。该文随后谈道：

> 古人创立宗教之始，欲借此以示劝惩，为最初时代所必

① 《广益丛报》，1907年，第130期，第1—2页。

不可少。沿至后世，愈久而愈失去其真，附会支离，不可究诘。其国为迷信鬼神之国，其教为最复杂之多神教，而释道二氏又从而附益之。有风水之说而筑路、开矿生阻力矣；有命运之说而兴亡、生死听天时矣；有祷祈之说而愚民、乱民借是以惑世矣；有日晦月食，山崩川竭之说，而读书者不知研求科学矣；有持斋唪经之说，而佥壬以是为免罪之用矣；有剖符受命之说，而专制之毒焰乃日张矣。是故学术由此而坏，风俗由此而颓，政体由此而不能进化。在昔日则因迷信而立治平之本，在今日则因宗教而成亡国之媒。此弊一日不除，则中国一日不可救。

其中“沿至后世，愈久而愈失去其真，附会支离，不可究诘”即表明作者认为宗教并非都是迷信成分，回到了之前“非儒，非释，非道”的观点上，而人们需要做的就是去除宗教中迷信的成分，而保留其“真”的思想和内涵。为了破除迷信，改善社会风俗，该文甚至提出了建立“新宗教”的观念：“今日欲救吾国，舍改良社会无下手之方。欲改良社会，则舍破除迷信亦无着手之处。吾今从内地来，吾见吾民之迷信有百，劝而不醒，百思而不得其故者。当二十世纪而尤有此等风俗，非惟国民之耻，抑亦吾辈之羞也。请举吾国之迷信之害，原其始而要其终，推其所流，极一一辞辟之，以为我国之有志建立新宗教者一助焉。”①

那么这个所谓的“新宗教”究竟是何面目，该报在稍晚时候登出《改良宗教谈》一文专述。作者首先充满自信地认为宗

① 《广益丛报》，1908 年，第 163 期，第 1—3 页。

教与道德和政治有密切关系，并且宗教应为根本："吾国近年来，外患日亟势，岌岌不终日。有志之士，日以行新政，求新学，为天下□。然至今而其效尚未大著者，盖政治学术所治者在其躯体，而宗教所治者在灵魂。□则兼及于虚，一则仅征诸实。由是以谈，吾敢毅然告天下曰，吾侪今日欲救吾国，必先以□革宗教为第一义，而后一切乃有所措手。"

其次在宗教选择上，作者终于表现出其佛教倾向，当然也带有明显的本土宗教意识，认为宗教之改革当围绕佛教"华严宗"展开，称"我国通行之佛教，皆杂质之佛教，而非纯一之佛教；皆下乘之佛教，而非上乘之佛教。今日欲求改良，当首以华严宗开，世内典言，世尊从菩提树下起……其宗旨在于普度众生，头脑耳目皆可与人"。对于基督教和伊斯兰教而言，其称："吾诚不料吾国无形之瓜分乃自宗教始也。"在儒释道三教中，作者认为"儒为一学派之名，与宗教家言大相差别"，许多儒者"假儒术以干时主，假致君泽民之号以逞富贵利禄之私，而儒教乃为后人所诟病矣"。道教"实力微弱，盖无足论"。"以势力言，则佛教最广大；以教旨论，则佛教亦最宏深"。

围绕宗教和迷信的问题，《广益丛报》从1907年一直讨论到1908年，而最终这个"改良"或"全新"之宗教，却是佛教的"华严宗"，道教在作者眼中甚至不值一提。仿佛人们只要遵循该宗之教义和理论，一切问题皆可迎刃而解："吾国国民，能人人由此信仰，然后可以大无畏，然后可以救国家，然后可以牺牲一己。是故宣无生之旨则畏死心亡矣；演平等之缔则奴隶心断矣；言四大皆空则人可以去拜金心矣；言三轮清净则人可以去德色心矣；言一切众生皆可成佛，则人可以去自卑自屈心矣。然则为救中国计，不可不用此教，为救黄种计，不可不用此教。”①

在承认作者凭改良宗教以改善社会，振兴国家的理想和热情上，我们不得不承认这一套理论多少有点一厢情愿。类似学者评价“仙学”创设那样，称陈撄宁的努力“只能说服一部分愿意被说服的人”，其自立门户的“仙学”二字，反倒会引发新文化人的恶感，似乎还不如“道教”一词直认宗教来的光明正大。②《广益丛报》提出的这个“新宗教”，一定程度上是建立在看轻或贬低其他宗教和佛教宗派，并“标榜”自我的基础上。然后以一种“一本万利”的态度呼吁人人都要去信仰，显然是无法实现的，或许还会招致其他文化精英的反感。

尽管如此，《广益丛报》上文章的论证与文笔，比起其他许多报刊来说实属优胜许多。以《成都常识周刊》为例，同样是对传统的批判，其行文则十分随意甚至鄙陋，或许该报刊就是想选择以这种亲和的风格来普及常识。然而，这个看似随意的报刊却认为自己担有相当的责任，认为“本报负有劝导沉迷，及改革不良风俗，故对于民众之迷信，腐败之恶习，无不尽量宣布，以作当头棒喝，而尽本报之天职”。

由于行文的随意性，其文章在进行批判是有时十分武断且毫不留情。比如说他们称祈禳就是道士骗钱的手段：

> 成都这个地方，因为僻处西陲，交通不便，所以社会的进化也很迟缓，就以每年春季各街建设清醮这种风俗而论，相沿至今，过了若干年的历程，仍然是方兴未艾，每年因建

① 《广益丛报》，1908 年，第 186 期，第 1—4 页。

② 王东杰：《近代道教之污名及其净化》，《学术月刊》，第 50 卷，第 4 期，第 157 页。

醮费用的金钱，何止千万，而祈禳的结果仍然是等于零。不过是给骗钱的道士们，增加些收入和民众增加些负担罢了。

在论述对瘟神、火神的看法时称："我们据多方的证明，神之有无，简直是不成问题了，又怎能使其主宰瘟疫火灾二事消灭呢？再推究瘟疫火灾之所以发生，完全是由于人们不讲究公共卫生和不小心火烛，假使人人对于公共卫生非常讲究，对于火烛非常小心，那当然不致有瘟疫火灾发生了。"

虽然其重点落在注意卫生和火烛上，但其到底是如何"多方的证明"，神之有无为何"简直不成问题了"，实在是未交代清楚。在这种毫无有力论证的情况下，作者直认"瘟疫火灾这两件事，是人造出来的，是人力所能挽救的，并不是天使其然的，当然无须祈祷了。更无须每年将许多有用之金钱去建设清醮了"，并呼吁"从各人彻底改革，使人人皆不迷信，而打醮之事亦无形破除，则幸甚矣"。①

对于九皇会习俗，该报亦有评论，在反映出九皇会期间民间热闹场面的同时，也对之多有批判：

> 现在九皇会一般迷信家，多于会前两三天，即清洁厨房，回避荤辛，斋戒沐浴，供奉九皇大帝之位，早晚焚香叩首，从初一日起，直至初九日止，试问他们吃九皇的人，究竟九皇是什么菩萨，有甚功德于民间，他们简直茫然不知，尤其是他们面馆，饭铺，更大肆铺张，鼓吹九皇胜会，借此以招揽生意，这简直迷信到极点了。

---

① 李蒲诚：《我国民众陋习之一——太平清醮》，《成都常识周刊》，1929年，第2卷，第17期，第163页。

作者批评民众对九皇内涵“忙然不知”，而其本人的解释也十分片面，声称：“九皇斋戒之事，出江西省，原江西有一年，正值秋收之际，忽遭蝗虫为害，势将蔓延全省，农民收捕无法后经九皇真人设法灭尽蝗虫，始得丰收，因此农民甚感其德，为之建庙供祀，每年九月，虔心斋戒九日，表示报恩，此事既出在江西，远隔千里，惟释风马牛不相及，与我们四川有甚关系。”①

对于打保符习俗批判，当中也涉及老君和城隍，其言辞随意而市井。作者将端公贬低为一无是处，称其为借神骗钱的专家，在其看来端公和前述以祈禳“骗钱”的道士大概属于一类。不过对城隍的源流倒是有通俗的解释：

> 成都的人，有一种最不好的劣性，每每家庭中，有了病人，或是□了两剂药，倘是不能减病，便有愚到十二万分的人，来主张替病人，打个保符，送个花盘，请了端公到屋里来，高挂其什么叫做毛山李老君，又有什么城隍呀，土地呀，并且打起大锣大鼓……闹得四邻不安，就据一般愚夫愚妇说的，这件事确是真的，但是抑或真有善菩萨，恐怕也不能管你病不病，我们考察他们端公的，所谓师祖师爷，毛山李老君，是什么东西，不过是老子的一头坐骑（即青角板牛），什么是城隍菩萨呢，就是城墙外边的壕沟（护城壕），就是城隍，读者诸君，请想想这两种东西，与病人有什么关系，并且端公口里唱的，连农村歌童谣都不如，未必就可以却病延年吗，只要略且有常识的人们，谁也不敢信任，据中

① 李刺人：《应当努力破除一切迷信恶习》，《成都常识周刊》，1929 年，第 3 卷，第 15 期，第 57 页。

西医学专家说，凡是病人，却应该静养，还能打起锣鼓个病人听，使病人的病□增剧吗，真是糊涂极了，我们要晓得端公是社会上，无正当职业的流氓，专于蛊惑一般没常识的人们，简直是借神骗钱的专家，我真盼望诸君，以后倘家庭中有病人，万不可“打保符，送花盘”，务求医生治疗，免为彼辈所欺，更是希望负有正俗的责任者，实行勒令端公收刀检卦，使他们改作正当的职业吧。①

《成都常识周刊》的这些文章，一定程度上反映出知识精英对道教和民俗的普遍批判。不论是当时的知名学者，还是普通撰稿人，都多少参与其中。同时这些文章也印证了一个观点，即有时知识精英如果认定该现象“不合理”，会选择果断否决之，而不用加以论证；同时站在自己的角度对于下层民众进行不留情面的批判和讥讽。所以借九皇会招揽生意的酒家就“简直迷信到了极点”；服药不见效而无奈提出打保符的人是“愚到十二万分”，并试图以这种“嘲讽”民众的形式达到“改良”民众的目的，恐怕很难奏效。

同时，报纸杂志还会直接登载一些有关道教的负面消息。比如道士与女性不正当关系，题目多带有调侃之意。如《色即是空　道士偷香》一文载：“本县②属东岳庙刘道士素色心未退与邻近某寡妇私通，殊事机不密作为人窥见，众以有伤风化，乃将刘道士拉出，施以耳光，并剪去伊之头发，伊现已向道教会申诉云。”③

① 黄天孙：《打保符》，《成都常识周刊》，1928 年，第 1 卷，第 16 期，第 63 页。
② 注：指彭县。
③ 《新新新闻》，1949 年 11 月 7 日。

另有《万道士风流艳事》一文记载了华阳万道士与多名寡妇长年来复杂的感情经历，其行为被描述的十分不堪：

> 太平街算命子万道士，华阳外东西河场人民。幼年从师王道士，学习为人念经，超度亡魂。后因住房倒塌，无处栖身，即进省到青羊宫出家，复学道人。三年后，佃沟头巷口，陕土地庙，充当龛司，为神烧香换水，平日以算命为业。手边少有蓄积，即与一老陕寡妇恋爱，而有数年。寡妇与道士，因事破裂，曾被控告，后道士出钱请客，为之百般调解，始寝其事。嗣后数年，万道士又稍有蓄积，又接本市某街寡妇为妻。又约数年，二人不合，又行破裂，寡妇外出，另嫁别人，道士亦不过问。后又数年，道士算命，生意尚好，手边又稍有蓄积，复订西河场黄寡妇女为妻。当订婚时，即言前妻已死，现手边存有洋数百元，住家少城内，不说明地名，使黄寡妇，不能探访其底蕴，无从捉摩其家资，以便听信媒人口头语，将女许伊。黄寡妇，因摩访不着，遂听媒人之语，果将其聋子幺女，许配与万道士为妻。过门数年生一子，年三岁矣，尚称和好。殊本年春间，该万道士前房出走之妻，在外不知嫁若干次，不能到老，又来寻着道士，意破镜重圆。而万道士则以前妻姿色，比黄氏稍佳亦不介意其前妻出走之究，亦想与某氏团圆，遂与黄氏商议，命黄氏回母家，每月给生活费四元。初黄氏不允，该万道士即百般虐待。黄氏受逼不过，始与本年二月回母家，每月取洋四元，听便道士与前妻行为。殊万道士近年生意不佳，手边无钱将前妻某氏接回，迄今半年有余，对黄氏生活，亦仅付四元而已。昨日黄氏因无钱使用，前往太平街，寻万道士要

钱。该万道士始犹推给，继则分文不给。昨日对黄氏竟饱加毒打，闹攘不休，算命摊推翻在地。该万道士则用百般巧言和众解释遮羞，而黄氏耳聋，又不能与以对言。时已三更，众人散去，闻黄氏将与万对簿公堂云。①

刘、万二人有很大的可能性是全真道士。刘道士在被众人剪去头发之后，即向道教会申诉，而1949年时四川省的道教会已为全真道所控制；万道士曾在青羊宫出家当过三年道士，后在土地庙作龛司。并且火居道士本就可以有家室，娶妻生子之事无甚可报道之处。而全真道士亲近女色，娶妻生子才是违犯戒律，为人所不容。“清心寡欲”是出家道士必须具备的素质，这方面他们也被寄予比世俗之人更高的期许，这种理想与现实的落差，对于道士形象来说是最为严重打击之一。当报刊披露道士劣行时，或许其本意并非全面否定道教，但对于读者而言，却传递了一种信号，即在所谓“出世”修行的背后，出家道士的内心与世俗之人并不两样，且这种在“出世”外衣包装下不堪行为，反而会更招得人们反感。同时，一部分人从未指望出家道士能摆脱“人性”的一面，如竹枝词中也曾描写过道士对于异性的好感：“难得今朝到会场，青羊宫里学烧香。道人似有怜香意，磬比他人打得吭。”② 这段带有讽刺意味的文字，表明作者完全不看好出家道士在这方面的素质，道士“出世”的一面可任其调侃。

此外，道士与赌博也存在联系。一则名为《许道士摆赌》

① 《新新新闻》，1936年10月26日。该原文皆用逗号断句，且依原文，不做更改。

② 刘师亮：《成都青羊宫花市竹枝词三十首》，杨燮等著，林孔翼辑录：《成都竹枝词》，成都：四川人民出版社，1982年，第90页。

的报道称："华阳县府押送道士许天富一名到警备司令部。许道士年三十岁，经常以摆赌为生，近又在高饭店大摆赌摊，至与三七六团士兵谢正康等发生互殴行为，故移送警备部讯办。"①

除各类学者论著和报纸杂志外，方志对各地道教、民俗有着较为集中的归纳和总结，也表现出作者的态度。民国方志中对道教的记载大致可分为两种情况，第一种是简述当地历代道教著名人物，和道教历史；第二种是寥寥数语，甚至没有记载。普遍对道教乃至宗教的评价都不高，称道教"神仙之说多涉渺茫，最足引人迷信。是编关于荒唐奇幻之说，概不收入以黜邪说而正人心"②。

道士记载多属前人，如张陵、李八百、杜光庭、彭晓、谭峭、张三丰、陈清觉、陈复慧、张清夜、王来通之类。以及道士神怪事件，如新繁舒虚寂，常与人言黄帝、宁封、天真皇人曾会于三会台，林中有一铜马，若人见之腾跃嘶鸣即可得道，舒称其居山中三十余年，曾见到过一次；卢道士，嘉庆间常往来高真观，平生茹素，破衲数十年不易，有求药者，即撮土和香灰与之服，屡屡效验。③ 其余大若此类。

相比道教，方志对迷信和民俗的记载和讨论更多，在批判的同时带有规劝之意。认为"现在人民迷信既深，祭神好淫祀，丧葬信超度，婚姻尚奢靡，风俗多浇漓，往往有越礼举动，是在

① 《新新新闻》，1948 年 11 月 30 日。

② 王文照修，吴江纂：民国《重修什邡县志》，《中国地方志集成·四川府县志辑》，成都：巴蜀书社，1992 年，第 10 册，第 301 页。

③ 侯俊德等修，刘复等纂：民国《新繁县志》，《中国地方志集成·四川府县志辑》，成都：巴蜀书社，1992 年，第 12 册，第 180 页。

有以规劝之，使其祛邪僻而入正道”①。态度缓和者，认为延请僧道讽经超度“虽于古礼未合，亦人子爱亲之心有加无已，相沿已久，无能改也。然在读书明理之士亦有不讽经者”②。刘沅在竹枝词中写道：“紫云多处拜天阊，百盏明灯斗日光。都道玉皇今寿诞，不知何处是爷娘。”即表明神灵崇拜不应当高于孝道的态度。③

不过细究这些批判，我们发现相当一部分方志编纂者从未在文化和思想层面上否定过道教，他们所批判的实际上是道教每况愈下的发展状况、道士、信众，以及与道教有关的诸多社会现象。这点在一定程度上与学者论著和媒体文章、报道的态度保持着一致。

比如他们对道教宗风不振，人才凋敝的情况感到惋惜：“惟佛道二教，在昔互为消长。今乃渐堕宗风，寺观滋多，强半游食，虚名坐拥，硕学无闻。土豪兼并，又从而侵蚀之，势益不振。龙虎山正一真人之号，迅复撤销，与释迦同晦矣。然佛教经通人之倡率，设报著书，且有僧立学校授信徒以常识，道教亦自立学校，灌输新知，或足挽前此巫风之陋也。”④ 道教宗风不振，与道士素质有关，故有此“虚名坐拥，硕学无闻”的评价。甚至一些做研究的文人、学士也遭到批评，被称为“冒其名而遗

① 王文照修，曾庆奎、吴江纂：民国《重修什邡县志》，《中国地方志集成·四川府县志辑》，成都：巴蜀书社，1992年，第10册，第300页。

② 王暨英修，曾茂林纂：民国《金堂县续志》，《中国地方志集成·四川府县志辑》，成都：巴蜀书社，1992年，第4册，第419页。

③ 刘沅：《蜀中新年竹枝词》，杨燮等著，林孔翼辑录：《成都竹枝词》，成都：四川人民出版社，1982年，第90页。

④ 宋育仁纂，王嘉陵等整理：《重修四川通志稿（外一种）》，北京：国家图书馆出版社，2015年，第590页。

其实，与世尊、太上之旨相戾也”①。在一部分人看来，道士只是做祈禳超荐，念经拜忏，为丧家服务的职业。② 因此道教信仰有时候被讽刺为一种交易：“敬神多磕几回头，禀卦求签莫乱抽。祸福分明评票上，二天须上五斤油。”③

道教信徒“不必皆缁黄，盖下流社会之男妇尤笃信焉”。④ 同时迷信、左道、邪教往往借道教的思想和仪式，常使民众正邪不分，真假难辨。于是在当时就有人结合宗教合一观念和时代背景，对旁门左道泛滥的原因进行了分析，一方面是正教衰微，一方面是批判传统的风气盛行。并表明了对传统宗教、信众的态度：

> 按宗教所以阐道，道无二道而阐道者不一其人。故孔教而外有佛、老、耶、回之不一。儒曰至诚，佛曰真空，道曰清净，耶曰博爱，回曰清真，其道初未尝不一，惟是后之教徒讹以传讹，愈传而愈失其真，遂使左道三千、旁门八百或假托佛老，或假托耶回，不免炫异矜奇，诬民惑世中行狂狷。旷世罕有微论各教之失传也，即孔教亦少传人矣。吾国人不公认孔教为宗教，而宗教信仰心极薄，崇拜儒教者固非为道而来，趋向各教者亦非为道而往。民国育才兴学，禁读四书五经甚，且狂吠孔子，诋为帝国走狗，至佛、老、耶、

① 宋育仁纂，王嘉陵等整理：《重修四川通志稿（外一种）》，北京：国家图书馆出版社，2015 年，第 594—595 页。

② 王文照修，曾庆奎、吴江纂：民国《重修什邡县志》，《中国地方志集成·四川府县志辑》，成都：巴蜀书社，1992 年，第 10 册，第 364 页。

③ 刘师亮：《成都青羊宫花市竹枝词三十首》，杨燮等著，林孔翼辑录：《成都竹枝词》，成都：四川人民出版社，1982 年，第 90 页。

④ 宋育仁纂，王嘉陵等整理：《重修四川通志稿（外一种）》，北京：国家图书馆出版社，2015 年，第 594—595 页。

回各教，亦多以异端斥之，道之不明也久矣。[①]

儒、释、道皆可为旁门左道所用，因此有人专门提出了辨别和防范左道、邪教的方法，该方法体现出明显的儒家倾向：

> 试思天地大道岂此辈能知，人物生死岂此辈能了，地狱轮回岂道场跪拜能免，生死罪孽岂科醮表文能救，上下神祇岂教匪邪徒能格？即二氏之书，老氏言虚无，虚无在心，心中无私欲，非在外也；佛氏言虚空，虚空在心，心中无蔽塞，非在外也。言无生无灭，无生在心，心中不生妄想，非在外也，安可外望虚空为我之家乡，外望虚无为我之父母乎？此正是私欲蔽塞，正是妄想，无奈尔民不能辨邪正，今告尔民嗣后辨邪教有十法。
>
> 一、但聚三人以上，结会结盟及拜天地、日月，拜诸佛、老祖、神怪者，便知是邪教。一、但闻说无生父母、弥勒掌教、诸天品级一切神圣等项名号，及假借有物生天、生地、生日月之说者，便知是邪教。一、但说劫运生死者，便知是邪教。一、但说做会、做道场、立坛开醮、忏罪过、颁赦文、出地狱、拔轮回者，便知是邪教。一、但说元门法眷、祖师宗派，及大道一家，不分男女者，便知是邪教。一、但密传三字、五字、六、七、八、九字、十六字等神咒，及四、五、七言等偈语、灵文，不可泄漏者，便知是邪教。一、但有密示秘传书本，不可轻泄者，便知是邪教。一、但说泄漏真传、谤毁正法、违犯教条，必遭天打雷劈

---

① 王文照修，曾庆奎、吴江纂：民国《重修什邡县志》，《中国地方志集成·四川府县志辑》，成都：巴蜀书社，1992年，第10册，第497页。

> 者，便知是邪教。一、但说饮合心茶、眷属果、硃砂符等类，便知是邪教。一、但有水碗、符法等效验者，此鬼门法也，便知是邪教。
>
> 以上十法容易辨别。至此外尚有一切邪术，如簸箕腾空、纸马飞扬、木石转动等类，种种不一，更属易辨，总无不是邪教，断不可中其计，受其害也。我民但思三教之书，都已昭垂天地，明明白白，断无秘传秘授，不可泄漏，天打雷劈之理。我民果有修善戒恶之心，要晓得佛道本是出家人所学，不必去学他，只要将一部四书做传家宝，个个放在心上，敬受孔子、孟子之教岂不更好。若说他教门中有科条数目，人人好受戒，却不知四书科条更好，今指出数件于左。①

知识分子对于旁门左道、邪教的态度是坚决反对的，但对于政府明文反对的卜筮、相数、堪舆等所谓迷信、术数，却并未一概而论。针对《取缔经营迷信物品办法》，《重修什邡县志》的编纂者曾庆奎认为从事迷信业者，较无业游民为好，并对之表示同情："窃谓此类营业，除巫道外，类皆有至深之理，特未易精耳。人民生活维艰，但操一业亦足以糊口赡家，虽无益于民生，较之无业游惰，不犹愈乎？"

对于《废除卜筮星相巫觋堪舆办法》，李奎光认为术数有深意："愚按卜筮、相数，及堪舆各业，虽曰小道，其实有精义存乎其中。何者？大《易》一书，系羲、文、周、孔以吉、凶、

---

① 王文照修，曾庆奎、吴江纂：民国《重修什邡县志》，《中国地方志集成·四川府县志辑》，成都：巴蜀书社，1992年，第10册，第474—475页。

悔、吝，教人为善之本旨，非仅以术名也。即以术论如周之王诩、汉之君平，高尚士也；元之刘秉忠、明之刘青田，明哲人也，要皆以此为砺世治世之助。至于堪舆，理尤深邃，盖堪者天道也，舆者地道也，必通天达地。”但社会上大部分人以之敛财，因此国民政府才会有禁令：“特世之营斯业者，半皆浅人，言卜筮不识圣人教人为善之至意，徒矜准验启人迷信；学堪舆不解天地阴阳之奥蕴，妄说富贵，骗人财帛。国府之明令禁止也不亦宜乎？”①

从整体倾向来看，不论态度强硬或缓和，知识精英对道教、迷信、民俗总是批判居多。其中一些学者论证的理论性和客观性较强，但不少学人的论断确显得感性、片面而缺乏说服力。这一方面说明了知识界对传统普遍批判的一面，同时也印证了“精英”概念的宽泛性，即尽管他们当中的一部分受教育程度或许十分有限，其依然试图在文化、思想层面上对一般民众施加影响。②

不过透过种种批判，我们发现许多知识精英在西方思想渗透中，感受到了维持自身文化正统性的必要；或是本就保有对传统的偏好和认可，进而为之发声；或是认为诸多批判是无端和不公平的。因此他们从未在文化和思想的“本质”上否定过道教，也未将道教全盘归于迷信的范畴，而是对“人为因素”造成的与道教有关的负面社会现象感到惋惜和不满。换句话说，就是当

① 王文照修，曾庆奎、吴江纂：民国《重修什邡县志》，《中国地方志集成·四川府县志辑》，成都：巴蜀书社，1992年，第10册，第364—365页。

② 王笛：《街头文化：成都公共空间、下层民众与地方政治（1870—1930）》，北京：商务印书馆，2013年，中文版自序，第5页。

时道教的发展状况与他们理想中的道教形象相距甚远，是对现实的批判。面对这种落差，这部分知识精英通常选择两种方式应对。其一是通过抨击道教来树立道家正面形象，以挽回本土文化之尊严；其二是依然坚持为道教发声，认为其负面形象是人为因素所致，不能因这部分道士的言行来全盘否认道教，应当充分认识道教和道士积极的一面。

对于迷信和民俗而言，知识精英的态度就要苛刻许多。他们认为民俗当中包含大量迷信成分，迷信又与旁门左道、淫祀、邪教、巫术、术数等有着千丝万缕的关系，加之道教与民俗的长期互动和交融，道教与这些因素又交织在一起难解难分。这些成分的存在，不仅干扰了人们对道教的正确认识，对于儒、释、道三教的发展乃至社会和国家的进步都极为不利，故亟待纠正。尽管如此，部分学者在对待术数的态度上仍保持中立，认为术数背后蕴含有深刻的文化内涵，并且在国民政府打击迷信行业之时，还对社会上以此为生的民众表示出同情。

不过道教和相关民俗在长期发展过程中，的确累积了太多诸如左道、邪教、淫祀、迷信、巫术的负担，压力终于在这新旧交替的时代彻底释放。因此在实际情况中，面对政府大刀阔斧的改良，知识精英虽然不完全赞同，但只要这些举措对道教、民俗状况能起到改善作用，他们还是会选择支持。

第二节　控制与防范

一　宫观与道士管理

警察系统从建立之初，即起到负责地方安全、进行城市管理、推进社会改革三种作用。国家与城市精英通过支持警察机构建立，来达到他们重塑下层社会价值观念和行为习惯的理想。[①]政府与精英提出改良建议与办法，而警察往往才是部分具体工作的实际执行者。因此警察在民俗改良、宗教管控方面都发挥着重要作用。从1903年成都警察总局成立以来，至国民政府时期，成都市已形成在成都市公安局下设各分署，各分署下设各分驻所的警察系统。

在《取缔经营迷信物品办法》颁布后，1930年5月31日成都市社会局接到四川省政府、成都市政府的训令，命令成都市公安局执行该办法。公安局须依据各条办法，对迷信营业者进行调查、劝导，并严行制止，勒令停业。[②] 7月2日，成都市公安局令各分局呈报各辖区经营迷信物品情况。须将各管内各项迷信营业逐一详查，限七日内造表二份，由各署呈报公安局汇总。[③] 公安局负责的劝导和制止工作，即召集全体迷信营业者进行规劝，

① 王笛：《街头文化：成都公共空间、下层民众与地方政治（1870—1930）》，北京：商务印书馆，2013年，第197—199页。

② 成都市档案馆，全宗号民国0093，目录号05，案卷号998。

③ 同上。

要求他们在一年内改营正当职业，并向民众宣传迷信之害。劝导期限届满，如果仍有人购买迷信物品，或仍有从事迷信物品业者，公安局将出面勒令停止。①

在禁止卜筮、星相、巫觋、堪舆等迷信营业者的改良中，公安局发挥着同样的作用。即公安局须在三个月内强制令其改营其他正当职业，召集各业人员宣传迷信弊害；广泛向民众宣传迷信业危害，提倡自食其力观念；地方书局、书店不准出售一切迷信书籍；民众婚丧疾病，不得雇人祈禳、占卜。逾期仍未改业者，应收入地方工厂改业。若抗命继续营业，或民众雇佣迷信业者，公安局须出面制止。②

在道教宫观和道士管理方面，警察起着统计与监督作用。1928 年 9 月 2 日国民政府颁布《寺庙登记条例》与四种寺庙登记表格，并于 1929 年 7 月和 1932 年 6 月进行了两次调查。规定凡是僧道住持或居住的一切公建、募建、私建坛庙寺院庵观，应遵户口调查、不动产登记法令，及本条例要求登记。寺观登记在各县由县政府负责，在特别市及市由公安局负责办理。寺观之人口登记、不动产登记、法物登记由住持僧道统计。各机关应置寺庙登记总簿、寺庙人口登记簿、寺庙不动产登记簿、寺庙法物登记簿，以登记各项数据。本次登记限期三个月。办理完毕后，经办县政府应造册呈报该管省政府民政厅备案，特别市公安局应造册呈报特别市政府备案，市公安局应造册呈该管市政府，再转呈

---

① 中国第二历史档案馆编：《中华民国史档案资料汇编》第五辑第一编，文化(一)，南京：江苏古籍出版社，1994 年，第 493—495 页。

② 《废除卜筮星相巫觋堪舆办法》（1928 年 9 月 22 日），《内政公报》，1928 年，第 1 卷，第 6 期，第 26—27 页。

省政府民政厅备案。①

同年 12 月 19 日，四川省长公署命成都市公安局办理条例规定事项。② 12 月 25 日，公安局即命各署在十日内完成调查、统计工作。对于一般宫观而言，统计并不复杂，但对于青羊宫、二仙庵这种规模较大宫观，十天的时限太短。因此青羊宫、二仙庵、宝云庵于 1929 年 1 月 8 日联名呈递警察第三署第七分驻所称："径启者窃小庙等奉到贵分驻所转发来寺庙登记造报表式各一份，奉此本应遵期造报，委因此次登记手续最繁，并对于成丁年龄及法器等项尚有未明之处，业已会商省佛教会斟酌造报，但时短事繁，不无错误，故特说明祈再限四星期，定即造报。"③文中提道曾与省佛教会商讨，说明佛教寺庙登记也遇到了同样的问题。佛教寺庙和庙产远比道教多，其统计必定更加繁琐。正是由于佛教庙产丰富，所以在庙产兴学中受到的冲击更大。与此同时，佛教的应对较道教积极，首先佛教有众多刊物刊登有关寺观、庙产管理的政策，其次面对庙产遭遇的不公，佛教界有太虚、圆瑛等领袖敢于公开与政府进行商讨，以维护佛教利益。并且他们的言论会刊登在各类佛教杂志中，影响力较大。对道教而言，这两方面都存在差距。青羊宫、二仙庵、宝云庵在这次延长调查期限的过程中，实际上是借助了佛教界的力量。

面对延期申请，警察第三署署员也表示手续确实繁杂，因此署长陈忠绪于 1929 年 1 月 10 日请示市公安局是否允许延期：

---

① 《寺庙登记条例》（1928 年 9 月 2 日），《内政公报》，1928 年，第 1 卷，第 6 期，第 28—29 页。

② 成都市档案馆，全宗号民国 0093，目录号 05，案卷号 1066。

③ 同上。

"因奉此署员遵即调查管辖庙宇，仅只青羊宫、二仙庵、宝云庵三所至应行查填法物、产业，及变动情形事，非深明内容佛物，实难查填。当即传集三庙执事将奉发各表交由各该执事，令其回庙遵照表例各项具实填报。去讫昨因限期届满，派警催缴，兹据各庙方丈、当家备具声明报告来所声称查填限期短促，登记手续甚繁恐有错误，要求展缓。前来署员复查所称各节，亦系实情，惟可否准予宽限之处未敢擅专。"市公安局在1月13日回复称寺庙登记"系奉省署令饬查报之件，未便遽展期四周。仰即转饬该分所偕同该庙住持，依限查填具报以凭转呈，毋任延缓，是为至要"。[①] 果断拒绝了延期四周的请求，并让各分署、宫观加紧统计。

1929年7月政府又展开了一轮调查，除寺观外，还将会馆、公所纳入调查范围。同年8月4日，成都市公安局令五分署开始调查，并发表式一份，限五日内上报。表式项目包括署所别、街巷别、名称、僧道尼住持人数、地点、现在作何用途、备考等。8月8日，各署即按分类将六分表格按期上报公安局。[②]

除管理居寺观之僧道外，警察也负责监控游动僧道，即行走街头的僧道。此时的监控，主要目的在于禁止迷信，改良风化，与抗战爆发之后情报工作的性质不同。成都市公安局在1930年5月至10月间，发出了诸多禁止游动僧道的命令。5月22日，指令"禁止着奇装异服，立街游行，致碍风化，如违拘罚不贷"。5月23日，勤务警察处调查发现"帘官公所及东区一带等处，夜间常见许多僧道立于街头妖言惑众，借图售符卖丸，一般

① 成都市档案馆，全宗号民国0093，目录号05，案卷号1066。

② 成都市档案馆，全宗号民国0093，目录号05，案卷号847。

迷信民众挤塞道途，掩断交通，淆乱人心”，次日公安局即下令“严禁僧道在街售符、念咒、□卖药品、妖言惑众。倘敢故违，定予拿办不贷。”① 同年10月15日，市公安局发现仍然有僧道“在街擅造种种妖言，诱惑人心，并敢在奖券开签地方，书符售卖，借此敛钱。人民堕其迷信者，日有所□”。为维持风俗、禁除迷信，命令各署从严查禁，若有妖言惑众、售卖书符、敛图财物者，一律拿办不贷。②

警察与道教的联系，还体现在维持劝业会的治安管理上。从清末工商实业渐兴以来，原青羊宫花会逐步演变为劝业会，1911年以前劝业会就举行过6次。民国建立之后，劝业会仍在青羊宫、二仙庵持续举办，即便在军阀混战期间也未完全中断。

每届劝业会会期，公安局就开始先期筹备弹压经费，并与实业厅商议分担事务。以第十次劝业会为例，公安局在会场设置会场警察署以统筹一切会场警务。下设三个会场分驻所，第三署第七分所在会期改名第三分驻所；另有勤务督察处一处，消防队、侦缉队各一。人员方面，有警察署司法长警6人、三分驻所长警84人、消防队长警20人，共110人。其饮食起居皆在会场会，故设有官长寝室与警舍。此外还会临时添派调查员、侦察员、侦缉员等。会场辽阔，为方便夜间巡逻，会场设置警灯40余盏，守望室1间。会期结束后，公安局合同各署还要进行繁琐的报销工作。从长警津贴、雇佣经费、器械费用、服装费用，到生活用品添置费、伙食费等，都要详细统计。所以在劝业会期间，成都

---

① 成都市档案馆，全宗号民国0093，目录号05，案卷号794。
② 成都市档案馆，全宗号民国0093，目录号05，案卷号795。

市公安局和相关分署会异常忙碌。①

二 道教会管理与党政干预

（一）改组前的道教会

在讨论改组工作以前，有一个关键而含糊的问题值得一提，那就是成都各县道教会成立的时间。《四川省志·宗教志》与《成都市志·宗教志》中各有一表，记载了成都各县道教会成立时间与部分会址。

表 2—1 1949 年四川省道教会各市县分会统计表（部分）②

市县	成立时间	会址	备注
成都市	1941 年	青羊宫	1947 年 11 月 23 日改为分会
成都县	1946 年		
华阳县	1946 年	成都市玉皇观街玉皇观	
新繁县	1943 年		
灌县	1936 年		
彭县	民国初年	县城东门外东林寺	1943 年改为分会
新津县	1936 年	宝资山麓普陀寺	1937 年改为分会
新都县	1947 年		
郫县	1943 年	纯阳观	1947 年改为分会

① 成都市档案馆，全宗号民国 0093，目录号 05，案卷号 959。

② 四川省地方志编纂委员会编纂：《四川省志·宗教志》，成都：四川人民出版社，1998 年，第 50 页。

续表

崇宁县		唐昌镇外南关岳庙	
双流县	1912 年	彭家场万寿宫	
温江县	1912 年	县城城隍庙	
崇庆县	1912 年	县城北门外皂角庙	
什邡县	1947 年		
广汉县	1944 年		1946 年改为分会

表 2—2　1949 年成都市及各县道教会一览表①

市县	成立时间	会址
双流县	1912 年	彭家场万寿宫
崇庆县	1912 年	县城北门外皂角庙
灌县	1936 年	不详
新繁县	1943 年	不详
广汉县	1944 年	不详
成都县	1946 年	城隍巷小西天
崇宁县	不详	唐昌镇外南关岳庙
温江县	1912 年	县城城隍庙
彭县	1913 年	县城东门外东林寺

① 成都市地方志编纂委员会：《成都市志·宗教志》，成都：四川辞书出版社，1998 年，第 48 页。

续表

新津县	1936 年	不详
成都市	1941 年	青羊宫
郫县	1943 年	纯阳观
华阳县	1945 年	玉皇观
新都县	1947 年	不详

对比后可以发现，二表均无简阳县的记载，成都县、新津县道教会会址互补，其余成立时间、会址信息基本一致。上表最大的问题在于，把不同性质的道教会糅合在一起，所以在成立时间上给读者带来很大误会。所谓性质不同，即这些道教会并非是在一个统一标准下形成的，而是不同人群依据不同标准，在不同时间创设的，因此没有足够的对比性。

表中记载温江、双流、崇庆县于 1912 年成立道教会，彭县于 1913 年成立。关于诸县道教会信息，除民国时期档案资料外，在 20 世纪八九十年代编纂的一系列地方志中有较多记载，而民国方志当中的记载却甚少。查彭县道教会确在民国初年成立道教会，由全真龙门派道士李明信负责，但会址在原道会司治所之文昌宫，直到 1940 年恢复，会址迁东门外东林寺。① 崇庆县道教会会址最早在城区北外辰居路。② 双流县一度在 1928 年成立道教协会，会长陈合源，1936 年由道教徒刘玄炘继任，宗旨为研

① 四川省彭县县志编纂委员会编纂：《彭县县志》，成都：四川人民出版社，1989 年，第 866 页。

② 四川省崇庆县志编纂委员会编纂：《崇庆县志》，成都：四川人民出版社，1991 年，第 763 页。

究道家哲学，扶助生产建设，实行新生活运动。[①] 温江县情况则完全不同，该县火居道势力较大，最早的道教会是由火居道士与1913 年成立的，由官方委派高太明为会长，会址在城关城隍庙。几经波折，在 1940 年 4 月由火居道士陈至寅等人改组成立“温江县道教行教公会”。[②] 因此表中记载的这四个成立较早的道教会成立，全真与火居道士均参与其中。表格与方志中记载温江县道教会成立时间不同，双流、崇庆二县也仅描述为民国初，如果以 1912 年来算，其成立时间比四川省道教总分会还早，是否存在这样的可能性，还有待研究。

对比成都、华阳二县道教会成立时间均为 1946 年，作为成都道教的中心地区，竟比温江、双流、崇庆、彭县晚了三十余年才成立，这显然与事实不符。真实的情况是，上表均按照成都县、华阳县改组成立分会日期为起点，并非以最初出现道教会相关组织时间计算。在成都县政府于 1946 年 2 月 26 日送四川省政府的呈中称：“案据李宗经等呈请发起组织成都县道教分会一案，当经本府派社会科员毛瑞生前往指导，该会已于本年二月十五日正式成立。”关于华阳县道教分会成立过程有更详细记载，档案中存改组报告表、职员略历册、会议记录、章程等，称其改组自 1946 年 1 月 20 日至 4 月 30 日，历时三个月。推田明鑫为理事长，会址在成都市玉皇观街玉皇观。[③] 1930 年成华道教联合会建立时，已明确提到“成都县道教会会长徐圆德、华阳县道

① 四川省双流县志编纂委员会编纂：《双流县志》，成都：四川人民出版社，1992 年，第 811 页。

② 四川省温江县志编纂委员会编纂：《温江县志》，成都：四川人民出版社，1990 年，第 856 页。

③ 四川省档案馆，全宗号民国 186，目录号 01，案卷号 1839。

教会会长蒋宗培"[①] 参与发起成立联合会，说明至迟在 1930 年两县道教会已经成立，只是不满足之后"分会"的规制，无论如何也不能将两县道教会成立时间推迟到 1946 年。而上表之所以把时间定在 1946 年，大概也是囿于没有另外一个具有说服力的时间点，目前暂未发现 1930 年以前关于两县道教会的任何记载。

由此可见 1946 年改组前民国成都各县道教会的成立，是一个难以讨论的问题，除成立时间很难确认外，团体性质并非尽属全真龙门派，如温江、新津、邛崃县，最初皆由火居道士成立道教会。这种混乱的团体组织情况，显然不利于政府监管，改组势在必行。而这种现象也表明，自 1912 年四川省道教总分会创立近三十年来，在很长一段时间里，四川道教界一盘散沙的状况似乎并未得到实质性改善。结合稍后的论述更可以看到，真正让四川道教力量凝聚起来的原因，其实是全面抗战以来国民政府为了方便战时动员和团体控制，对社团进行的强制改组。改组产生了许多新的道教会组织，各会章程制度得到统一，四川省道教会统领全川道教事务的特点才逐步彰显和确立。可以说成都和四川道教会组织的完善，一定程度上并非由道教亲自完成，而是依靠强制改组变相推动和促成的，但此时已是民国的尾声。

（二）社团管理与改组筹备

在 1912 年《中华民国临时约法》、1914 年《中华民国约法》、1923 年《中华民国宪法》中，均规定人民有集会、结社之

---

① 成都市档案馆，全宗号民国 0093，案卷号 962。

自由。[①] 面对大量涌现的社团，政府不得不进行管理。北洋政府时期，即颁布宪法、法律、法规、政令，对社团加以管控。但由于该时期全国陷于军阀混战之中，社团和社团法制发展较缓。对社团更系统和集中的管理，是在南京国民政府成立之后，尤其是在 1929 年 1 月至 1935 年 12 月国民党第五届一中全会召开，和抗战全面爆发至结束期间。法规数量大增，管控日益严密。[②]

在掌控社团方面，国民党党部与政府曾产生过激烈冲突，最后形成了党部指导、政府监督的管理体制。1938 年，中央社会部成立，隶属国民党中央执行委员会，主要任务是“督导各地党部党员，协助人民团体组织，发展完善人民团体，策动各地社会运动的进行，使社会有秩序可循，有组织可循”。[③] 1940 年出于多方面考虑，社会部改隶行政院，社团实际主导权完成了从党至政的转换，对社团的监管更加细致和深入。人民团体的主管官署在中央为社会部，在各省为社会处，未设社会处之省为民政厅，在院辖市为社会局，在县、市为县、市政府，但其事业和目标应受该事业主管官署监督和指挥。[④]

对于成都道教团体，即道教会而言，活动最为频繁之时是抗战全面爆发至社会部改隶之后，国民政府为应抗战之需，颁布了大量非常时期社团法规和条例，目的在于战时动员和严密监管社

① 蔡鸿源主编：《民国法规集成》第 6 册，湖北：黄山书社，1999 年，第 3、11、22 页。

② 陈志波：《南京国民政府社团法制研究》，苏州大学博士学位论文，2014 年，第 63—66 页。

③ 秦孝仪主编：《革命文献》第 96 辑，台北：台北“中央”文物供应社，1983 年，第 278 页。

④ 《非常时期人民团体组织法》（1942 年 2 月 10 日），社会部总务司编印：《社会部公报》，1942 年，第 5 期，第 1 页。

团活动。社会部规定各种职业团体必须依法组织团体并依法加入各团体为会员，下级团体成员必须加入各该上级团体，且同一区域同性质团体只允许存在一个。[①] 道教会因之改组，强制改组也变相促进了道教团体的建设。相关法律、法规中，较重要的有1940 年颁布的《非常时期人民团体组织纲领实施细则》《非常时期人民团体组织纲领》，1942 年颁布的《非常时期人民团体训练纲要》《非常时期人民团体组织法》《人民团体整理办法》《指导人民团体改组办法》《全国人民团体总登记办法》等，作为团体组织、整理、改组、改选的法规。[②]

四川省政府社会处于 1945 年 9 月指出“青羊宫四川省道教会”[③] 组织与现行法规不合，应依照《人民团体总登记办法》第七条之规定筹备改组，委派赖鼎立为改组指导员，并随令颁发《人民团体组训手册》《社会团体组织须知》。成立于 1942 年 2 月以前者，应向县政府履行登记，2 月以后者，应照上法改组并上报各级主管单位。自 1945 年 12 月 1 日开展改组筹备工作以来，经五个月已将各县分会次第调整完毕，并定次年 5 月 5 日为会期。[④] 四川省道教会的改组，以 1946 年 5 月 5 日召开第一届改组会员代表大会为标志。

事实上道教会改组并非局限于 1945 年 12 月到 1946 年 5 月之间，而是一个长期过程，从 30 年代初到 1949 年，改组都持续

---

① 《非常时期人民团体组织法》（1942 年 2 月 10 日），社会部总务司编印：《社会部公报》，1942 年，第 5 期，第 1 页。

② 陈志波：《南京国民政府社团法制研究》，苏州大学博士学位论文，2014 年，第 169—171 页。

③ 实际即“四川省道教会支部”，笔者注。

④ 四川省档案馆，全宗号民国 186，目录号 01，案卷号 1838。

进行。如《四川省志·宗教志》载新津县道教会于1937年改组为分会。[①] 目前所掌握档案资料中最早提到改组的是1943年的彭县道教会，四川省道教会改组完成后仍持续改善各县改组工作，最晚的大邑县道教会直到1949年改组工作仍未完善。[②]

这些分会改组依凭的法规、条例是不一样的，或者是受多种法规共同约束。1937年改组的新津县道教会，理论上应受1932年颁布的《修正民众团体组织方案》，1933年《修正指导人民团体改组办法》影响。1944年彭县道教分会被指监事名额不合规定，未设置候补理监事，应按《非常时期人民团体组织法》第九条修正。[③] 该组织法第九条规定人民团体均应在会员中选举理事、监事，名额规定：县市以下之理事不逾9人；省或院辖市之理事不逾25人；中央直辖之理事不逾31人；各级人民团体监事名额不得超过其理事名额的三分之一；各级人民团体均须选举候补理事、候补监事，名额不超过其理事、监事名额的二分之一；前项各条理事、监事名额在三人以上时，应按名额数量互选常务理事、常务监事1至5人，必要时应就常务理事中选举一人为理事长。[④]

1946年7月，社会处指令四川省道教会称，安县道教会成立迄今毫无工作，会务陷于停顿，按照《人民团体整理办法》第一条的规定，应予依法整理。该规定为："凡人民团体组织不

---

① 四川省地方志编纂委员会编纂：《四川省志·宗教志》，成都：四川人民出版社，1998年，第50页。

② 四川省档案馆，全宗号民国186，目录号01，案卷号1839。

③ 同上。

④ 《非常时期人民团体组织法》（1942年2月10日），社会部总务司编印：《社会部公报》，1942年，第5期第1—2页。

健全或发生纠纷，其程度尚未达到解散之规定时，应依照本办法整理之。”① 显然会务停顿属于组织不健全问题。

令青羊宫四川省道教会改组的法规是《全国人民团体总登记办法》第七条：“主管官署办理总登记时，遇有应依法改选整理或改组之人民团体，除法令另有规定外，应限期令其依法改选，整理改组之。”② 1945 年 12 月之后各县道教会的改组，基本是奉省道教会和社会处的指令。改选完毕后，应将改组经过连同《人民团体改组整理总报告表》、会议记录、章程、会员名册、职员略历册等呈报主管官署备案。③ 章程应载明名称，宗旨，区域，会址，任务或事业，组织，会员入会、出会及除名，会员之权利与义务，职员名额、权限、任期及其选任、解任，会议，经费及会计，章程之修改 12 项内容。④

具体改组过程，在笔者接触到的资料当中，以华阳县道教分会保留的较为完整。总报告表记载了该会过去及改组后会务状况，简述改组过程。该会原名华阳县道教会，1932 年 9 月经全县城乡道众依法组织成立，后因人力、财力缺乏以至会务停顿。1945 年奉省道教会和社会处指令改组，成立改组办事处，行登记会员、草拟章程事，从 1946 年 1 月 20 日至同年 4 月 20 日，前后用时三个月基本整改完毕，改组后称华阳县道教分会，会址

---

① 《人民团体整理办法》（1942 年 3 月 2），社会部总务司编印：《社会部公报》，1942 年第 5 期，第 41 页。

② 《全国人民团体总登记办法》（1942 年 3 月 20 日），社会部总务司编印：《社会部公报》，1942 年，第 5 期第 55 页。

③ 《指导人民团体改组办法》（1942 年 3 月 2 日），社会部总务司编印：《社会部公报》，1942 年第 5 期，第 42 页。

④ 《非常时期人民团体组织法》（1942 年 2 月 10 日），社会部总务司编印：《社会部公报》，1942 年，第 5 期第 2—3 页。

设于成都市玉皇观街玉皇观，以玉皇观住持田明鑫为理事长，廖理奎等为常务理事。

职别名称在改组前后有很大的变化，过去职务称会长、副会长、宣传、文书、调查、评议，如今设理事长一人、常务理事二人、理事四人、候补理事二人、常务监事一人、监事一人、候补监事一人。男性会员 58 人，女性会员 36 人，共计 94 人。经济来源有二，一为入会基金、常年经费；二为辅助费、自由捐基金之利息。团体事业与计划有三，一为研究教义；二为积极进行道教寺庙保存，名胜古迹、法物、寺庙财产整理与保护；三为举办道行学校及公益慈善事业，并发行道教刊物。

对职员、会员的登记十分详细，包括职别、姓名、性别、年龄、籍贯、学历、现任职务、住址、是否党员等。在 12 名职员中，9 人为华阳县各宫观住持，3 人为道艺，皆私塾学历。94 名会员中，4 名为道艺，1 名为居士，其余 89 人从名字上看应皆属全真龙门派字辈。除数位住持外，多数会员为华阳县各宫观道士，担任知客、皇经师、经师、殿主、香灯、仓头、杂务等。籍贯各异，大部分属成都，较远者有遂宁、重庆、宜宾等。

会议记录记载了改组成立大会的全过程。会议于 1946 年 4 月 20 日 12 时，在玉皇观街玉皇观举行。与会者有社会处赖（鼎立）指导员、华阳县府洪指导员、田明鑫等会员 50 余人，以田明鑫为会议主席。

首先由主席田明鑫报告说明大会目的，称今日开选举成立大会，照规定应推选理监事职员，望诸山慎重选出，推动会务，贡献国家社会。其次由洪指导员训词，大致归为三点：其一希望道教会精诚团结，改变从前虚有组织，未推动会务的情况，共同维护道教；其二强调政府只保障道教会法律内之活动；其三理监事须照会章法令各尽其职为道教谋幸福。接着是赖指导员训词，强调了道教的本土性和悠久历史，称道教为中国最久的宗教，经过多次更迭，至今巍然存立，与民族人心有密切的关系，今后当推动发扬道教哲学与社会为精神之宗教。省参议员指出道教研究当身体力行，以救人度世为怀，以慈善公益事业为务，不应脱离社会，闭门自修。省道教会代表致辞中，除号召团结外，也稍微回应了洪指导员的训词，称从前正副会长虽未努力会务，但也未曾懈怠，各县分会发展起落有各自的自然性，只是今后应当更为努力。随后由市道教会和成都县道教分会理事长分别致辞，内容不外团结自治，推动会务，以入世精神服务社会国家等。

训话和致辞完毕后，进入大会正题，共分六个步骤。第一经逐条宣读通过章程，第二选举理监事，第三职员宣誓就职，第四监选员致辞，第五理监事代表发言，第六呼口号。礼成散会。

《四川省道教会华阳县分会章程》共九章二十条，条例结构与较早《四川道教总分会暂行简章》《道教联合会简章》基本类似，只是在细节上有许多不同之处。该会以团结全县道教徒、遵守教规、研究教理、推行教义、阐扬民族道德精神，奉行三民主义为宗旨。以遵守教规、研究教理、推行教义，保护道教寺庙、古迹、财产，兴办慈善公益事业，革新道教为任务。会员入会具有强制性，所以第五条会员吸纳，规定现住寺庙之乾坤道徒必须加入成为基本会员。

组织和会议形式发生了很大变化。第九条称本会以会员大会为最高权力机关，在会员大会闭会时由理监事会代行其职权。理事会职权在于对外代表本会，对内处理一切事务；召集会议，执行决议，审核会员资格，办理监事会移付执行事件。监事会的职权在于监察会员履行义务事项，核准经费事项，相当于道教会中的监察机构。同时为应不时之需，可临时设立各种委员会。相应的会议也有所改变，除每年举行一次的会员大会外，每三月举行一次理监事会，每月举行一次常务理事会，临时会按需举行。此外，理监事任期也有明确要求，第十一条规定理监事任期为两年，连选得连任，均为义务职。①

以上是华阳县道教分会改组的过程。理论上讲，各县分会都需要按照如上标准改组，统计会职员情况，记录选举过程，形成并通过章程。待各县基本改组完毕后，再由四川省道教会举行改组成立大会。关于四川省道教会改组大会与后两次会议的情况，将在第三章具体讨论。

（三）党政干预

改组的行政过程，大致可以归纳如下。四川省政府社会处指令四川省道教会改组，并派员指导。因四川省道教会代表四川一省，故改组后社会处须呈报社会部备案。各县政府监督各县道教会改组，由县政府社会科派员指导。各县道教会改组时，需填写人民团体组织报告表，并附道教会简章、会员名册、会议记录等上交县政府，县政府整理完毕后呈交四川省政府。当要调查或整顿某县道教会时，四川省政府和社会处通常会分别指令该县县政府和四川省道教会处理。一方面省道教会将和地方道教会沟通，督促改组并向社会处汇报，若问题难以解决，需由省道教会出面与社会处协商；另一方面，若改组不符规制，则由县政府负责督

① 四川省档案馆，全宗号民国186，目录号01，案卷号1839。

促完善，并回复四川省政府。

材料呈递一般只与市县分会、市县政府和省政府有关。如1943年11月，彭县县政府将该县道教会的简章、理事职员姓名履历册、会员名册、指导人民团体改组总报告表各3份，转呈四川省政府；1944年7月，广汉县政府转呈组织总报告表4份；1946年5月，华阳县政府转呈该县分会总报告表、印模、章程、职会员名册、会议记录等。

如果组织、材料存在问题，有时则需四川省道教会在当中沟通处理。如1946年处理安县道教会工作停顿事，社会处除电达安县县政府依法整顿，填写整理总报告表外，还指令四川省道教会督促整顿。省道教会在回复中称："案查安县道教会自民国三十三年（1944）九月成立迄今数年工作停顿，形同虚设。去岁本会奉钧处指令整理各县分会，迭经饬令遵办，亦无片只字回复。"后安县灵官楼住持熊圆诚，来函称该县道教会确实难以维系，故省道教会附函呈请社会处转知安县县政府，明令停止安县道教会的活动。

1944年彭县道教会改组中，省政府指出其职员略历册存在漏填，无法审查入会资格，经费来源也未填数字，令彭县县政府照原表发还彭县道教会，重新核实，并在十日内呈报省府。1946年9月，因什邡县道教会图记多一"之"字，不符规定，四川省政府指令什邡县政府督促修改。① 足见规定要求之严格与细致。

政府参与道教会改组的另一个主要措施，是派指导员进行监

---

① 四川省档案馆，全宗号民国186，目录号01，案卷号1839。

督。1942 年 3 月公布的《指导人民团体改组办法》规定，人民团体改组应由主管官署派员指导，指导员应督促尽快改组，如在延长期限内仍未完成，即撤回另派人员。指导员工作期间须完成五件事：其一团体原有名称如与新颁法规规定不符者应改正之；其二具有新颁法规规定之会员资格而未加入该团体者，应限期令其入会；其三该团体原有会员其所具资格如已与新颁法规规定不合者，应令其退出；其四前三项手续办理完毕后，应即依照新法规修正章程、改选职员；其五改选完毕后应将改组过程连同章程、会员名册、职员略历册等，呈报主管官署备案。最后指导员应将指导改组经过填写改组总报告表，省市两份，县市三份，呈报主管官署分别存转社会部备案，并由主管官署造具简表转送目的事业主管官署备查。该办法还规定，指导员任用应参照 1930 年《人民团体组织指导员任用规则》，说明国民政府早已采用指导员的形式干预团体改组，且人员任用规则相对稳定。①

从县级道教会到省级道教会改组，指导员均活跃其中。1944 年 7 月，广汉县刘信铭等申请发起组织道教会，县政府随即函知县党部，并派出社会科李鸿文前往指导。1946 年 7 月 8 日，什邡道教徒众舒雨婷、蓝明玉、杨明术等十五人发起组织成立什邡县道教分会，县政府派社会科科长张建为该会指导员，于 7 月 24 日正式成立选举，并由指导员上交组织总报告表 4 份。1948 年 4 月崇庆县道教徒彭诚定、黄明麒等十五人申请组织道教分会，县政府即派社会科第五科长李鸿文前往指导。② 成都县道教

① 《指导人民团体改组办法》（1942 年 3 月 2 日），社会部总务司编印：《社会部公报》，1942 年第 5 期，第 42 页。

② 四川省档案馆，全宗号民国 186，目录号 01，案卷号 1837。

会分以社会科员毛瑞生为指导员，于 1946 年 2 月 15 日正式成立，相关资料由指导员呈县政府，再由县政府转呈四川省政府。

四川省道教会被指令改组之后，1945 年 10 月省政府社会处派赖鼎立为改组指导员，要求即日前往该会工作，依照《人民团体改组办法》第五条暨第七条之规定，限期完竣改组、填表具报。[①] 从四川省道教会改组会议到第三次会议，赖鼎立均作为指导员参与其中，进行监督改组、审查提案、总结工作等事项。同时各机关，包括省党部、市政府、警察局等，均派代表参加会议。[②]

除政府参与团体组织建设外，党部也一直参与其中，主要体现在思想统一方面，这一点并未因社会部的改隶而弱化。随着三民主义成为国民党主流意识形态以来，三民主义的推进和灌输不断出现在社团法规中，这一情况到了抗战全面爆发之后愈发明显。《非常时期人民团体组织纲领》规定：一切人民团体，均应以抗战建国为共同目的，在奉行三民主义，拥护国民政府，服从最高领袖之原则下，为整个民族利益而奋斗。[③]《非常时期人民团体训练纲要》总则指出，人民团体训练应以增进会员之工作智能，改善其生活习惯，培养其民族意识，严密其团体组织，建立有组织、有生机之社会，完成三民主义之国家为目的。思想方面要使会员了解国民党的主义、政纲、政策，认识国父与总裁的伟大人格等。智能方面应使会员了解地方自治的意义，行使四权

---

① 四川省档案馆，全宗号民国 186，目录号 01，案卷号 1839。

② 四川省档案馆，全宗号民国 186，目录号 01，案卷号 1838。

③《非常时期人民团体组织纲领》（1939 年 6 月 1 日），《四川省政府公报》，1940 年，第 183 期，第 37 页。

的方法等，该四权即与民权主义相关。①

因此道教会必须遵奉三民主义，具体体现在改组会议和各类报告表、章程中。如《四川省道教会华阳县分会章程》第二条阐述该会宗旨时，除强调团结全县道教徒、遵守教规、研究教理、推行教义、阐扬民族道德精神外，还指出应奉行三民主义。第四条本会任务，除遵守教规、研究教理、推行教义，保护道教寺庙、古迹、财产，兴办慈善公益事业，道教兴革事项外，专列三民主义之奉行事项。第六条规定违反三民主义及背叛国民政府者不得为会员。广汉县道教分会《指导人民团体组织总报告表》重要指导事项之一，即发扬三民主义，协助政府推行政令。② 四川省道教会改组形成的《四川省道教会章程》的总则、宗旨、任务部分虽未明确提出三民主义之奉行，但在职员宣誓就职的誓词中却表明了立场。在赖鼎立的监督下，王伏阳等当选职员当众宣誓："余谨以至诚实行三民主义，遵行国家法令，忠心努力本职，如有违背誓言，愿受严厉之制裁，谨誓。"③

三　情报活动

自抗战全面爆发以来，国民政府颁布了大量有关人民团体管理的法律、法规、条例。在党政合力干预下，寺观、僧道受到了十分严密的管控。除了社会处以佛教会、道教会的形式掌握僧道

① 《非常时期人民团体训练纲要》（1942 年 1 月 7 日），社会部总务司编印：《社会部公报》，1942 年第 5 期，第 15 页。

② 四川省档案馆，全宗号民国 186，目录号 01，案卷号 1839。

③ 四川省档案馆，全宗号民国 186，目录号 01，案卷号 1838。

活动外，政府早在1939年就开始统计寺观的人员情况。1939年1月，成都市政府令各县统计县内寺观、公共处所、船户、民枪数量。2月，成都、华阳、崇庆、新都、灌县、郫县、温江、双流、新津、新繁、崇宁、彭县十二个县上交了调查表。① 各县分区统计了处所数量，及各处所男、女数量。尽管数据比较笼统，并未分别寺庙、宫观，僧人、道士，但也表明政府加大了对公共处所人员活动的监控。

随着情报活动升级，国家加强了间谍、汉奸防范工作，国民政府与僧道的关系突然变得非常紧张。此时对游动僧道的防范，不再是简单的禁止迷信、改善风俗的目的。1939年11月2日，国民政府军事委员会下令："为严防各地僧道潜入内地为敌间谍活动起见，特拟定《侦查与监视僧道行动办法》，令饬各宪警机关严密执行。除分行外，特抄附该项办法一份。"11月28日，四川省政府即向各区行政督察专员公署传达了该命令，要求各县政府，各级警察机构按照办法认真办理，切勿疏忽。《侦查与监视僧道行动办法》原文如下：

（甲）关于侦查方面

一、各地治安机关应详细调查各该地所有庙宇之名称、地址及住庙僧人之姓名法号、年籍、住庙与梯度年月登记之。

二、外来僧人入境时应登记其姓名、年籍、来川月日及目的、何地来、过去与现在留住庙宇名称地点。

三、各地庙宇住持须负责随时向附近治安机关查报该庙

① 成都市档案馆，全宗号民国0093，目录号05，案卷号1076。

僧道人异动及有无可疑行踪。

四、各大城市之庙宇一律不许留住外来僧人，原住僧人亦应由治安机关随时派员密查。

（乙）关于监视方面

一、禁止僧道在城市活动及出入公共场所，各旅馆、客栈亦不得收容僧道。

二、各庙宇僧道应具连环保结，如有作奸僧人，即是行连坐，俾其互相监视并责令各地区保、甲长切是负责密查。

三、遇有言行可疑之僧人，须派员跟踪或化装僧人深入监视。

四、各庙建醮或香会，应派员密予注视。其与各界人士往还密切及能吸引一部分信众者，更应特予注意。

五、嫌疑重大应随时予以检查，搜得确证时，先行拘捕。①

该办法旨在限制和监控僧道的一切活动。政府以连坐制度，迫使其相互监视、检举揭发，寺观住持、普通僧道、治安机关、保甲长均参与其中，人人自危。僧道被禁止参加城市活动，不得出入公共场所，寺观内建醮或香会会受到监控。同时寺观不得留住外来僧道，旅馆、客栈也不允许收容。若严格按照此办法执行，僧道的活动将完全被限制在所属寺观内，任何公开场合的露面和与外界的交流都非常敏感，极有可能被视作间谍活动。

对于嫌疑较大者，将拘捕并审讯。如1941年4月17日四川省第一区行政督察专员公署在温江城内东街拿获“道人”数名，

① 成都市档案馆，全宗号民国0134，目录号02，案卷号232。

身带法币 460 元，出卖魁星像多张，上书“斗牛宫中文魁镇宅”，盖有“道经师宝”印，并搜出红纸二小方，左端写有“一牛双尾”及“人生一过田，中心保国主”等隐语。同样在 4 月，崇宁安德铺先后拿获“道人”数名，身带法币 500 余元，银元一枚，一面松形，一面鹤形。在竹瓦铺抓获便衣男子 2 名，道人 2 名，带法币书万余元。该署称：“诚恐此种不肖之徒潜伏煽诱，危害地方，须密饬各场镇保甲严行清查，提高防范，以遏乱荫。”①

民国时期道教的地位和形象本就不高，此时又蒙受间谍嫌疑。道士遭政府猜忌和防范，民众处理道士关系时也须倍加谨慎。在道士活动被严格限制的情况下，道教界不得不放缓诸如社会教育、传播教义、改善风气等活动，这无疑是道教发展遭受的又一沉重打击。

第三节　庙产占用

一　军阀占用

民国时期的诸多宫观，往往同时受到庙产兴学和军阀混战的双重打击，许多宫观被迫改作学堂，房产被提卖充作军费或被军阀占据，宫观、道士数量不断减少。面对全副武装的军队，道教只得任其作为而束手无策。

① 成都市档案馆，全宗号民国 0134，目录号 02，案卷号 75。

青羊宫、二仙庵这样的宫观也在军阀的控制之下。但比起军事意义上的控制，政治意义的倾向似乎更明显。在动乱的防区制时期，成都劝业会除1924年中断外，几乎连年举行，劝业会盛况与战火中民众的惨状形成强烈反差。尽管军阀在推进实业方面的确做出过贡献，不过他们也希望借劝业会来突出个人“发展实业”的决心，以标榜自己是“统一四川”的不二人选。以至于川政统一之后，刘湘于1934举行扩大劝业会，以“振兴”由战乱所致之经济衰落、农村破产，彰显自己统一全川之功绩。①

因此军队和警察在劝业会期间共同维持着会场秩序。如1926第六次劝业会正值倒杨（森）战争，各路军阀驻扎成都。为维持会场稳定，四川省实业厅、省会警察厅令邓锡侯派队驻扎东坡桥，刘文辉派队驻守草堂寺，赖心辉派队驻守红牌楼、神仙树一带。② 即便是在战乱之中，四川省政府也要保证劝业会顺利进行。军阀作为劝业会的组织者、参与者，同时为了建立良好的舆论氛围，也会支持劝业会的发展。由于存在这样一种关系，青羊宫、二仙庵和军阀之间，似乎并不存在不可调和的严重矛盾。尽管如此，宫观驻军有时还是会引起骚乱。如1929年1月1日晚8点左右，青羊宫驻军与草堂寺驻军因赌博导致冲突。警察局第三署第七分所警员报称，草堂寺军人砍伤青羊宫驻军三人而去，伤者被送入城内医院治疗。冲突的汇报和善后还得由公安局负责处理。③ 1936年9月，青羊宫附近伤兵滋事，打伤警察多

---

① 孙跃中：《近代成都劝业会研究》，四川大学硕士学位论文，2006年，第54—57页。

② 同上，第48页。

③ 成都市档案馆，全宗号0093，案卷号1721。

名，并擅入民房强取财物。[①] 1938 年 4 月 10 日中午，附近一补充团若干士兵进青羊宫游览，其班长为原宫内驻防保安队一逃兵，被该队认出后遭当场抓捕。补充团同班士兵见班长被抓，即向保安队索人，随机爆发激烈冲突，甚相互鸣枪示威。引得“会场秩序大乱，游人奔跑呼号，男女老幼跌伤者甚多，茶馆食店桌椅用具，亦大受损失”。[②]

相比青羊宫、二仙庵，那些影响力和利用价值稍逊的宫观，处境则困难许多。如南门外武侯祠，从清初张清夜以来，道士就参与到武侯祠的管理中。有学者根据 1942—1946 年间的游记记载，判断此时武侯祠仍由道士管理，求签、烧香、拜神之人络绎不绝。自军阀割据以来，武侯祠一直被军队驻扎，作为军事据点。直到川政统一，刘湘才下令驻军开放武侯祠供市民游览。[③]在中华人民共和国成立前夕，祠内原驻军营房和附近一些草屋，被用于烟土储藏，境况十分混乱。[④]

1930 年 2 月成立的成华道教联合会，以老关庙街丹达庙为联合办事处。庙产由前住持顶买得来，独立修建和管理，已有七八十年历史。据该庙道士罗庐静称，道教联合会建立以来，“借主持本庙为办事处，阐扬道教亦已数年，颇著成效可查”。不过在同年，丹达庙即遭到查封，差点损失一半庙产：

迨民国十九年（1930），有成都县官公庙会产业清理处

① 《新新新闻》，1936 年 9 月 7 日。

② 《新新新闻》，1938 年 4 月 11 日。

③ 卿三祥：《成都武侯祠民国时期纪事》，《四川文物》2001 年第 5 期，第 44—47 页。

④ 同上，第 49 页。

突来本庙，□将庙之前半节贴封更编号数，所有庙之后半节尚与主持留存，除主持自呈清理处暨国民革命第二十九军部请求令饬撤销更揭封条。沐军部批呈及说明权原并赍呈照片均悉，仰候令饬该处理委员会查照条例妥为办理可也，附件照片存沐处理委员会批呈悉查。该庙产业经本会议决，缓办在案，仰即知照此批等论，保留至今有案外。当由成华道教联合会会长邹怀品等复以呈请重申禁令，并出示张贴以安众心而保庙产，免灭宗教等情一呈向钧府。叩恳复沐批查禁提寺庙产业。本府昨接省佛教会呈请当经重申前令国府颁发《监督寺庙条例》通令并函各军饬属一体遵照在案。兹据呈称各节候予再令成华两县政府遵照迭令办理可也此批等因亦在案。

还好在住持努力下，与第二十九军军部、官公庙会产业处理委员会、成都和华阳县政府多方面沟通，才勉强保住庙产。正当丹达庙认为危机已过，国民革命军第二十九军第四路司令部却突然前来测量庙基，欲以筹饷名义标卖之，该庙道士再度陷入恐慌中：

主持以为成都县官公庙会产业清理处，并处理委员会均早经撤销。如主持所有丹达庙实属《监督寺庙条例》第三条第三款所载之庙，又属成都县官公庙会处理委员会所布处理标准十条所列第三条之庙自能永久无事，可□保存。不意本年一月四日，忽有国民革命军第二十九军第四路司令部令派委员手持封条二张，内书“□令查封，静候处理”八字来庙张贴，并于昨日更来将全庙基址丈量，似此情形必将主

> 持私有之庙，完全标卖。果成事实，人民私权尚何能保？即曰筹饷，亦应成都县所属之全民负担，不应主持一庙独先。[①]

在上述事件中，我们发现成都县“官公庙会产业清理处”是最早查封丹达庙的机构，该处成立了处理委员会，并至迟在1930年颁布了处理标准十条。1927—1933年为刘文辉、邓锡侯、田颂尧三军驻蓉时期，国民革命军第二十九军即田颂尧部。因此该处理办法的制定或许与军阀有关系，甚至就是为军阀借庙产筹饷服务的。产业清理处和第二十九军在对待丹达庙事件的态度上，就表现出一致性。《温江县志》中记载，军阀在防区制时期，假借成立“庙会产整理委员会”，提走很大一部分寺观田产。[②] 1930年，郫县成立了“郫县寺庙产清理委员会”，军阀借此抽提大量庙产，郫县旅省同乡会为谋求发展，曾派员参加该委员会。[③] 应该说以上诸会与成都县的产业处理委员会性质相同，也应证了这类委员会的成立确与军阀有关。

档案中记载了成都县“官公庙会产业处理委员会”制订的“处理标准”十条，但字迹非常模糊：

> 一、传戒丛林直属产业一律保留以宏佛法。
>
> 二、丛林自开之□庵产业由佛教会□实造册交由处理委员会派员查照，再由该会要商佛教会办理以资兼顾。

---

① 四川省档案馆，全宗号041，目录号04，案卷号7558。

② 四川省温江县志编纂委员会编纂：《温江县志》，成都：四川人民出版社，1990年，第855页。

③ 四川省郫县志编纂委员会编纂：《郫县志》，成都：四川人民出版社，1989年，第716页。

三、凡寺庙及其森林，悉遵照□府颁布条例办理。

四、庙产在五（年）以下及房屋在五百之以下者均予保留。

五、产业在五（年）以上及房屋在五百之以上者，除衣单焚献外，为有余者，始可归公提。

六、提供慈善或公益事业之庙会产业，□予提卖，除退押金或当价外，提留现金三成或四成继续办理，余即归公。

七、会产提卖后除退押金或当价外，酌留二成或三成，余□归公。

八、以上凡□□□之产业，退换押金或当价悉照登记数目，余仍退还。

九、凡押金当价如与登记数目不合，差有舞弊及冒领情事，当予分别□重□罚不贷。

十、凡提卖之产业，先由□□营部派员，会同处理委员会、县政府各派员一人，照时值价□核实估当价目。各庙会僧□有优先□买权利，抑或按照归公之数交纳现款，免予提卖，以示优异。

该规定以管理佛教庙产口吻叙述，但实际上寺庙、宫观、会馆、公所均在成都官公庙会产业处理委员会管辖范围内。该规定最大的特点在于“庙产归公”，产业有一定规模的寺观等场所，即是提取目标，不愿提卖者，须折现归公免之。甚至连提供慈善、公益事业的庙会产业，也会按比例归公。所谓的“归公”带有强制性，并且非常粗暴，不按规则行事。因此该处理委员会的行为，曾多次遭到寺观、会馆、公所等负责人向四川省政府的投诉、举报和求助。

1930年9月24日成都县县长吕培运呈转四川省政府“成都县全县僧尼请愿团以人民产业横被夺提，无命可托，恳求救护”。1931年2月7日四川省政府收到三邑公所联名指出产业处理委员会非法查封公所门面。太平县三元会集资修建之东岳庙，仅铺房四间、三亩八分田业，本豁免上交，但数月之后在未召集会首商议的前提下，即私行撒灰验界。光绪三十三年（1907），鼓楼北四街居民集资修建土地祠一座，为每年办清醮会和街民评理公所地址，后改驻本地团防公所，并由市政府设阅报室。1931年1月，“因贪婪好事者密报成都县清理处，竟由成都县政府票传本街首人魏荣森立将该产契约饬缴在案”，为维护自身利益，街民不得不求助于四川省政府，同时也批评清理处“进利于甚微”。①

回到丹达庙事件。《监督寺庙条例》第三条规定，由政府机关管理，由地方公共团体管理，或由私人建立并管理的寺观不受该条例约束。②“处理标准”第三条也规定凡寺庙和森林，按政府颁布条例办理。因此丹达庙住持才认为庙产不会受到侵占，但军阀并未按条例行事。从现象上分析，在产业清理处贴封丹达庙受阻后，第二十九军第四司令部立即亲自派员标卖其庙产，很难让人相信二者之间不存在利益关系。

1931年3月16日，成都县外北簸箕街文昌宫道士刘毓光状告国民革命军第二十八军（邓锡侯部）第二混成旅旅长，兼成金汉组合汽车公司总经理辜仲实，擅仗军威驱逐庙内住户：

---

① 四川省档案馆，全宗号041，目录号04，案卷号7558。

② 《监督寺庙条例》（1929年12月7日），《成都市市政公报》，1930年，第16期，第15—16页。

> 辜仲实去后，于二十五日，即来明令驱逐之令。查其令系国民革命军第二十八军第二混成旅兼成金汉组合汽车公司总经理。陈令称照得外北文昌宫房舍现经租作本公司办公地点，所有庙内住户着即克日迁出，勿得违延，致于驱逐，切切此令……至于公司性质营谋争利，何得擅借君威而驱逐，是为该旅长既云所租，何以未与民交涉，既云租作本公司办公地点，该旅长系营业谋利性质，何得以旅长命令驱逐居民？

该汽车公司成立目的和占用文昌宫房舍的原因是："本年二月因赵成汉马路联合委员会，召集成新金汉马路代表议决合组四县汽车公司便利交通，推举陈旅长离兼任总经理，复由陈总经理委任成都县绅辜仲实充任合组公司总务部主任，并议决以成邑外北簸箕街成达公司原有舍址，加租附近文昌宫房舍作为合组公司办公地点。"

面对指控，四川省政府令成都县政府查明实情。县政府给予的回复是："辜仲实始则着丁来庙，向称承佃庙内住房系主持。未加确，佃户诸人将事实讹传以致双方误会，继则由本段街正白步州及本街绅民罗鼎铭等从场解释，所有庙内住房租佃，与该公司交押给租一切负担手续"，又称"辜仲实始于阴正月十二日派庶务前往文昌宫，向道士交涉租佃房舍事宜。殊该道士未与谋面，所派庶务因之折回，越日亦未再往交涉，并无饬迁移，大言恐吓之举，该道士只以臆揣，即为捏砌成词"。4 月 11 日，国民革命军第二十八军司令部呈四川省政府称："该刘毓光不明虚实，任意捏词诬控，殊属荒谬。除由部批示申斥并注销此案外，兹准前由相应检送刘毓光申明误会副呈一份，函请贵府烦为查照至纫公谊。”至此刘毓光已承认了自己的不实控告，文昌宫租佃工作开始具体执行。①

该事件可以从两个方向来解读。其一，刘毓光的确误会了汽车公司的意图，那么其指控确属不实。但这一过度反应，也说明了他对军阀的忌惮，草木皆兵。其二，该汽车公司一开始确仗军威以驱逐和强占文昌宫庙产，而面对指控不得不退求其次采取租佃形式，并通过私下利益交换让刘毓光承认自己是诬告。借鉴丹达庙事件，该庙是民国初发起成立四川道教总分会八大宫观之一，也是1930成华道教联合会办事处，在两县政府皆有备案，理应具备相当影响力，第二十九军和产业处理委员会的处理方式尚且如此蛮横，因此第二种情况理论上讲有存在的可能。

总之，军阀会利用各种“合法”和“非法”手段占用、租用宫观庙产，在1933年四川统一之前，国民政府诸多寺观管理方面的法规、条例对于军阀而言并没有约束力。面对强势的军阀，道教界虽然试图回应，但终究处在弱势的一方，只得听之任之。

二 学校、团体、机关占用

这类庙产占用现象的产生，与清末以来政治、社会、文化等诸多领域的变革息息相关，是一个长期而复杂的问题。大致来讲，受庙产兴学运动影响，各类新式学堂大量占用寺观，这一点在第一章已多有提及。新兴团体的产生，与民权主义有关。孙中

① 四川省档案馆，全宗号041，目录号04，案卷号7558。

山认为的民权主义，即实行人民拥有政权的民主政治，人民拥有选举官吏、罢免官吏、创制法案、复决法案四大民权。[①] 而民权认识、民权训练、民力集中的根本在于社会建设。在该思想的影响和指导下，社会上涌现出大量团体、组织、结社、集会，道教会即是其中之一。

新兴机关的产生，与地方自治、城乡建设有关，地方自治也被视作民主政治的基础。早在20世纪初，清廷即按立宪步骤实施城镇乡、厅州县两级自治，在1908和1909年先后颁布《城镇乡地方自治章程》《府厅州地方自治章程》，各级议事会、参事会由此产生。袁世凯在1914年12月颁布《地方自治试行条例》，1915年颁布《地方自治试行条例施行细则》，然未及实施，复辟即失败。1919年北洋政府迫于地方自治呼声，于9月颁布《县自治法》，自治教育盛行一时。国民政府成立后，自1928年9月15日颁布《县组织法》以来，总共出台20余种自治法规，是法规制定最为频繁的时期。[②]

在1929年6月重新颁布的《县组织法》中，将县划分为区、乡（镇）、闾、邻四个等级。每县分若干区，每区有20—50个乡镇；100户以上村庄为乡，不满者应联合各村庄编为一乡；100户以上街市称镇，不满者归为乡；乡镇居民以25户为闾，5户为邻。每县须组建县政府，下置公安局、财政局、建设局、教育局；各区置区公所，设区长一人。在县政府下置四局中，公安

① 孙中山：《建国方略》，《孙中山全集》第6卷，北京：中华书局，1985年，第412—413页。

② 张宪文、张玉法主编，赵兴胜、高纯淑、徐畅、杨明哲著：《中华民国专题史》第8卷，《地方政治与乡村变迁》，南京：南京大学出版社，2015年，第102页。

局负责户籍、警卫、消防、防疫、卫生、救灾及保护、森林、渔猎等；财政局负责征税、募债、管理公产及其他地方财政；建设局负责土地、农矿、森林、水利、道路、桥梁、工程、劳工、营业等事项及其他公共事业；教育局负责学校、图书馆、博物馆、公共体育场、公园等事项及其他文化社会事业。县政府在必要时可呈请省政府设置卫生局、土地局、社会局、粮食管理局以方便管理。① 因此在县政府内设有诸多局、处、科、所负责对应事务。

大量新兴学校、团体、机关的涌现，表现出清末以来精英层面对传统的反思，和对西方的效仿。在这一过程中，传统宗教除了受到思想方面的冲击，其庙产被大量用作学校、团体、机关用地，经济方面也受到诸多挑战，生存空间大受挤压。不过在研究道教宫观这方面问题时，我们面临最大的问题就是第一章提到的僧道互居现象。这些“宫观”“祠庙”，有些已经废弃；有些并无道士居住，而是雇人看守；或者已由僧人住持。因此当一些从名称上看似道教宫观，或与道教信仰有关的祠庙被改作他用时，我们很难证明它的确与道教有关。

在方志中我们可以看到诸多类似记载。学校方面，华阳县治东城内纯阳观、惜字宫，白家场关帝庙、中和场下场东岳庙、大面铺关帝庙、隆兴场关帝庙设有义学、乡学，中和镇区三圣场东岳庙、太平镇太平场文昌宫、太平镇梓潼宫等设有初小。一些学

① 《县组织法》（1929 年 6 月 5 日），《东方杂志》1929 年，第 26 卷，第 18 期，第 117—119 页。

校在光绪年间就已建立。① 新繁县繁江镇中心学校第二分校设于城北文昌宫，龙桥乡中心学校设于龙桥场北岸火神庙。抗战全面爆发以来，在1940—1941年间在各乡镇建立多所保国民学校，用地多采各乡江神祠、五显庙、火神庙、东岳庙等庙产。②

团体方面，新繁县在宣统二年（1910）成立农务分会，会址在关岳庙，在民国时期经历了多次改组；1927年在全县工人号召下，于老君观成立工会；1936年又在关岳庙成立了水利会和妇女协会。③ 崇庆县在清宣统二年（1910）借火神庙地成立商会；1922年在城隍庙成立工会，后迁至大神庙。崇宁县在1918于城内文昌宫成立水利研究会；1919又在此处成立实业所。④

机关方面的记载更为详细和多样。如光绪二十八年（1902），新繁县在衙神祠设立警察署，三十一年（1905）迁至关岳庙，直到1927年合并于市政公所。⑤ 同时，新繁县在清宣统三年（1911）成立了城议事会、城董事会，均设于东岳庙，一系列县政机关和处所也多设于此。如比城议事会成立还早的田赋粮食管理处，1937年成立负责税务的查征所，1941年成立的管理全县财务，尤其是公产、学产的经收处，1941年成立的社

---

① 陈法驾修、曾鉴纂：《华阳县志》卷三建置，《中国地方志集成·四川府县志辑》，成都：巴蜀书社，1992年，第3册，第68页。

② 侯俊德修、刘复纂：民国《新繁县志》卷二建置，《中国地方志集成·四川府县志辑》，成都：巴蜀书社，1992年，第12册，第60页。

③ 同上，第72页。

④ 陈邦倬修、田树勋纂：民国《崇宁县志》卷一建置，《中国地方志集成·四川府县志辑》，成都：巴蜀书社，1992年，第9册，第23页。

⑤ 侯俊德修、刘复纂：民国《新繁县志》卷二建置，《中国地方志集成·四川府县志辑》，成都：巴蜀书社，1992年，第12册，第58页。

会服务处，1942成立的县参议会，都设于此处。[①] 什邡县议事会、参事会在清宣统三年（1911）成立，会址设城南文昌宫。[②] 崇庆县议事会于清宣统二年（1910）在龙王庙成立，中途会务停顿，直到1913年恢复。温江县于1917—1919年在北洋政府颁布的自治法规指导下，成立了诸多机构。如在火神祠设烟酒公卖检查所，在城隍庙后殿东厢设立地方公款收支所、司法经费收支所、警团经费收支处等。[③] 新都县教育局、实业局设城东圣谕亭巷文昌宫后殿，烟酒事务检查所租设东街火神庙左侧，团练局设川主庙，地方收支所设城隍庙后殿右侧。[④] 金堂县征收局1917年迁至东街城隍庙后殿，警察所设在武庙，后保卫团局亦设于此，赵镇警察所设于中场正街火神庙，烟酒公卖分所设城内西街川主庙，县团务总局设城内北街文昌宫等。[⑤]

大致说来，庙产占用的特点首先是时间跨度很长，从清末新政到20世纪40年代，一直都存在；其次是占用原因和目的不一，在社会思潮和不断更迭的政策推动下，许多组织和机构多少都参与其中。类似上述的记载还有很多，虽然它们不能直接证明道教宫观受到了损失，但对于我们认识当时庙产占用的背景、现象、特点却有帮助。即便如此，我们还是可以发现道教宫观被占

① 侯俊德修、刘复纂：民国《新繁县志》卷二建置，《中国地方志集成·四川府县志辑》，成都：巴蜀书社，1992年，第12册，第72页。

② 王文照修，曾庆奎、吴江纂：民国《重修什邡县志》卷四民职，《中国地方志集成·四川府县志辑》，成都：巴蜀书社，1992年，第10册，第359页。

③ 张骥修、曾学传纂：民国《温江县志》卷一建置，《中国地方志集成·四川府县志辑》，成都：巴蜀书社，1992年，第8册，第348页。

④ 陈习删修、闵昌术纂：民国《新都县志》第一编舆地，《中国地方志集成·四川府县志辑》，成都：巴蜀书社，1992年，第11册，第670页。

⑤ 王暨英修、曾茂林纂：《金堂县续志》卷二建置，《中国地方志集成·四川府县志辑》，成都：巴蜀书社，1992年，第4册，第433页。

用的直接证据。

1930 年成华道教联合会成立，其阅经阅报处设于成都南门三硚正街韦陀堂。[①] 南门的三硚正街，在《成都城坊古迹考》中叫作三桥正街，在金水河北，南接跨金水河的三桥。韦陀堂在金水河南，三桥南街的街西。旧为关帝庙，清康熙时造韦陀像而改名。[②] 前文已提到，该会设于老关庙街丹达庙的联合办事处几遭军阀标卖。与此同时，韦陀堂也由于警察南三分驻所的租用，空间变得十分狭小。1923 年 3 月，该分驻所[③]租用了韦陀堂包括观音殿、斗姆殿等大多数宫殿和房屋，到 1930 年时，该宫观仅剩单房数间。韦陀堂本以“教义早日宣扬，增进人群道德，辅助社会教育”为由，请分驻所迁移至隔壁五圣殿后院，并退还所租房屋以作该会阅经阅报处，但分驻所认为后院“房屋狭小，实属不敷分住”，并未搬动。[④]

1945—1947 年间，江安县有道教宫观捐出庙产办学，并且还出现校方威胁道士的情况。该县汉安镇八角楼住持杨识空、杨玉光等称：

> 该庙生活全靠主持私置田产一股收租十二石，庙侧街房十八间。前年为扩大县立中学地盘，双方议定拿出部分庙产作学校，学校还答应从每期中提取二清贫学生免去学食各费，以答谢该庙捐产之意。但在校长换为刘仁溥后，刘想进

① 成都市档案馆，全宗号民国 0093，案卷号 962。

② 四川省文史研究馆编：《成都城坊古迹考》，成都：成都时代出版社，2006 年，第 211—212 页。

③ 时称“警察南三分署”。

④ 《成都市市政公报》，1930 年，第 19 期，第 19—20 页。

一步扩大学校范围，侵占东皇殿、女娲殿，将神像捣毁。并将主持衲房及大悲殿与同庙左地土一段完全侵占，主持交涉无效。后校方假建校委员会名义，呈奉第六区王专员批准开导捐赠，否则依法征用，以此为恐吓手段。①

一开始双方以协商形式用庙产扩建县里中学，互相尊重。更换校长后，校方即采用暴力占庙，并用行政督察专员公署名义进行威胁。该事件在一定程度上反映了庙产兴学中的乱象。

在宫观被用作学校时，有一种独特的形式。即慈善会借宫观场地办学，宫观与学校并存，且均受慈善会管理。典型就是慈惠堂与成都外北的丞相祠。慈惠堂在民国设立了培根小学，该校有高小、初小共三所，时有学生 274 人，系孤贫儿童家庭无力供给教育费及育婴堂婴儿长大后送入读书者，在丞相祠设立预备班，丁公祠为初、二年，高店子处规模最大，收容初小三、四年及高小者。学生一切费用由学校供给，经调查确为家境贫困、无依无靠者，考试合格方准收容。②

据丞相祠云水堂堂主邹理宽称：“外北丞相祠沿革久远，本居道侣。自防区时代产业被提，道侣几无立足之地。幸经钧会扶助及各慈善众维持始得余留偏僻数椽，以备四方往来道侣挂单憩住之所。中设云水堂以为道侣礼拜之集点。初由道教会推任杨明清为堂主，明清既殁乃以宽继充堂主，仍副一人司理祠中神祇及山川、社稷坛之香火以暨接应往来道侣之挂单。”所谓“钧会”即是指慈惠堂，在慈惠堂的支持下，丞相祠的道士生活得到改

① 四川省档案馆，全宗号民国 186，目录号 01，案卷号 1838。
② 《社会调查与统计》，1944 年，第 4 期第 122 页。

善，并有了接待往来道士的条件。作为一种回报或交换，丞相祠拿出部分庙产支持慈惠堂办培根学校。同时，祠内道士还需向慈惠堂存入一笔“信金”，道士去世后归还该祠。前堂主杨明清就曾缴存国币三十元，另外一位张姓道士也存入过。①

除支持丞相祠道众基本生活外，慈惠堂还提供香火费。丞相祠每月领取香火费用法币两元，同时指定佃户每月为其提供灯油费。随着物价上涨和培根小学迁出，该祠香火费用就成了问题，为此邹理宽不得不求助慈惠堂。1943 年 2 月，邹理宽呈请领取杨、张二位道士所存信金，并以今昔物价悬殊为由申请增加香火费以保证“焚敬无缺”。同年 3 月，再次提出可否按物值增加香资，同时对培根学校迁走后道士生活、灯油费用表示出担忧，询问：“学校现已移城，将来对属司看祠中香火供献，历承钧堂赐给之伏食如何领用?”“丞相祠内原有诸葛三世及各正道神像二十余座。以后灯油之需，如何具领?”直到 1946 年，丞相祠与慈惠堂仍然有来往，说明慈惠堂在学校迁出后依然对丞相祠有经济支持。1946 年 9 月，丞相祠斗姆殿住持王紫鹤以灯油无着、募化不易为由，呈请慈惠堂能按照旧规提供香火费：

> 窃查外北丞相祠庙宇溯自尹公仲锡接管时所有诸葛、三清、玉皇、斗母、灶王等六殿灯油曾经指定。在钧堂所设之培根小学迁徙，此项灯油即告无着，住持自去岁奉谕主持焚献以来，迄今年余每月香烛之需，自由指定之客佃周、赵二姓供应。至于灯油之费，概由住持募化，各善举捐助功德及化清缘所获帮补得来。惟以近日油价大涨，募化不易，各殿

① 成都市档案馆，全宗号民国 0001，目录号 001，案卷号 93。

> 灯光行将冥灭，住持职司焚献责任所关，忍见阖大沉沉庙院神鬼莫白。是以具报钧座鉴核俯查实情，拟请仍照旧昔规定发给供应，神人均载，是否可行敬候谕遵。[①]

在一份未记年代的慈惠堂专员调查笔记中，表明慈惠堂对丞相祠殿堂修建也予以支持：

> 窃职奉派查丞相祠斗姆殿及地母殿房屋朽坏，将神像淋颓事。当即前往查明该殿房屋印年堙代远，确有多处朽毁，除有佃户所住房屋已自行出资稍加培补外，其余殿之附近均未修整。且斗姆殿前屋檐圆梁瓦桷形将坍落，地母殿左屋脊倾斜欲坠。此数处均系非佃户能力能培修，估计非三万余元不克。

这一整修请求是邹理宽发出的。对于专员调查结果，慈惠堂称："邹理宽原报告称约欠培修款五千元，与该员三万余元之估计不符。究应为何办理，候提会讨论后再办，另排人复查。"[②]说明慈惠堂在持续处理培修事宜。

除经济方面支持，慈惠堂在丞相祠秩序管理，处理与佃户关系等方面也发挥着重要作用，丞相祠在这些问题上基本都要征求慈惠堂的建议，或寻求其帮助。像邹理宽即以云水堂堂主身份请求慈惠堂对挂单道士进行整顿，称"堂中挂单道侣人类不一，扶良除莠自有法规。但堂主考查管理实负相当责任。拟恳由钧会赐给明白条告以昭慎重"，"云水堂为十方道教往来挂单栖息之

---

① 成都市档案馆，全宗号民国0001，目录号001，案卷号63。
② 成都市档案馆，全宗号民国0001，目录号001，案卷号102。

所，应恳俯赐维持整理堂规”。[1]

1947 年 4 月间，丞相祠佃户邹步云等联合甲长傅天章状告斗姆殿王紫鹤不守清规、辱骂院邻、侮辱甲长，请予开除。随后慈惠堂于 16 日派事务组干事黄绍伯前去调解，但佃户等希望与理事长商议此事，对黄并不买账，并再呈慈惠堂称：

> 昨日午后一钟许有贵堂职员黄绍伯驾临北外，伊言嵇理事长俄顷便至嘱佃户等一至三时在何家茶社商讨佃户等闻听之余，按时源源到达，伫立以待，迄至五钟未见稽理事长驾临。该黄绍伯始言代理调解。众佃以黄绍伯初到所言既而变话，不知是何意，是以各自回家。理合将上项情形呈报贵堂对王紫鹤与佃户等之纠纷早日解决，是为至盼。此呈。

次日黄绍伯再次来到丞相祠，佃户邹步云等直接避而不见。不得以黄只得四处打探，在了解事件原委之后发现这其实是一场闹剧。邹等做出诸多违规行为在先，道士王紫鹤为维护丞相祠利益与之结怨，邹等即联合部分佃户和甲长予以报复：

> 遵即前往询问，邹佃避不出见，询问其他街邻院邻王紫鹤情形如何？彼等回称邹步云之父神经有病，常用纸捻在殿上神灯内蘸油作亮。前月二十四日夜亦复如是。王道士加以阻挡，邹老开口便骂，王道愤怒回骂，而邹步云全家齐出辱骂王道。值甲长傅天章回家问询此事，即云王道士骂院邻，当邀请本甲住户十余人欲殴击王紫鹤。王见机不妙避于后房，众人乃散等语。

---

① 成都市档案馆，全宗号民国 0001，目录号 001，案卷号 93。

窃详查该事乃院内住户傅天章、朱紫青、张玉廷等与王道士有私仇，借事鼓动者，所联各名均系傅天章利用甲长职权邀约者，该傅天章娶媳在大殿上拜堂，王道阻止未果，因狭私怨。朱子青前年贩卖伪钞囚禁行辕，去岁年底取保归家，与王紫鹤言语冲突亦结私怨。张玉廷无业游民，擅将本堂住房招小佃三四家，每月获利二三万元。其小佃傢俱拥塞过道路之上，王紫鹤时常干涉，因此亦结私怨。以是种种原故，乃连名报告请求本堂驱逐王紫鹤。

因此黄绍伯希望慈惠堂出面为王紫鹤正名，并对邹等违规、诬告等行为进行惩罚：

查王紫鹤在该祠内司理香灯事宜，确尽职守毫无苟且，又未违反本堂规章，何能以彼等私怨而予驱逐。况该邹老用纸捻蘸神灯油，王道士加以干涉亦是指责所在。又该报告内云本堂职员贪污，可否饬该佃等将贪污人姓名、贪污事实及贪污金额捡出证据送堂办理。如彼佃等纯系捏次，毫无证据可报，则本堂为求声誉计对捏辞造谣为首佃户傅天章、朱紫青、张玉廷加以如何惩罚，以儆效尤。是否如是，据查签请。①

在慈惠堂、丞相祠、佃户的共生关系中，三者在互为利用的基础上，很明显可以看到慈惠堂始终占据着主动，反而丞相祠是其中最弱势的一环。在生活和经济上，借助募化、佃户、慈惠堂的共同支助。当培根学校迁出后，丞相祠道士立即感受到了生存

① 成都市档案馆，全宗号民国0001，目录号001，案卷号103。

危机。当道士与邻里产生了矛盾，在维护自身利益和处理纠纷时，也往往处于被动。丞相祠的情况，一定程度上反映了民国成都部分不知名宫观的生存状况，面对时代变革和社会动荡，面对外来的各种冲击，它们几乎没有还手之力。

尽管庙产兴学、社团涌现、地方自治，从思想和经济层面给传统宗教带来沉重打击。但客观来讲，随着北洋政府到国民政府地方自治理念的转变，僧道在公民权层面的地位得到了提高，至少从法规层面来看是这样。比如1919年《县自治法》第五条规定僧道及其他宗教师，无县议事会议员选举权与被选举权。[①] 到了1929年《县组织法》《乡镇自治施行法》等法规颁布后，情况有所好转。1932年7月，成都市政府训令成都市公安局称：

> 寺庙庵观等，则为僧道等通常居住之处，自可编入闾邻。其住持徒众，依《市组织法》第六条，《乡镇自治施行法》第七条之规定，并未限制其公民权。即闾邻等□，亦别无明文停止当选，当无不许推选之理。相应咨复查也饬知，等由准此。[②]

查《乡镇自治施行法》第七条："中华民国人民，无论男女，在本乡、镇区域内居住一年，或有住所达二年以上，年满二十岁，经宣誓登记后，为乡、镇公民，有出席乡民大会或镇民大会级行使选举、罢免、创制、复决之权。"[③] 即承认了僧道的四大民权。在1929年颁布的《县组织法》中，也并未指出僧道不

---

① 《县自治法》（1919年9月），《政府公报》1919年，第1290期，第186页。

② 成都市档案馆，全宗号民国0093，目录号05，案卷号1076。

③ 《乡镇自治施行法》（1929年9月18日），《东方杂志》1929年，第26卷，第18期，第119页。

具备选举等权利，且县参议会议员要由县民选出，区公所区长要由区民选出。① 到了 1947 年四川省道教会第二次会员大会时，理事会提出应按照政策规定尽快完成组织登记手续，以便参与本年大选。② 可见道士们期望自身民权能够得到进一步确立。

三 道教界的反抗

面对外来的冲击，包括庙产强占，道教界在能力范围能进行了反抗。最主要的办法即是寻求政府帮助。在前文已论及的，1931 年 3 月成都县外北簸箕街文昌宫道士刘毓光状告成金汉组合汽车公司、第二十八军；1932 年丹达庙庙产被官公庙会产业清理处和第二十九军先后强行标卖的事件中，宫观道士都选择向政府投诉或呈请以维护自身利益。

1932 年 5 月，青羊宫住持刘教宾“为防止流氓入内骚扰起见，特呈向市政府、成都县政府等处，恳予出示保护，以维古迹”。③ 政府对于青羊宫古迹保护也十分看重，1938 年 3 月，四川省政府特令：“成都市青羊宫为蜀中名胜古迹，所有该庙田房基地产林法物，其他一切古物，应由该庙住持妥为保管，不得私相授受，擅自处分，无论何人不得借故侵占滋扰，如敢不遵，一经查出，或被人告发，定予严究不贷，合行布告仰军民人等一体知照。”④

---

① 《县组织法》（1929 年 6 月 5 日），《东方杂志》1929 年，第 26 卷，第 18 期，第 117—119 页。

② 四川省档案馆，全宗号民国 186，目录号 01，案卷号 1838。

③ 《新新新闻》，1932 年 5 月 1 日。

④ 《新新新闻》，1938 年 3 月 6 日。

1941 年，青羊宫因“袁沛霖弟兄横霸欠租，在成都地方法院起诉”，被告等“当庭承认是菩萨的佃客，欠租属实”，法院判决“终止租佃契约，给付欠租并指定于本年大春后交还本庙水田、旱地”。而后袁等不仅故意拖延，还反诬住持赵永安等捏造证据，并在报刊上发文以“混淆视听”，赵永安只得以同样的方式在媒体上曝光其行为以维护青羊宫形象：

> 乃该袁沛霖等无理缠讼，意图拖延，一面提起上诉，一面在地院检查处诬告永安等伪造佃约，当蒙传案侦查。尚未处分终结，该袁沛霖等又于本月二十七日在《新新新闻》以请看新闻，捏诬伪造，淆乱观听。除状请检查处依法处分，早日解决刑事问题以明曲直外，诚恐各界不明真相，特将重□事□□报□□□□□青羊宫客堂。[①]

当青羊宫通过法律手段维护自身利益时，被告也可以相同方式进行对抗。因此即便是这样一个小纠纷，在实际处理过程中也会变得十分麻烦，甚至稍有不慎，原告形象还会遭到负面宣传。这还是在青羊宫上诉成功，地方法院给出判决的情况下。然而在许多时候投诉或呈请并未能达到预期效果，尤其是涉及的利益关系复杂，或宫观影响力较低时。

比如道士刘毓光投诉成金汉组合汽车公司的失败，刘前后说辞的自相矛盾，或许就与二十八军暗中支持和操控有关。[②] 同样在韦陀堂事件中，道教也以失败告终。1930 年 4 月，韦陀堂称其庙产“现仅单房数间，所有祖遗之观音、斗姆两殿，于民国

① 《新新新闻》，1941 年 9 月 30 日。
② 四川省档案馆，全宗号 041，目录号 04，案卷号 7558。

十二年三月经前省会警察南三分署租佃至今未退。现韦陀堂隔壁武圣殿后有独院一所，房屋宽阔，乃属阖街公地，不如请警察南三分驻所退佃本庙房屋，就近迁移五圣殿后院公所内，双方均便，公私两全”。[①] 市政府随即着令市公安局查明办理此事。警察第二署署长李光远在调查后认为“所指地点房屋狭小，实属不敷分住”。就这样过了近一个月，分驻所仍未搬迁。面对这样的结果，道教联合会显然是不满意的，称其为“明遵暗违”，故在 5 月 7 日再次呈请市政府：“武圣殿后院内实系公地，别无他室，当饬南三分驻所就近迁移。殊三分所署员已当面承认迁移，嗣后延不搬迁，今将近月，违令如故，理合具呈续恳钧长鉴核再令公安局转饬警察南三分驻所即行搬迁以维公益，实沾德便。”[②] 不过市公安局早在 5 月 4 日就已将调查结果和解决办法上报，称“该署长呈复勘得各情系属实在，所请迁移一层似应暂从缓议，一候将来觅有相当地点再行呈请核示办理”[③]。市政府最终认可了从缓的办法，尽管道教联合会再次申诉，搬迁之事也不了了之。

但政府有时也会给予积极回应。如在丹达庙事件中，四川省政府接到投诉后，对第二十九军出尔反尔的行为提出了质疑，并令整顿其下属：

> 具呈人成都县丹达庙主持罗庐静呈及抄附均悉。据称该庙前被成都官公庙会产业清理处贴封，曾经二十九军部令饬处理委员会查明缓议论有案。现在四路司令部因何又予查

---

① 《成都市市政公报》，1930 年，第 19 期，第 19—20 页。
② 《成都市市政公报》，1930 年，第 20 期，第 8—9 页。
③ 同上，第 15—16 页。

封？所请转□制止立□，仰□据情函达国民革命军第廿九军部查核办理可也。[①]

该事件也反映出该时期成都道教界维权活动的两个特点。有研究注意到，民国时期基层、民间、地方团体和人士，在具体事务处理中，往往运用新的时代话语在地方舆论中争夺优势地位。如在地方政治争执中据理力争，各类经济利益冲突中的话语攘夺，及民间团体或人士向政府提出各种诉求时，均会援引“共和”“民权”“自由”等概念。[②] 面对军阀强占，罗庐静将这一行为上升到保护人民私权、维护国家法律的高度，称其“果成事实，人民私权尚何能保？即曰筹饷，亦应成都县所属之全民负担，不应主持一庙独先。况更属将主持私有之庙全提，国家法律岂能容忍此？钧府为四川行政最高机关，不沐分别函令制止并出示保护四川境内尚何有天？情形急迫，只得抄粘顶卖文约及处理委员会公布之处理标准十条。万恳钧府俯赐察核准函请国民革命军第二十九军军长转令制止外，并准明令国民革命军第二十九军第四路司令部立止标卖，以维国法而保私权，人神两感”。

另一特点是与佛教会有合作。1930 年，在第二十九军决定暂缓处理丹达庙庙产后，成华道教联合会会长邹怀品再次呈请省政府出面保护：

该庙产业经本会议决，缓办在案，仰即知照此批等论，保留至今有案外。当由成华道教联合会会长邹怀品等复以呈

① 四川省档案馆，全宗号 041，目录号 04，案卷号 7558。

② 张宪文、张玉法主编：《中华民国专题史》第 1 卷，李金强、赵立彬、谷小水著：《从帝制到共和：中华民国的创立》，南京：南京大学出版社，2015 年，第 250—253 页。

> 请重申禁令，并出示张贴以安众心而保庙产，免灭宗教等情一呈向钧府。叩恳复沐批查禁提寺庙产业。本府昨接省佛教会呈请当经重申前令国府颁发《监督寺庙条例》通令并函各军饬属一体遵照在案。兹据呈称各节候予再令成华两县政府遵照迭令办理可也此批等因亦在案。①

民国成都佛教在对抗军阀占庙和应对政府政策时，似较道教更为有力。佛教会重申条例，期省政府令各军饬属遵照，罗庐静即效仿这种做法向省政府提出了诉求。前文也谈到，1928 年 12 月成都市公安局依据《寺庙登记条例》对寺观进行调查、统计。除了大量繁琐登记外，表格中成丁年龄、法器等项目填写办法页不明确，因此青羊宫、二仙庵、宝云庵与省佛教会共同商讨了以上问题，并以时限太短、登记繁琐为由申请延期四周。② 表明该时期佛、道教面对着相同的问题，有着共同的诉求。

1946 年四川省道教会改组后，道教在处理庙产侵占、损毁事件上更具主动性。在会员大会上，各地均能陈述当地庙产受损情况，并由众代表商议对策。在前后三次大会上，讨论了诸多关于庙产保护的提案。如 1946 年华阳分会提出请发还牛王庙铁牛，决议由大会呈请政府酌核办理；绵竹分会请求出示保护严禁滋扰，大会决议请县政府切实保护并维持各分会办公地点；德阳分会请求禁止破坏庙宇、神像，大会决议由省道教会呈请绥署通令保护。1947 年江安县、彭县等十余分会提出保护全川寺庙财产、神像、法器及道教徒身体自由，大会决议呈请主管官署一体保

① 四川省档案馆，全宗号 041，目录号 04，案卷号 7558。

② 成都市档案馆，全宗号民国 0093，目录号 05，案卷号 1066。

护。1948年丹棱县请求退换三相祠田产，大会决议由丹棱县分会拟文呈省道教会，以便转呈省政府催办；崇庆县代表称该县有乡长龚子楫打人霸庙，大会决议请分会详呈事件原委，由省道教会协助办理。1947年江安县八角楼遭校方毁殿强占事件，最初也是寻求四川省道教会的帮助，省道教会上报省政府社会处，后社会处指令省道教会直接将详细情况汇报四川省行政诉愿委员会核办。[①]

概括来讲，省道教会在讨论此类提案，或收到地方求助之后，会协助办理，并呈请各级政府或相关部门监督处理，[②] 1946年改组成立的四川省道教会，多少改变了之前县级道教会各自为战、势单力薄的局面。同时我们还发现，在1947年第二次会员大会上，道教会主动提出“联同各宗教团体呈请立法院修正宗教法规而与宗教享有同一选权之待遇”，说明道教界在维护自身权利方面有了新的认识，也敢于对既有法规、条例提出不同看法，试图改变被动局面。但我们应当认识到，此时已至民国末年，即是说民国初期四川道教总分会提倡的“统一全川道教”之宗旨[③]，似乎在40年代才得到实现，并且是在国家指导，地方政府和党部积极参与下完成的。因此我们不能仅凭道教界在40年代，维护自身权利上的一些作为，而高估其在“团结道教”方面的成就。相反，这正反映了成都道教过去二三十年间在这方面的不足。同时，由于自身积弱和外来冲击过于强势，种种维权活动似乎并不太成功，道教生存状况依然堪忧。至于其反抗是否

① 四川省档案馆，全宗号民国186，目录号01，案卷号1838。
② 同上。
③ 四川省档案馆，全宗号民国186，目录号01，案卷号1839。

换来了道教振兴，或是提高了道教的社会形象和地位，或许是一个个更加难以企及的目标。

本章小结

民国提倡宗教信仰自由，但在这文化交融、新旧交替的时代，道教和与之有关的民间习俗、民间信仰，受到前所未有的质疑和批判。同时政府也从未放松对宗教的控制，如果说北洋政府时期的宗教政策还停留在管控层面，那么国民政府已经上升到了改良与控制并重的高度。1928—1930 年间相继颁布的《神祠存废标准》《废除卜筮星相巫觋堪舆办法》《取缔经营迷信物品办法》对道教神仙信仰、信仰民俗进行了规范，以强硬的态度试图禁绝术数、迷信。然而政策、法规完全无法彻底改变根深蒂固的民间信仰和习俗。出售锡箔、黄表、纸钱等所谓迷信物品的行业更牵涉整个造纸业，强行禁绝必然增加大批失业者，不得不延缓推行，各种改良实施起来非常困难。

尽管如此，这些法规的颁布对正一道士、火居道士来说是十分不利的。尤其是《废除卜筮星相巫觋堪舆办法》和《取缔经营迷信物品办法》，将他们擅长的祈禳、符箓之术归为迷信、巫觋范围。因此在国民政府时期正一道、火居道的地位始终在全真道之下。

知识分子对道教和旧有民俗的评价普遍不高，不论态度是激进还是缓和，多少都有批判。不过除个别与传统势不两立的激进言论外，我们发现相当一部分成都本地知识分子从未在文化和思想层面上否定过道教的价值，他们对道教宗风不振感到惋惜，所批判的实际上是与道教有关的诸多现象。比如批评部分道士只会做祈禳超荐、念经拜忏之事，而在道教学养上毫无建树；一些文人、学士虽然在研究道教，但却从未领会道教之宗旨；迷信、左道时常借用道教的形式，下层民众难辨其真假等。甚至对于国民政府明令禁止的卜筮、相术、堪舆等，也有人指出这些术数背后有深刻的文化内涵，只是时人多学其皮毛行敛财之事。所以在政府改良道教、打击迷信业的时候，这一批知识分子往往表现出同情，在他们眼中从事迷信业总比成为无业游民为好。不过道教在长期发展的过程中，确实背负了太多类似淫祀、迷信、左道、巫术的负担，压力在民国这个新旧交替的时代完全释放。因此对于政府大刀阔斧的改良，知识分子虽然不完全认可，但只要这些举措对道教、民俗改善有帮助，他们还是会选择支持。

政府与社会精英提出改良建议和办法，具体实施则依靠清末以来逐渐完备的警察系统。在巫觋、迷信业禁绝中，成都市公安局展开了大量的调查、统计、劝导工作，各分署、分所负责各管辖区域，然后数据汇总于市公安局，再由其转呈政府。在破除巫觋、迷信政策的影响下，1930 年 5 月至 10 月间，成都市公安局发布了诸多禁止游方僧道的命令，目的在于禁止僧道在街头以迷信惑众，出售符箓、药丸，扰乱风俗和社会秩序。在道教宫观和道士管理方面，警察也起着同样的作用。1928 年 9 月《寺庙登记条例》颁布后，12 月成都市公安局受四川省政府之令，命各署在 10 日内完成调查、统计工作，包括宫观人口、宫观不动产、宫观法物等登记。警察与道教的联系，还体现在维持劝业会秩序上。青羊宫、二仙庵劝业会期间，公安局会在会场设会场警察署，下设若干会场分驻所，为保证劝业会顺利进行。会期期间，驻所长警负责督查、巡逻、消防、侦缉等工作，饮食起居皆在会场内。在劝业会前后，公安局要进行弹压经费申请和繁琐的费用报销，因此每次劝业会期间，成都市公安局和有关分署会非常忙碌。

国家对道教的控制还体现在道教会管理方面。从 1912 年北京成立全国道教总会后，全国各地地方道教分会相继建立。1913 年四川道教界成立四川道教总分会，成都各县也陆续开始组建道教会。不过成都各县道教分会的建立并未依照统一标准，反而是各行其是，因此规章制度也未统一。同时像温江、新津、邛崃等县道教会最初是由当地火居道士成立，自然不会按照全真道道教会标准来组建了。这种较为混乱的团体组织情况，显然不利于政府监管，尤其是在抗战全面爆发，社会部改隶行政院之后，国民政府为加强战时动员和团体监控，颁布了大量有关团体改组和整理的法律、法规，道教会的改组势在必行。

理论上讲，1945 年 9 月四川省政府社会处让四川省道教会依照《人民团体总登记办法》第七条筹备改组的指令，直接导致了四川省道教会的最终改组。自 1945 年 12 月到次年 4 月，在省道教会的统筹下各县陆续展开改组筹备，并于 5 月召开改组大会。而实际上道教会的改组并非局限于 1945 年 9 月以后。1937 年新津道教会改组，1944 年彭县道教会改组，1946 年 7 月安县道教会改组，分别依据《修正指导人民团体改组办法》《非常时期人民团体组织法》《人民团体整理办法》的相关条例整改。因此成都地区道教会的改组是一个长期的过程，改组所依照的法规、条例各不相同，或受多条法规共同约束，只是在 1945 年 12

月至1946年4月间的改组最为集中。

在这次改组过程中，各县道教会须填写《人民团体改组总报告表》，形成会议记录、章程、会员名册、职员略历册等，呈报主管官署备案。改组后各道教会规章制度得到统一，如会议分为会员大会、理事会、监事会、常务理事会、常务监事会，可临时设置委员会。职员分为理事长、常务理事、常务监事、理事、监事等。总之改组前道教会制度、组织不健全，性质杂乱的情况得到了一定程度的改善。

改组工作中，政府始终参与其中。理论上讲县政府管理县道教分会，省政府管理省道教会，各级道教会改组过程如果出现了问题，则由各级政府监督完善。同时道教分会改组亦由省道教会统筹，如果分会遇到困难，需由省道教会协助并与省政府沟通，再由省政府指令县政府协助完善。政府参与道教会改组的另一个办法是派指导员监督，在省由省政府社会处派员，在县由县政府社会科派员。早在1930年，国民政府即制定《人民团体组织指导员任用规则》，直到1942年3月公布的《指导人民团体改组办法》中，仍规定指导员任用办法应参照1930年《人民团体组织指导员任用规则》，说明指导员的形式由来已久，且任用规则相对稳定。指导员在改组中主要负责监督改组、审查提案、总结工作等任务；审查会员资格，有令其入会和退会的权力；监督道教会依照新法规修正章程、改选职员；改选后应填写《改组总报告表》，并将会议记录、章程、会员名册、职员略历册等呈报主管官署。

与此同时，党部对道教会的影响并未因社会部从国民党中央执行委员改隶行政院而消失。随着三民主义成为国民党主流意识形态，到抗战全面爆发后国家加强思想统一以来，国民党以法律、法规形式，不断向社团灌输三民主义。因此从县道教分会到省道教会改组中，“奉行”“发扬”“不得违背”三民主义已经上升到道教会宗旨和事业高度。职员就职时，也必须在指导员监督下宣誓践行三民主义，遵守国家法律，违者受罚等语。

同样也是在战时，随着情报活动逐渐升级，国民党加强了对间谍的防范。此时对游方僧道的监控，不再是之前改善风俗、禁止迷信的单纯目的。1939 年 11 月 28 日，四川省政府向各区行政督察专员公署传达了国民政府军事委员会制定的《侦查与监事僧道行动办法》，国家与僧道的关系变得非常紧张。政府动员了诸多基层力量，并采用连坐形式来限制和监控僧道活动，希望将僧道活动范围限制在寺观内。对于道士来说，公开场合露面或与民众交流都变得十分敏感，他们提出的社会教育、传播教义的活动不得不放缓，在道教形象与地位本就不高的情况，国家的这种态度对道教发展来说无疑又多了一层约束。

除了受到改良与控制外，民国成都道教的宫观庙产还受到多种形式的占用。比如军阀，在防区制形态下，各路军阀往往强占庙产以筹集军饷。三军驻蓉时期（1927—1933），成都县成立了官公庙会处理委员会，有迹象表明该委员会与军阀存在着某种联系，它在推动庙产“归公”过程中表现出的强势和粗暴，与军阀强占庙产的行为如出一辙。寺庙、宫观、会馆、公所等负责人曾多次向四川省政府举报该委员会之行为，以寻求政府保护。普通的、不知名的、没有利用价值的宫观，在面对手握军权的军阀时，基本上束手无策。但对于青羊宫、二仙庵这样的宫观，军阀不仅没有强占，反而充分利用花会传统连续举办劝业会，表明自己“振兴实业”的决心营造舆论，并标榜个人功绩。事实上劝业会的盛况，与战乱中民众的惨淡生活形成了强烈反差。

学校、团体、机关对庙产的占用源于一个长期而动态的改良过程。新式学堂是对传统的反思和对西学的效仿；团体涌现是民权主义和纠集民力的反馈；新兴机构是国家在政治体制重塑和地方自治推进中的尝试，都是改良的产物。尽管它们改良的领域和层面各不相同，但在庙产占用上却表现出一致性。学校、团体、机关的建设，通常会占用、租用庙产；或者是与寺观共存，同设一处。在研究成都宫观与学校关系时，我们还发现一种慈善会、宫观、学校、佃户共存的现象，慈善会借庙产建校并为宫观提供经济资助，宫观和邻近佃户共同受慈善会管理，在双方有需求或产生纠纷时，慈善会则出面协助或调解。

面对外来的冲击，虽然成都道教始终处于弱势，但仍然在能力范围内进行了反抗，最主要的办法就是向政府投诉并寻求帮助。在表达诉求时，部分道士还利用“民权”“法律”等新时代话语据理力争。这也是民国时期基层社会和地方团体在具体事务处理时攘夺话语权、争取舆论优势的普遍方法。① 在道教会改组以前道教组织较为松散，因此在表达自身诉求或提出抗议时偶尔会借助佛教会的力量。而在 1946 年四川省道教会改组之后，道教在处理庙产侵占、损毁等损害自身利益事件上更具主动性，这些事件都能以提案形式在会员大会上提出，大会则商议解决方式，并联系县政府、省政府共同处理。1947 年第二次会员大会

① 张宪文、张玉法主编：《中华民国专题史》第 1 卷，李金强、赵立彬、谷小水著：《从帝制到共和：中华民国的创立》，南京：南京大学出版社，2015 年，第 250—253 页。

上，道教会主动提出希望立法院修正宗教法规以争取道教与各宗教享有统一选举权。表明道教界也开始敢于对既有法规提出不同看法以维护自身权利，也说明强制改组对改变道教会组织之松散，集中道教之力量，起到了较为积极的作用。

第三章　民国成都道教会的革新

1912 年，北京白云观住持陈明霦等十八名道教界代表，在北京发起成立道教会，中国道教首次有了合法的道教会组织。这次道教会的建立，是道教界在国家政治体制巨变时期，为争取自身在新体制下生存和推动道教事业发展做出的努力和革新。[①] 这场道教变革与时代紧密相关，道教会的章程制定，如会员、选举、权利、集会等，包括道教会产生这个现象本身，都具有深刻的时代内涵。1913 年，四川道教界响应中央道教总会号召，青羊宫、二仙庵等重要宫观住持联名发起建立四川道教总分会，这对于地处西南内陆的省份和城市来说是值得称赞的。民国成都既是四川道教文化中心之一，也是引领四川道教改革的核心。从 1913 年四川道教总分会，到 1946 年改组四川省道教会，至 1946—1948 年三次会员大会期间，我们都可以看到成都道教界在道教会组织建设和道教发展方面做出的努力。尤其是在四川省

① 卿希泰主编：《中国道教史》，成都：四川人民出版社，1996 年，第 4 卷，第 426 页。

道教会的改组和三次会员大会过程中，成都道教引领全川道教发展的特点得到进一步彰显和确立。

道教会把新时代理念运用于组织管理和会务推进工作，在道教会体系中制定和展开了一系列改革措施和社会活动。“民主”“民权”“女权”等意识多少在道教会中有所树立。同时成都道教界开始注重道士素质培养和文化传播，开展了一定的公益慈善和学术研究事业。然而受多种内外因素的影响，道教会的许多设想还停留在理论阶段，成都道教仍表现得较为被动和消沉。因此在认识到道教会各种建树的同时，也不可高估其革新所带来的实际成果。

第一节　民国道教会的产生与制度理念

1912 年，北京白云观住持陈明霦等十八名来自北京、奉天、直隶、江苏、山东、陕西、湖北、河南的全真道宫观代表，于北京发起成立道教会。并拟定《道教会宣言书》《道教会大纲》及《道教会请求民国政府承认条件》等文献。7 月 10 日草拟《道教会上国务总理、袁大总统书》，由陈明霦等九人亲赴国务院、总统府上书，请求批准成立道教会。同年 8 月 4 日准予立案，中国道教第一次有了合法的道教会组织。

道教会的建立，是道教界在国家政治体制巨变时期，为争取自身在新体制下生存和推动道教事业发展做出的努力和革新。为此道教界竭力阐述道教的地位与作用，以表明其在新政体下存在的价值和必要性。首先，《道教会宣言书》把道教与国家、政治紧密结合在一起，认为“国体革新，道教亦应变制”，且宗教有辅助道德、政治、法律的作用，与国家发展相辅相成。[①] 其次，强调了道教是中国本土宗教，具有悠久历史和传统，包含指引人类走向美好未来的成熟理论。最后，也是道教界最重要的一个改变，即积极适应社会政治需求。因此道教会十分重视治世功能，在事业分类上划分出“出世间业”与“世间业”，认为自己有“昌明道德，促进共和之义务”，“务求国利民福，以铸造优秀高尚完全无缺之共和为宗旨”，[②] 反对脱离现实的个人修仙与顽固保守习气。[③]

《道教会宣言书》对当时的道教状况曾做过深刻反省，反映出道教界有识之士对道教会建立和改变现状的渴望：

> 彼以符箓为道者是道贼也；以服食为道者是道魔也；以炼养为道者是道障也。更有深林寂壑，痼癖烟霞；蓬莱方丈，谬托神仙；理乱不知，黜陟不闻，于物与民胞，毫无系念，自为计则得矣，如苍生何？如世界何？尤其甚者，硁硁自守，顽石难移，语以天演之如何淘汰，人群之如何进化，则掉头不顾，充耳不闻，惟一募化为生活，疏懒为事业，在人类中为寄生物，为附属品，无怪乎道教之江河日下，而为社会所鄙弃，地方所摧残，自侮人侮，势所必至，理有固然也。同道等目击心伤，慨然有道教会之建设。[④]

---

① 《藏外道书》，第 24 册，第 472 页。

② 同上，第 474 页。

③ 卿希泰主编：《中国道教史》，成都：四川人民出版社，1996 年，第 4 卷，第 426—429 页。

④ 《藏外道书》，第 24 册，第 474 页。

同时拟定的《道教会大纲》对道教会部门、人员安排，入退会条件，会员制度，会期安排，权利义务等都有详细规定，为各级道教会建设起到示范作用。希望在各省设总分会，各城、镇、乡设分会，甚至设想"内力弥满，再事扩张于欧斐美澳，凡日月照临除，皆有我中华民国道教会之旗章，吾道始光大而圆通矣"。[①] 因此在阅读民国成都各类道教会章程时，可以在理念与组织建构方面发现诸多受《道教会大纲》影响的地方。

那么为什么道教在民国初期一改从前松散面貌，组建道教会，表现出忧国忧民情怀与理念，并拟出如此详尽的规章制度？以往研究往往局限在章程的论述上，而对这一现象产生的深层原因及目的有所忽略。

众所周知，三民主义是孙中山所倡导的民主革命纲领，指导和推进了辛亥革命，后成为国民党执政核心理念，在整个民国时期都发挥出巨大影响力。其中民权主义与道教会，同时也包括各个领域的"社""会"的产生关系最为紧密。所谓民权主义，即实行人民拥有政权的民主政治，人民拥有选举官吏、罢免官吏、创制法案、复决法案四大民权。孙中山认为"必具有此四大民权，方得谓纯粹之民国也"。[②]

对民权主义的宣扬，始于三民主义问世之时，其主张在不同场合演讲与各类文献中都有阐述，在稍后成书的《建国方略》第三部分中有更系统的论述。第三部分叫作《民权初步》，原名《会议通则》，后编为《建国方略之三：社会建设》。此处的"社

① 《藏外道书》，第 24 册，第 474 页。

② 孙中山：《建国方略》，《孙中山全集》第 6 卷，北京：中华书局，1985 年，第 412—413 页。

会”，可以理解为各种团体、组织、结社、集会，是社会建设的重要基础，同时也可视作完整意义上的社会建设。因此蒋介石认为《民权初步》是孙中三关于社会建设的主要遗教。[①]

《民权初步》记载了详细和繁琐的集会议事法则，孙中山不厌其烦地阐述各类法则的细节，是为了让社会建设具有实践性与可操作性。更重要的是，他认为社会建设是让民众认识民权、训练民权、运用民权的途径。集会是民权的基础，团结民力，发展民权，方可形成有组织的现代社会。孙中山认为中华民族地大物博，但在时代变革中却不及东邻日本的原因是“人心涣散，民力不凝”，并归结于清代专制统治，认为“……清之世，集会有禁，文字成狱，偶语弃市，是人民之集会自由、出版自由、思想自由皆已剥夺净尽”。虽然清朝已被推翻，但长期严禁集会，让中国人合群的天性丧失殆尽，人民毫无集会经验，偶有集会也不过是乌合之众。而西方人从小就学习议事之学，逐渐形成合作思维模式，所以团体的力量很强。孙中山称：“自西学之东来也，玄妙如宗教、哲学，奥衍如天、算、理、化，资治如政治、经济，寿世如医药、卫生，实用如农、工、商、兵，博雅如历史、文艺，无不各有专书，而独于浅近需要之议学则尚阙如，诚为吾国人群社会之一大缺憾也。”所以该著作就是为了弥补这一缺陷，总结了合议制度从英国创始发展至今数百年的经验习惯。希望家族、社会、学校、农团、工党、商会、公司、国会、省会、县会等均能以此为法则，目的是让人民在实践过程中学会行使民

---

① 张宪文、张玉法主编：《中华民国专题史》第1卷，李金强、赵立彬、谷小水著：《从帝制到共和：中华民国的创立》，南京：南京大学出版社，2015年，第325—326页。

权，逐步建立发达的民权，担负国民的责任。[①] 在人心团结，社会健全基础上，各领域才能有良好发展和突破，建立富强的国家。

基于以上理念，民国时期各领域涌现出大量团体和集会，道教会即是其中之一。在道教会制定的道教会与民国政府之权利与义务中，可以看到道教会具有一定的独立性和话语权，在理论上打破了过去专制体制下对集会的严格控制和对强权的言听计从。《道教会要求民国政府承认条件》明确了道教会与民国政府的关系，要求民国政府不得干涉道教会在法律范围内的各种行为，并制定保护条例，同时道教会对道教外事业概不干涉。享受权利方面，首先政府应承认为完全教会，受政府完全保护，享与各教平等之利益；其次道教会有整顿团体财产，促进事业发展，调和争执，改良社会，兴办慈善等权利；最后，若道教人士违反国法，有派员旁听与要求复裁之权。[②] 最终民国政府也同意了上述要求，准予立案。

道教会的产生一方面是在新政局下，运用新理念寻求自身发展做出的改变。利用道教会形式处理道教界各类事务，也成为政府与基层道教团体之间的枢纽，以团体凝聚力推动道教的发展。但更深层的原因和动机，则如《民权初步》中阐述那样，希望通过从上到下各类集会的实践，让每个人学会“民权”的行使，参与到相关领域的建设中，共同推动社会和国家的发展。因此，道教会的产生即是理念推动下的实践，也是从实践到民权意识构

① 孙中山：《建国方略》，《孙中山全集》第6卷，北京：中华书局，1985年，第413—414页。

② 《藏外道书》，第24册，第477页。

建的过程。即试图通过团结道教教内人士、信仰者、研究者、爱好者的力量，达到繁荣道教的目的，然后在这一过程中建立人们的民权、国民意识，逐渐超越道教事务处理的局限，参与到全新时代的社会、国家建设中。

尽管这些新概念在民初广为流传，对社会观念产生了巨大影响，在各类道教会章程和理念中，都可以看到富有时代气息的新名词和新概念。但道教界人士是否普遍认识到道教会的内涵，或存在很大问题。在之后的研究中我们可以看到，在大同小异、反复提出的部分道教会理念之下，受多种因素制约，许多既定目标并未实现。虽然道教在组织建设方面确有一定建树，凝聚力也有所提升，但似乎也未能超越创设一个又一个道教会的层面，民权与国民意识的树立存在不足，这是民国成都各道教会存在的问题之一，或许也是诸多团体在发展中面临的普遍困境。同时政府与道教会的关系，也并非如《道教会要求民国政府承认条件》达成那样的绝对独立、互不干涉，反而是政府在积极介入道教管理。

第二节　成都道教团体的产生与发展

一　四川道教总分会的创立（1913 年）

1912 年全国道教总会的成立，意味着各省、县可以开始发展地方道教组织。四川道教界响应尤为迅速，1913 年 5 月，由青羊宫刘教宾、二仙庵王妙生、宝云庵佘至惟、天师洞魏至龄、二王庙李元刚、长生宫周至容、丹达庙吴清照、昭烈庙周宗庸等八大宫观代表，按《道教会宣言书》精神和《道教会大纲》规定，联名发起建立四川道教总分会，拟定《四川道教总分会暂行简章》共十二条。

章程制订基本继承了全国道教总会的理念和制度。第二条规定四川道教总分会的宗旨为统一全川道教，以阐扬先圣之玄旨，增进人群之道德。对于北京道教总会有协助义务，对四川省各分会有统辖维持之责，会址设在青羊宫。[①] 因此四川道教总分会成为了沟通上下的枢纽，成都也成了民国时期四川道教改革和事务推进的中心。

第六条称本会所有组织职员以及职任名数、任期均照北京总会章程办理。《道教会大纲》第八条以职员表的形式，规定总会、总分会、分会的职员安排及其职责，分为总部、事务员、教化员三类，地方总分会和分会的职员安排方法，与总会基本一致。[②] 在沿袭道教总会章程基础上，第十条规定每年阴历二月开大会一次，商讨一切事务与进行办法，选举职员，报告常年经费。并于大会前四十日登报申明，以方便各县分会代表参会。[③]

对会员的吸纳表现出开放性。第七条称凡道教弟子遵守教规、行为端正，得以注册入会。第十二条称四众国民不分界限，有愿研究道教宗旨者，经本会会员介绍得认为会员。不过职员、会员也有一定要求，对于不崇尚道德、不守戒律、违反会章者，

---

① 四川省档案馆，全宗号民国186，目录号01，案卷号1839。
② 《藏外道书》，第24册第476页。
③ 四川省档案馆，全宗号民国186，目录号01，案卷号1839。

会受到批评乃至除籍。[①] 关于这一点涉及民国成都道教社会教育与自我教育两个方面，一方面道教称自己有教化社会人心之功能，但另一方面道教界也深知自身素质存在严重不足，所以提出了诸多改善措施。如第四条提及的道教经典讨论会、道教研究所，及第八条要求职员、会员独善其身，作社会表率等。这也是道教发展面临的窘境，具体情况将在下节详细论述。

为了维持四川道教总分会的发展，推进“世间业”之慈善公益事业，除人员配备外，经济基础是关键。该会的经济来源可大致归纳如下：其一是三类会费，会员捐助费，即入会费每人每年一元，住持两元；特别费，由临时会议议决；常年费，由通省各庙观按收入酌情捐助。其二，第五条指出本会兴办实业，以资助诸山道众衣食之需与道教事业推广，并尽力资助各类慈善、赞助事业。其三，道教会不但有发起人，还有赞助人，章程中记载有罗缃、刘桢文、刘咸荥、刘咸焌、朱源、张锡恩、尹昌龄、尹昌治、颜楷、贺龙骧等人，其中既有慈惠堂董事，也有在四川影响巨大的刘门中人，及诸多社会名流、文人墨客，他们在文化、经济层面上对该会大有支持。对于这些庙产和社会各界捐助财产，第九条规定道教会有保护各庙观财产之责，各类捐助是道教公产，不得私自变卖。若庙产受到侵犯，该会将请求政府或地方长官保护，但对于该会成立之前就被提办学校或地方公益者，则不可取回，免生轇轕。[②] 算是对之前庙产兴学造成损失的妥协。

① 四川省档案馆，全宗号民国186，目录号01，案卷号1839。
② 同上。

二 成华道教联合会（1930 年）

研究称四川省道教总分会大约于 1923 年 2 月改组为四川省道教会支部，又于 1946 年 5 月改组为四川省道教会，市、县分会也在进行改组。[①] 查四川省道教会《人民团体总登记表》，可见 1914 年 2 月四川省道教总分会也进行了一次改组，但名称并未发生变化，或仅发生部分人员变动。[②] 由于资料缺乏，对于这两次改组，甚至包括总分会创立直到 1946 年正式改组之间的诸多事件，并未留下太多记载。加上此时四川处于军阀混战中，或是造成这一现象的另一原因，实为遗憾。

不过在茫茫档案资料中，仍然可以找到成都道教在此时关于道教会的一些举措，较为典型的是成华道教联合会的成立，所谓"成华"即成都县和华阳县的简称。关于该道教联合会的资料，目前寻找到最主要的材料是档案中负责人陈述，和呈中附带的《道教联合会简章》，共计九章，二十三条。九章的内容，分别为总纲、事务、会员及职员、入会即退会、会期、权利义务、经费、规约、附则。

刘教宾、王妙生等人于 1930 年 2 月 17 日向成都市公安局申请立案，在 18 日得到批准，并要求向社会局提交更详细的材料审核。可见此时部分宗教事务已由公安系统和社会处管理，由于该会是两县联合发起成立的，故其只需要向市级的社会局申请立

① 卿希泰主编：《中国道教史》，成都：四川人民出版社，1996 年，第 4 卷，第 429—430 页。

② 四川省档案馆，全宗号民国 186，目录号 01，案卷号 1839。

案，不需要直接与社会处联系。成都市公安局批复："呈章均悉，该会现□老关庙街丹达庙为联合办事处，请予备查，仰仍缮具简章及职员姓名表另呈社会局查核立案可也，章存此批。"[①]

从主要发起人和参与者来看，主要涉及四川省道教会会长王妙生、刘教宾，道教联合会主任邹怀品，成都县道教会会长徐圆德，华阳县道教会会长蒋宗培等。查王妙生为全真道龙门派碧洞宗第二十七代弟子，时任二仙庵主持[②]，也是四川省道教会会长。刘教宾是作为青羊宫的代表，在1912年发起成立四川道教总分会重要成员之一，为时任青羊宫方丈。关于道教联合会主任邹怀品，笔者在《青羊宫二仙庵志》中发现碧洞宗第二十六代弟子名为邹崇品，是继王伏阳、申信筠之后的二仙庵住持，他之后由王妙生继任住持。并且邹崇品还曾任青羊宫第二十代住持。[③] 虽不敢断定两者为同一人，但首先由于名字如此相近，其次从逻辑上讲，将前任二仙庵方丈作为联合会主任的做法也是说得通的，"怀品"或为其俗名，但到底是不是同一人，仍存疑问。关于徐圆德和蒋宗培的情况就不得而知了，唯一可以确定的是他们应为龙门派弟子。王妙生和刘教宾的地位比徐圆德高，但他俩并未兼任成都县道教会会长职位，而由徐圆德等人担任，反映出省、县道教会职务，至少在这件事情上，没有出现兼任的情况。

该会成立的目的，在呈中有明确指出："道等身居云外，同

① 成都市档案馆，全宗号民国0093，案卷号962。

② 李合春、丁常春：《青羊宫二仙庵志》，成都：四川省新闻出版局，2006年，第28页。

③ 同上。

是国民，际此颓风，敢不尽一份子之责。是以邀集两县诸山道众组织道教联合会，设立道经流通处，附设阅经阅报，欢迎各界硕彦名流，订期主讲道典，注重劝善改良社会，补助教育行政之不及。俾得灭一份厉气，全川增一份幸福。道等无任希冀之至。”并在第一章总纲第二条中提出：“本会以联合诸山同道研究道学，宣扬教义，增进人群道德，辅助社会教育为宗旨。”第一章总纲主要介绍了该会成立的目的和各办事处的地理位置，与呈中提及的内容类似。为什么提出“俾得灭一份厉气，全川增一份幸福”，或与民国初期的战争和当时四川军阀混战正值白热化有关，成、华道教界希望借助道教思想的宣扬，达到减少四川战争，安抚受难群众内心惊恐的目的。

可以见道教联合会延续了四川道教总分会建立时的理念。注重世俗社会事务，希望借道教思想改良社会风气，补足教育行政之不足，把自身发展与国家命运联系在一起。这样的转变一方面是迫于社会动荡现状，道士的生存环境堪忧，故世俗事业在道士生活中的地位抬高；另一方面，在新文化的冲击下，道教思想屡遭诟病，所以道教界也不得不改变所宣扬的宗旨，以取得社会的信任与政府的支持。

从全国道教总会到地方各类道教会，是对这些目的的不断深化，并根据各地情况，提出不同的要求，设立不同的机构。从《道教联合会简章》来看，该会以阐扬道教和社会教育为主，较少涉及改善道士自身素质方面的工作，仅在第二条中说要“联合诸山同道研究道学”，但这并非重点，其最终目的仍然是“宣扬教义，增进人群道德，辅助社会教育”，那么基本上可以说道教联合会是一个主要面向社会道德教育的机构。[①] 具体工作开展方面，联合会希望设立道经流通处和阅经阅报处，并邀请学者主讲道教经典。这种社会教育类型的行动，也非联合会的创举，早在晚清庙产兴学运动中，如北京白云观、南阳玄妙观等全真道宫观就已经开始积极参与社会教育行动。

该会的产生除了上述目的外，行政规划的改变也应当与之有关。成都县、华阳县均为清代成都府附郭县，治所大致为今青羊区、锦江区。1921 年 6 月设立成都市政筹备处，管辖成都、华阳两县城区。1930 年 2 月，内政部核定成都市与《市组织法》第三条第一款的规定相符，准予照旧设立。同月成都、华阳二县各划出城区为成都市区。[②] 行政上的统一，促进了两县道教团体的融合，如简章中提及"联合诸山同道研究道学"和开展"联合整顿事项"。

道教联合会的办事处设于省城北门老关庙街丹达庙，省城南门三砾正街韦陀堂为阅经阅报处。[③] 在本书第二章第三节的论述中已谈到，1930 年丹达庙曾遭国民革命军第二十九军第四司令部标卖，[④] 韦陀堂因警察南三分驻所的租用，仅余单房数间。[⑤] 应当说，该联合会在创立之初即遭到严重打击，生存环境堪忧。

第二章事务列举了六项该会主要开展的工作，即阐扬道教、道德教育、拥护道教、庙产保护、联合整顿、公益慈善。[⑥] 前三

---

① 成都市档案馆，全宗号民国 0093，案卷号 962。

② 周振鹤主编，傅林祥、郑宝恒著：《中国行政区划通史 · 中华民国卷（第二版）》，上海：复旦大学出版社，2017 年，第 224 页。

③ 成都市档案馆，全宗号民国 0093，案卷号 962。

④ 四川省档案馆，全宗号 041，目录号 04，案卷号 7558。

⑤ 《成都市市政公报》，1930 年，第 19 期，第 19—20 页。

⑥ 成都市档案馆，全宗号民国 0093，案卷号 962。

项与社会和道德教育有关，也是创建目的中谈论到的内容，后三项侧重具体事务。为什么要在成都、华阳道教会的基础上，建立一个道教联合会？或许与其中的“联合整顿”事项有一定关系。二县可能希望集中人力和财力，共同管理道教，推进道教事业发展。然而具体展开了何种工作，缺乏有关材料佐证。目前唯一可见的是，罗庐静在保护丹达庙庙产的申诉中提到，道教联合会“借住持本庙为办事处，阐扬道教亦已数年，颇著成效可查”①。1934 年 9 月，市政府命令各庙会应举办工厂以安插失业人民，成都和华阳道教界称：“成都各庙财产提卖已尽，并无产业，而华阳各庙财产多被提卖，□以事关公益工业慈善，当应设法筹商，尽力进行。”② 值得注意的是，两县道教界并未以“联合会”的形象出现，而是分别以成都县道教会、华阳县道教会的形式做出回应。因此至 1934 年，该联合会是否依然存在或已经改组，存在很大的问题。

该会把公益慈善事业也定为重要事务之一，原因大致有二：第一，道教文化中本就有慈善和救济的思想，这或许是宗教的一种共性，并且在《四川道教总分会暂行简章》第五条中早已把慈善事业作为道教会分内之事。第二，在这个特殊时期，把兴办公益事业纳入规章制度，也是受政策规定不得不如此。1929 年国民政府颁布《监督寺庙条例》，将兴办公益慈善事业定为寺庙的义务，按照寺观财产情况兴办公益或慈善事业，加重了寺庙的经济负担。1932 年 9 月，国民政府依据《监督寺庙条例》，颁布《寺庙兴办公益慈善事业办法》，规定寺庙每年分两次向政府缴

① 四川省档案馆，全宗号 041，目录号 04，案卷号 7558。
② 《新新新闻》，1934 年 9 月 15 日。

纳兴办公益慈善事业的款项，随即遭到佛、道教的强烈反对。[①] 道教联合会申请成立的时间在1930年，呈中提到："覆尽所拟简章与新颁监（管）寺庙条例不相违背。事关公益，尚属可行。"明显受到《监督寺庙条例》政策的影响，并且也希望以公益的名义，得到政府认可。

简章中第三章到第九章，即第五条到第二十三条，都是该会相关制度的规定，大部分是围绕会员而制定。基本承袭了《道教会大纲》的制度理念。

道教联合会的具体事务，由会员和职员共同实施，大部分职员都从会员中产生。简章的第三、四章规定会员的吸纳、入退会方法。第三章第五条谈道：凡曾受传度者、确遵守教规者、研究道学实有心得者、崇信道教见诸躬行者都可以成为会员。入会者需要交纳会费银一元，每月交经常费银一角。

第三章第六条规定职员设置，由会长一人执行全会一切事务；副会长一人协助会长共同协理会务，会长有故时，由副会长代行会长职务；常任评议员十人，议决会中一应进行事务；交涉员二人，办理本会内外一切交际交涉事件；书记一人，缮写公牍，记载稿件；会议兼庶务一人，兼理收支及杂项等事。以上职员除书记、会计由该会聘请外，其余均在本会会员中选出。[②] 因此会员当包括出家人、在家人两类。在家人又可分为普通信众、学者、士绅、官员等。该会期望吸纳研究、尊重、信仰道教的各类人群来推动道教的发展。但会员如果出现违反教规、浪费庙

---

① 马莉著：《民国政府的宗教政策研究》，中央民族大学博士学位论文，2007年，第33—34页。

② 成都市档案馆，全宗号民国0093，案卷号962。

产、违背党治、妨害善良风俗的情况，第四章中也规定了明确的处分制度，若经评议员会议决定通过，得令其退会。①

在事务处理、选举方面，主要采取会议形式。第五章介绍了会期和表决方式。第十一条规定了会议类型及举行时间，分定期大会、临时大会、常任评议员会三种，处理各类事务。定期大会于每年二月举一次，遇有特别事务，经会员十人以上之提议或常任评议员过半数之议决，得专函通告召集临时大会。常任评议会每月举行一次。第十二、十三条强调一切会议以会长为主席，且没有半数以上的会员或常任评议员到场，均不得进行，会议表决结果需服从多数。职员选举，采用记名投票法，以得票最多数者为当选票数，同者以抽签法定之。

权利、义务方面，第六章规定凡本会会员有三种权利：一是选举权、被选举权及发言权、表决权；二是身体财产有受政府保护之权；三是身体财产无故被侵害者得报请本会依法转呈政府追究。在拥有权利的同时，会员也有担任该会经费和会务的义务。

第七章是对经费的规定，入会者须缴纳"会费"银一元，每月纳"经常费"银一角。此外还有"特别捐"，遇有特别事件发生，由会员自由尽量捐助；"乐捐"为各界人士为支持该会事业的自发捐献。② 应该说仅靠会员的会费和经常费，是无法良好推动联合会运作的。从前文对会员成分分析来推测，部分经费应该是来自会员的特别捐与乐捐。

第八章规约，规定对于破坏本会进行者，将通过评议会议讨论，决定是否停止其会内权利，或者是开除。对于违反教规者，

---

① 成都市档案馆，全宗号民国0093，案卷号962。
② 同上。

视其轻重，受到戒规或法律的处分。第八章与第四章第十条退会规则，是同一类型的规定。

第九章的附则提到简章的一切规定在政府立案之后才产生效力。若需要修改简章的规定，需要职员五人以上或会员十人以上的请求，召集大会才能修改，并要在政府备案存查。[①]

从全国道教总会，到四川道教总分会，再到此时的成华道教联合会，其制度理念是一脉相承的，从理念建立、会员制度，职位安排、选举制度，到会期安排、权利和义务的规定，规章异曲同工。应该说道教会的理念、制度创新，早在 1912 年全国道教总会成立时就基本完成了，并且总会也希望各分会能够照章办事，之后各类道教会的建立，基本上是对已有思想和制度的延续和深入。

在《道教联合会简章》的制度中，从职员选举，权利保障，到事务裁决，都可以看到对“民权”“平等”等新兴思想的运用，每个人都可以表达自己的意见，少数服从多数的规章条例屡见不鲜。反映出成都道教与历史潮流的互动，是地方道教界对全国道教会新理念继承和深入的一个例证。遗憾的是，对于该会具体开展了什么工作，取得何种成效，文献中并没有太多记载，只能从侧面或一些带有主观色彩的评价中窥见端倪。比如，1932 年 1 月，丹达庙道士罗庐静在遭遇庙产被提，呈请四川省政府保护时，称该庙“经成华道教联合会在各机关立案，借住持本庙为办事处，阐扬道教亦已数年，颇著成效可查”。[②] 而在稍后华阳县道教会改组会议上，众人却对自身从前“虚有组织”“未曾

① 成都市档案馆，全宗号民国 0093，案卷号 962。
② 四川省档案馆，全宗号民国 041，目录号 04，案卷号 7558。

推动会务”直言不讳。[①] 但不管怎么说，该联合会也是成都道教在团体组织形式上的一种创新。

三 成都市道教会（1941 年）

成都市道教会的相关信息，在《成都市志 · 宗教志》中有较为详细的记载。1941 年 3 月 15 日，成都市道教会筹备会议在庆云南街惜字宫召开。以刘宇松、石守一、邓至清、王圆清、杜圆镇、宋诚光、张至益、黄建川、高紫希、姚意诚、林玉章等 11 人为筹备会委员，刘宇松为筹备主任，与会者共 70 余人。同年 4 月 6 日，经市政府批准成立，会址设惜字宫内。推选刘宇松为常务理事，李玉章、张至益、何诚亮、黄建川为理事，高紫希为常务监事，陈国亮、宋诚光为监事，萧知觉为候补监事。

该会以团结全市道教徒奉行三民主义，遵守教规，研究教理，推行教义，阐扬民族道德精神为宗旨。具体任务方面，其一是联合诸山道众研究道学和辅助社会教育，为此设置图书馆、阅览室、俱乐部以提高道士文化水平，兴办道德学校和公益慈善以扫除文盲和救济贫苦；其二是指导各宫观保存名胜古迹，整理和保护宫观财产；其三是调解民间纠纷，调查有无本会会员在街巷内借教敛财。

1942 年 4 月，市道教会进行了第一次改选，以黄理纲为常务理事，林玉章、张至益、陈理慧、宋诚光为理事。大概这一时期市道教会最高职位即常务理事，而并未设理事长一职。在同年

① 四川省档案馆，全宗号民国 186，目录号 01，案卷号 1839。

6 月形成的成都市宗教团体概况一表中，明确以黄理纲为负责人，并统计有会员共计 153 人，均为男性。[①]

奉市政府和省道教会指令，市道教会须进行改组。1947 年 6 月 29 日，筹备会议在二仙庵举行。同年 11 月 23 日，改组会员大会依旧在二仙庵举行，参与会员 77 人，市道教会改称四川省道教会成都市分会。职员称谓也发生了改变，最高负责人由常务理事改为理事长，由张圆策担任。[②]

四　四川省道教会（1946 年）

四川省道教会的改组，以 1946 年 5 月 5 日召开第一届改组会员代表大会为标志。会议记录汇报记载，自 1945 年 12 月 1 日开展改组筹备工作以来，经五个月已将各县分会次第调整完毕，并定 5 月 5 日为会期。[③] 改组原因，与全面抗战时期国民政府提出的多项社会团体、人民团体相关政策有关，目的在于全面了解团体的组织和人员情况，加强对社会的管理与控制。相关政策已在前章详细论述。

社会处于 1945 年 9 月指出“青羊宫四川省道教会”[④] 组织与现行法规不合，应依照《人民团体总登记办法》第七条之规定筹备改组，委派赖鼎立为改组指导员，并随令颁发《人民团体组训手册》《社会团体组织须知》。成立于 1942 年 2 月以前

① 《社会调查与统计》，1944 年，第 4 期，第 110 页。

② 成都市地方志编纂委员会：《成都市志 · 宗教志》，成都：四川辞书出版社，1998 年，第 47—48 页。

③ 四川省档案馆，全宗号民国 186，目录号 01，案卷号 1838。

④ 实际即“四川省道教会支部”，笔者注。

者，应向县政府履行登记，2 月以后者，应照上法改组并上报各级主管单位。①

1946 年 4 月，在会长赵永安、副会长申宗筠送社会处呈中，称“现据成都、华阳、郫县、广汉、眉山、灌县、彭县、泸县、阆中、绵竹、崇宁、叙永、蓬安、新繁、南充、屏山、邻水、垫江等县分会先后呈报改组完竣，并由各主管县政府呈报钧处在案。兹本会筹备工作已大体完成，定期于国历五月五日午前十时在本市通惠门外青羊宫本会临时会址举行改组成立大会。除通知各个人会员团体会员全体参加，并分别东请党政有关机关、法团外，理合赍呈本会会员名册一份、章程草案一份、议事日程一份，敬请鉴核修正发还并乞派员莅临致辞指导监选为祷”②。大会于 5 月 5 日如期举行，为期三天。

在四川省道教会指导人民团体改组总报告表中，记载了过去与现在会务概况和改组经过。该会原名四川道教总分会，继改组为四川省道教会支部，现为四川省道教会，改组整理共计两次。主要活动是保护川境道庙、财产、森林；调解道教纠纷，纠正不良；举办道教训练班；成立道教救护队，施棺施药各慈善；促进会员从事农工蚕桑生产业务。

主要负责人由会长暨演教股长赵永安、副会长暨宣律股长申宗筠、总务股长邹率一、庶务股长张觉尘、文牍张乾阳、书记向圆理构成。这些职别名称在改组后被统一修改。

与会者有各分会代表 13 人，会员 85 人。各机关来宾 12 人，十二区区长杨仲渊、社会处科长张培德、市政府秘书长胡恭叔、

① 四川省档案馆，全宗号民国 186，目录号 01，案卷号 1839。

② 四川省档案馆，全宗号民国 186，目录号 01，案卷号 1838。

省参议会代表王亮、省党部代表何蕖、绥靖公署秘书刘芸孙、省会警察局代表王辛郚、成都县参议长文天龙、参议员刘刚甫、外西分局代表吴龙骧、陶国、社会处指导员赖鼎立。士绅7人，刘豫波、高石芝、张镜蓉、余安民、朱良辅、康万里、杨正富。

5日，大会公推王伏阳、申宗筠、张圆策三人为临时主席。由申宗筠及各代表发言、致辞，以精诚团结、发展道教为要。随后通过章程并讨论提案，主要是各县分会维护自身利益及诸多琐事，大会要商讨处理办法。如华阳分会提出请发还牛王庙铁牛，决议由大会呈请政府酌核办理。绵竹分会请求出示保护严禁滋扰，决议请县政府切实保护并维持分会办公地点。德阳分会请求保护神像，决议由省道教会呈请绥靖公署通令保护。眉山分会提出可否饬令邻近地区成立道教会，大会议决此事交由理事会计划策动等。①

从这些提案中，可以看出多县道教之财物受到不同程度侵害，且仍有未成立道教会者。应该说在这次强制改组之前，各县虽然有自己的道教组织，但仍未彻底改变组织松散、各自为政、难有作为的局面。但随着大多数县道教分会成立和省道教会改组的完成，全川的道教事务推进有了一个领导者，各种各样的问题，都可以在大会上统一提出并寻求合理的解决办法，各分会能够共同参与到四川道教发展事业中。

尽管国民政府颁布大量与人民团体有关法令，目的之一在于监控各团体的人员、财产状况，但对于民国成都道教而言却存在另一种意义。在改组以前，各县道教组织或有或无，有的工作松

① 四川省档案馆，全宗号民国186，目录号01，案卷号1838。

散，有的性质杂乱，名称不一，职别各异，不利于道教事业推进。省道教会虽号称统领全川道教，也很难有所作为。改组以后，从上到下的规章制度得到统一，省道教会某种程度上讲成了地方与政府的枢纽，并且在改组过程中，这种性质得到了强化，省会与地方分会的交流增多，地方存在利益诉求时，可由省会出面与政府协商。所以道教虽然在这场改组中受到更多控制，但其力量也得到前所未有的集中，至少从现象上看比以往都更有作为。

提议讨论完毕后，会议以投票形式推选职员。5 日，选出王伏阳等 15 人为理事，监事 5 人，候补理事 5 人，候补监事 2 人。6 日，举行理监事联席会议，公推王伏阳为理事长，申宗筠、张圆策、袁理彬、邹率一、张圆和、杨定一 6 人为常务理事，张乾阳等 8 人为理事，原会长赵永安、朱肇修任常务监事，华永桥等 3 人为监事，田圆沛等 4 人为候补理事，陈宗汉、陈教周 2 人为候补监事。并宣誓就职，分配人事问题。监誓员是社会处赖鼎立，宣誓内容为："余谨以至诚实行三民主义，遵行国家法令，忠心努力本职，如有违背誓言，愿受严厉之制裁。"7 日，开始进行会务。

该会会员有男 49 人，女 3 人，共计 52 人，大部分属青羊宫、二仙庵道士。郫县、广汉、荣昌、眉山、灌县、彭县、阆中、邻水、绵竹、垫江、崇宁、泸县、叙永、蓬安、新繁、南充、德阳、大足、华阳、成都等分会理事长皆为会员。①

同样改组后也要形成一份章程，称《四川省道教会章程》，

① 四川省档案馆，全宗号民国 186，目录号 01，案卷号 1838。

共八章二十七条，这也是省道教会在民国时期制订的最后一部章程。其章节安排与前华阳县道教分会章程基本一致，宗旨与理念大同小异，故无逐条分析的必要，仅举要论述。从条目来看，此时四川省道教会很重视文化教育事业。第二条称该会以阐扬道教学术、整饬教规、排除邪异、提倡文化建国为宗旨。第五条任务，以道教经典书籍搜集储备、道教学术文化研究、会员进修训练为务。

省会可以在各市、县和丛林、名山设立分会。对道士会员的吸纳具有强制性，第六条规定凡现在寺庙之道教徒悉应加入本会或分会为会员。第六至九条对会员入会、退会、权利、义务的规定无甚独特之处。

由于职位增多，组织也因之扩充，第十至十六条有详细说明。省道教会以会员大会为最高权力机关，平日以理事会代行其职。会员大会选出理事会、监事会，然后由理事会内部互选出常务理事形成常务理事会，监事会内互选出常务监事形成常务监事会。理监事任期均为两年，连选得连任。应事业之需，可设置各种委员会。

第十七至二十一条，分别规定了会员大会、理事会、监事会、常务理事会、常务监事会的职权。会员大会：1. 审议理事会监事会会务报告；2. 通过本会章程；3. 选举理事监事；4. 决定经费预算；5. 其他重要事项决定。理事会：1. 对外代表本会；2. 对内处理一切会务；3. 召集会议；4. 执行会员大会的决议；5. 会员入会核准；6. 办理监事会交付执行案件。监事会：1. 监察会员履行义务；2. 经费稽核；3. 其他有关监察事项。常务理事会：1. 执行理事会之决议；2. 办理日常事务；3. 召集理事会议。常务监事会：1. 执行监事会之决议；2. 召集监事会议；3. 处理日常事务。会员大会每年国历十二月举行一次，理事会和监事会每六个月举行一次，常务理事会、常务监事会每三个月举行一次。如有必要，均可举行临时会议。①

经费方面变化也很明显，第二十四条分五点说明。第一，该会会员入会费、常年费按会员性质区分，基本会员即道士会员，应缴入会费三千元、常年费五千元；普通会员即信仰会员，应缴入会费两千元、常年费三千元。第二，各分会会员入会基金及常年费视地方实际情况由各分会自订。第三，各分会应负担本会经费，以会员入会基金提留百分之八十，常年会费提留百分之六十，其余百分之二十基金，百分之四十常年费，应造册解汇本会以凭分别储存支拂，于年终会员大会据实报销。第四，自由捐。第五，基金之孳息。从入会费、常年费数额来看，可见此时社会陷入货币贬值的经济危机中。尽管省道教会集合各分会之财力，也很难挽回道教会的经济颓势，这在接下来的两次会议中有所体现。不过这种基金的形式，第一可用于省道教会各类垫付、开销，第二可用于生息，既提高了办事效率，也有利于道教会的经济收入。

第二十五至二十七条是有关行政的附则，即章程修改、章程实施，均须通过会员大会表决，并呈社会处备案后方可实施。

除通过章程、议决提案外，四川省道教会还制定了来年的三项工作计划。第一为组织，拟于本年度完成第一区，附成都市第二至七区，自贡市第十至十三区各县市分会会员证章、会员证

① 四川省档案馆，全宗号民国186，目录号01，案卷号1838。

书，先制一千份，由分会备费领发。预计于8月内遴选督导员六人施以组织法规训练，9月分区发出，限年底内完成。经费由青羊宫、二仙庵垫付。第二为宣传，该会将在会内设置图书展览室一所，陈设青羊宫、二仙庵旧藏经籍、图书。第三为经费问题，自筹备改组以来，所有经费均有青羊宫、二仙庵垫付，拟催缴会费以资弥补。因此规定两庙道士应全体加入为会员、职员，并全体缴纳会费，各分会限期一月内汇缴会费。①

虽然《四川省道教会章程》中规定会员大会于每年12月举行，但实际并未严格按照此标准。第二次会议在1947年6月举行，第三次会议在1948年10月举行。加上第一次改组会议，从改组到中华人民共和国成立之前，四川省道教会一共举行了三次会议。

第一届第二次会议，定期于1947年6月17、18日，在二仙庵方丈堂召开。王伏阳为主席，社会处宋天问、赖鼎立为指导员。17日上午由主席、各机关来宾、地方绅耆报告和致辞，下午由审查员及赖鼎立六人审查提案。18日作经济和工作概况报告。

此时省道教会在经济方面已出现明显困难，为此会议决定将来年应缴常年费分为四等：会员在一百五十名以上为特等，应缴十二万元；不满一百五十名者为甲等，缴八万元；一百名以下者为乙等，缴六万元；五十名以下者为丙等，缴四万元。华阳分会还提议基本会员一律强制入会，以争取更多会费。

多项提议关乎争取道教合法权益和彰显道教特色。如江安分

---

① 四川省档案馆，全宗号民国186，目录号01，案卷号1838。

会提出保护全川寺庙财产、神像、法器及道教徒身体自由。彭县分会提出全川道众不得任意变卖财产。成都和华阳分会提出取缔旁门左道煽动或假名道士募化，为道教正名。为了体现道教特色，省会提议开会仪式除用政府规定仪式外，应加入宗教仪式。此外，省会理事杨定一称本年为大选年，依据政策规定各分会限五月底必须完成组织登记手续，以便参加选举。并希望联同各宗教团体，呈请立法院修正宗教法规，让各宗教享有同一选举权待遇。可见道教界也希望作为国民参与到选举之中，“国民”和“平等”意识已为道教会管理层运用，并作为讨论议题。这也是民国各种社会、团体建立的初衷。

本次会议中，职员发生了一些改变，部分职别人数增多。理事长为王伏阳，常务理事为申宗筠、张圆策、张乾阳、白宗贤、向圆理、赵象乾，理事为袁理彬、陈永栋等 14 人组成，常务监事为康理怀，监事为杜圆正、陈宗汉等 6 人，候补理事为田圆沛等 7 人，候补监事祝理成等 3 人。值得注意的是，前省道教会会长、该会常务监事赵永安于 1947 年 3 月去世。在四川省道教会送社会处呈中称：“本会常务监事赵永安忽于月前因公积劳逝世，遗缺已由候补监事陈宗汉递补监事，并由监事会互推为常务监事。”不过在六月第二次会议后，常务监事一职由康理怀担任，陈宗汉仅为监事。①

第一届第三次会议，也是四川省道教会最后一次会员大会，定期于 1948 年 10 月 13、14、15 日，在二仙庵方丈堂召开。主席仍为王伏阳，社会处唐次斌为指导员，赖鼎立为秘书长。本次

① 四川省档案馆，全宗号民国 186，目录号 01，案卷号 1838。

会员大会出席人数众多，改组进程趋于完善，42 县分会代表 46 人，职员、会员共 97 人参加。王伏阳和唐次斌对边远地区分会长途跋涉艰辛表示慰问，并称赞其团结和注重道教文化发展的精神。随后由庶务员袁理彬报告全年收入支出情况，文书员张乾阳报告全年工作概况。在致辞和报告后，主席团开始审查各县代表提案。

这一年的工作概况可归为三件事：第一是关于分会建设。报告中称目前本会各市、县分会改组成立者共 57 县，尚在筹备和来函请示者 38 县。各市、县分会领取证章共 2885 份，基本、普通会员人数共 2885 人。为指导各县筹备分会，四川省道教会委任督导员 10 人指导筹备工作，分别为李宗森、许宗友、樊明高、白宗贤、彭永丰、左永梅、王理明、唐理义、杨宇秋、吕永清。第二是由该会代电蒋介石和李宗仁颂词，副总统李宗仁于 1948 年回函致谢四川省道教会和各市、县分会。第三是试图联合多省成立中国道教会。北平、天津、沈阳、安东四省道教会来函希望联合在北平组织中国道教会，上海市道教会、湖北省道教会也来函表示赞成。四川省道教会复函称极力赞成建立中国道教会，并附理事长王伏阳、常务理事申宗筠略历册。但在时局动乱之中，这一设想并未产生结果。江西龙虎山张恩溥于本年来函称期游览四川名胜，拜谒青城山祖墓，并极力赞助四川省道教会。

14 日，由主席领导各职员读诵道教宣言后，主席团公推临时主席赵象乾、白宗贤二人表决提案。组织、人员方面，大会决议拟定道教徒冠巾规则一份，修正道教分会组织通则、会员入会规则、会员选举代表规则、庵观主持规则各一份。严格规定各县道教会章程，必须依据本会呈准社会处组织通则筹备，才能成立分会。同时依彰明县代表熊圆静提议，由大会颁布清规三十六条。去年委任的十名督导员，今年不用再去各分会视察，各分会可视需求酌情增加理监事名额。更换新的职、会员证章、证书，但原证件保留五年有效期，基本会员领取证章、证书，信仰会员只领取证书。此外，赖鼎立提议四川省道教会应申请加入中央文化委员会。庙产方面依然有侵占情况，如丹棱县请求退换三相祠田产，崇庆县有乡长打人霸庙，都得到了省道教会的支持，并呈政府催办。

15 日，进行职员选举。在这四川乃至全国道教会发展的关键时期，尽管王伏阳以经济困难为由再三推诿辞职，但诸多事务不得不由其领导，各县分会也请求其续任，最终王伏阳还是连任理事长一职。常务理事人员未变，理事为刘明清、都明全等 14 人，监事为杜圆正等 7 人，候补理事田圆沛等 7 人，候补监事祝理成等 3 人。中午全体合影之后毕会。①

五　正一道士与道教会

《道教会宣言书》称："彼以符箓为道者是道贼也。"② 因此在全真派道教会创立之初，全真与正一之间似乎就划开了一条界线。在实际情况中，全真道性质的道教会往往得到政府更多的支持，正一道道教会活动范围较为有限，许多设想落空，没有形成全国性组织。如 1912 年 9 月，龙虎山六十二代天师张元旭在上海举行中华民国道教总会发起会议，计划以上海为总机关部，江

① 四川省档案馆，全宗号民国 186，目录号 01，案卷号 1838。
② 《藏外道书》，第 24 册第 474 页。

西龙虎山为本部，北京为总部，在省城设分布，郡、县、商埠设支部。但并未得到政府支持，加之人力不济，因此在之后十余年中活动范围仅限于上海。①

与第一章讨论“正一道派”情况类似，实际情况中“正一道”多被称为“火居道”或“火坛”。对民国成都来说，尽管大部分道教会组建、活动都与全真道有关，正一道士、火居道士活动于民间，组织松散，但在方志中可以看到个别县道教会初创与火居道士密切相关。

在目前掌握的资料中，新津、温江二县道教会最初是由火居道士设立的。方志称，新津在清代就有道教会组织，由道官制蜕变而来，参与者均为在家道士。1936 年，由李晓舟担任常务理事。直到 1937 年改组后，才有出家道士入会，会址设宝资山麓普陀寺。②

温江县火居道士在 1913 年成立温江县道教会，政府委派高太明为会长，会址设城关城隍庙后殿。1925 年间，其祈晴祷雨、超度亡魂等仪式被政府视为陋习，下令革除，会务因此停顿。1940 年 4 月，在本县佛教会成立的影响下，该派道士推陈至寅、胡本善、梅理清、袁理堃等为筹备委员，改组道教会。同年 8 月成立温江县道教行教公会，以陈至寅为主席，会员近 200 人。并制定规则以整顿“行教者诸多紊乱无规”之状况，要求会员“奉修道为教，奉正心修身，奉守业克己，戒巾裳斜欹，戒悖道

① 卿希泰主编：《中国道教史》，成都：四川人民出版社，1996 年，第 4 卷，第 433 页。

② 四川省新津县志编纂委员会编纂：《新津县志》，成都：四川人民出版社，1989 年，第 971 页。

伪行，戒书写错讹，戒损人利己，戒妄言曲语”，会员不遵守规则，严重者除名。该会以农历二月十五日老君诞辰和农历十二月二十五日陈复慧生日为会期，加之使用龙门派字辈，或应属广成坛道士。①

与之类似的还有邻县邛崃道教会，方志称邛崃火居道士远多于出家道士。1931 年，邛崃道教徒众向社会科登记，成立道教协会，城厢火居道士华光昭为第一任会长，继任会长先后为李绍清、钟声洪、彭德安等，会员多为火居道士，除为人做法事外，也兼营商业。② 大概火居道较为兴盛，且全真道势力不足的地区，容易出现这种情况。

此外有研究注意到，1936 年，青城山成立过“中华道教会灌县分会”，灌县共有 94 座道观，319 名道士加入该会，由彭椿仙担任会长直到去世。③ 从名称上看，该会与同年在上海成立的“中华道教会”应该有关系，中华道教会是由正一、全真两派联合成立的道教会组织。陈撄宁主编的《扬善半月刊》中有多篇文章记录了中华道教会的成立缘起、过程、会章等。《中华道教会组织分支会规则（草案）》中提到，“本规则依据中华道教会章程第四条规定订定之”，“凡省县或直隶行政院之市及特别区，得设分会称‘中华道教会某省（市县）分会’，市镇乡村均得设立支会称‘中华道教会某省某县某市（镇、乡、村）第（数字）

① 四川省温江县志编纂委员会编纂：《温江县志》，成都：四川人民出版社，1990 年，第 856 页。

② 四川省邛崃县志编纂委员会编纂：《邛崃县志》，成都：四川人民出版社，1993 年，第 834 页。

③ 卿希泰主编：《中国道教史》，成都：四川人民出版社，1996 年，第 4 卷，第 303 页。

支会'"[①]，灌县分会的名称正好满足这一规定。后上海的中华道教会因抗战原因中止，从现有资料来看，成都地区仅灌县设有此类分会，其影响力似较微弱。该中华道教会灌县分会极有可能是响应上海总会的号召而成立的。

在部分全真道士看来，火居道士没有领导道教会的资格。1942 年什邡县政府收到省道教会来函："委任郑俊臣、吴锡三为什邡道教会正副会长"，并拟接管全真道士住持的五瘟堂。马上受到以蓝明玉为代表的该县全真道士反抗，以在家道士不能干涉道教事务为由予以拒绝。于是什邡县终在 1948 改组成立了以姚成华、蓝明玉等全真道士领导的道教会。[②]

尽管火居、正一道士与全真道士存在多方面隔阂，但在道教组织建设中，他们均具有开拓之功。特别是火居道士在这方面的贡献，并未受到足够重视。

在改组中，各地道教会都受到整改，组织建设、规章制度等方面都趋于统一。省道教会重要职员皆由青羊宫、二仙庵道士担任，全真道实际领导着道教会。火居道士虽然人数众多，民间活动广泛，但在道教会的地位并不高。政府似乎更认可全真道一类出家道士，而并不看好从事各类民间法事，且有妻室的在家道士。在 1946 年四川省道教会第一届改组会员大会中，社会处赖鼎立建议：凡外县火坛有特殊参加者，只有选举权而无被选举权。该提案大会决议一致通过。[③] 可知火居道士参会人数极少。

---

① 《中华道教会组织分支会规则（草案）》，《扬善半月刊》，1936 年，第 4 卷，第 5 期第 11—12 页。

② 四川省什邡县志编纂委员会编纂：《什邡县志》，成都：四川大学出版社，1988 年，第 24—3 页。

③ 四川省档案馆，全宗号民国 186，目录号 01，案卷号 1838。

同时，尽管按照权利规则保留其选举权，但被选举权的丧失，意味着该派道士始终无法在省道教会中担任职员，在重大事件决策中的参与度与话语权较低。

第三节　慈善与文化事业

一　慈善与公益活动

民国时期道教界推行慈善与公益事业，一方面是道教本就有济世度人的宗教思想；一方面是政府出台各种政策，规定寺观必须兴办慈善。因此，民国成都各种道教会基本上都以慈善、公益为己任，制定了明确的规章制度，确实开展了不少慈善活动。而这些活动都可算作一种变相的社会教育，让处于困境中的人得到道教的关怀，受到道德的感染，对提升民众素质，缓解社会矛盾都有帮助，于国于民都有一定的积极意义。

四川道教总分会创立之时，就提出本会应兴办实业供诸山道众衣食之需，以辅助和推广道教，对于其他慈善事业，或提倡或赞助也当量力而行。[①] 1929 年国民政府颁布《监督寺庙条例》，将兴办公益慈善事业定为寺庙的义务，按照寺观财产情况兴办公益或慈善事业。成华道教联合会遵此，提出要兴办这类事务。1932 年 9 月，国民政府依据《监督寺庙条例》，颁布《寺庙兴办公益慈善事业实施办法》，规定寺庙每年分两次向政府缴纳兴办

① 四川省档案馆，全宗号民国 186，目录号 01，案卷号 1839。

公益慈善事业的款项。[①] 1941 年，成都市道教会提出将举办道德学校和公益慈善事业，兴办社会教育以扫除文盲。[②] 四川道教会在改组前成立道教救护队，组织施棺、施药各类慈善活动。[③] 第一次会员大会上，绵竹分会提出以剩余财力捐助与兴办工厂慈善，大会遵照 1939 年 10 月 25 日内政部颁布的《修正寺庙兴办公益慈善事业实施办法》第一条、第十条规定，修正通过。[④]

这一时期道教界的慈善公益事业，主要可分为两类。第一是办学，第二是各类施舍。其成果显著者，当属天师洞住持彭椿仙。彭椿仙（1883—1942），道号至国，贵州省毕节县人。青年时代曾入云南讲武堂求学，见清廷腐败，萌生学道念头，至青城山拜常道观道士程明星为师。由于其勤奋过人，获道众拥戴，被公推为天师洞主持。清末，四川劝业道周孝怀办四川通省农政学堂蚕别科，彭椿仙请设方外班，并就读于此。毕业后回青城山推广蚕桑和造林事业，种植楠树、杉树。1919 年受四川省长杨庶表彰，颁“道在养生”提额。

军阀统治时期，彭椿仙曾亲赴成都状告驻守青城山的军阀巧取豪夺，吞并庙产，由此触怒军阀遭到拘捕。于是躲避外乡，出川游历。至武当山后，念青城山庙宇破败，又决心回青城山振兴庙务。自 1919 年至 1938 年，在彭椿仙主持下，陆续重修天师洞

① 《寺庙兴办公益慈善事业实施办法》（1932 年 9 月），《四川省教育厅公报》，1932 年，第 11 期，第 7—8 页。

② 成都市地方志编纂委员会：《成都市志·宗教志》，成都：四川辞书出版社，1998 年，第 47—48 页。

③ 四川省档案馆，全宗号民国 186，目录号 01，案卷号 1838。

④ 同上。

大殿、灵祖楼、客堂、西廊、山门等，辉煌为一山之冠。[①] 1936年，成立中华道教会灌县分会，并担任会长。1941 年重修玉皇楼，未及完工即逝世，后由易心莹接替完成。

办学方面，彭椿仙于 1917 年在青城山麓双钟寺创办小学，以解决邻近贫困人家入学困难，后学生人数增多，故于 1924 年筹资增建教室一栋。1919 年在重建天师洞的同时，于石笋堂建小学一所。[②]《青城山志》称彭还在赤城阁沟对面高家院子创设乡学，为多级小学。但具体年代不详。[③]

在彭椿仙刚担任主持时，天师洞处境堪忧，在民国时期《人物杂志》中对这段历史有生动的描述："在二十多年前他被选为当家的时候，庙子正处于内忧外患中，在他们自己，为了争夺当家，几乎动刀砍杀，当地的一些人士，垂涎他们的庙产，在和庙子打麻烦；四邻弄柴的，在白天拿起斧头入森林去偷砍……"彭出任后，首先平息了庙内斗争，其次对于偷柴者，认为是饥寒起盗心，故希望以改善山民生活的方式根除盗窃行为。因此彭制定了两个办法，第一是无息资助十里内贫困者买猪、牛，长大卖掉后，归还本金；第二是在每年二、三月青黄不接时，无息借贷玉麦，凡附近村民，经证明困难者，招待一顿饭，借几斗玉麦作为种子或度荒月，收获后规定一天大家集中归还，并再招待一顿饭。在这样的模式下，天师洞附近十多年来无盗匪

---

① 《椿仙彭真人行道碑》，龙显昭、黄海德主编：《巴蜀道教碑文集成》，成都：四川大学出版社，1997 年，第 553 页。

② 四川省灌县县志编纂委员会编纂：《灌县县志》，成都：四川人民出版社，1991 年，第 825 页。

③ 王纯五主编：《青城山志》，成都：四川人民出版社，1989 年，第 109 页。

之事。[①]

全面抗战期间，彭椿仙响应政府兵役法令，组织代耕队，筹集安家费，每一个新兵入营，观内缝制军服一件赠送，并义务代军人家属写信。[②] 1940 年，为鼓励前方将士，彭取得青城山各宫观当家的同意，在道观每年收入中提取部分经费慰问军人家属，制定“优待出征壮丁家属办法”，补贴阵亡家属抚恤金等。政府因颁给“好义急公”匾额嘉奖。[③] 同年 8 月 30 日至 9 月 1 日，彭联合青城山诸道观，与时居建福宫的国民政府主席林森商议后，举行超荐抗日阵亡将士的法事。[④] 同时，青城山道众积极支持沦陷区学校内迁，长生宫即为私立荫堂中学驻址，[⑤] 1938 至 1945 年间在此教学。[⑥]

青羊宫、二仙庵方面。1938 年，青羊宫向国民党中央军校租出 60 亩水田，作为抗战时期的马厩和驻地，尽管一度债台高筑，也未要求发还。直到抗战结束该地搁置不用后，方由住持赵永安呈请归还。1940 年青羊宫划出庙产修建青羊宫小学。[⑦] 另据青羊宫张圆和称，每年春节青羊宫会向贫困者施米，总量在三四担间；穷人死后无力安葬，则施棺一副，年均 50 余副。1947 年

---

① 王阳：《道士彭椿仙》，《人物杂志》，1947 年，第 2 卷，第 11 期第 15—16 页。

② 同上，第 16 页。

③ 成都市地方志编纂委员会：《成都市志·宗教志》，成都：四川辞书出版社，1998 年，第 54 页。

④ 丁常春：《民国时期四川道教界的社会服务活动》，《中国道教》2016 年，第 2 期，第 73 页。

⑤ 四川省地方志编纂委员会编纂：《四川省志·宗教志》，成都：四川人民出版社，1998 年，第 56 页。

⑥ 王纯五主编：《青城山志》，成都：四川人民出版社，1989 年，第 14 页。

⑦ 四川省地方志编纂委员会编纂：《四川省志·宗教志》，成都：四川人民出版社，1998 年，第 56 页。

外西望仙桥遇火灾，共烧毁 16 家，受灾 81 户，区公所发起募捐救济，青羊宫道士自发施粥三日。[①] 同样是在 1947 年成都遭受水灾，其中以西门第十二区灾情最为惨重，地方人士为救灾民，在 7 月 9 日召开该区水灾急赈会，推唐克镕为该区急赈会主任委员，“劝导各界人士救助灾黎，尤请地方士绅解囊捐赈。当场由青羊宫，二仙庵两庙各捐食米一十双市石”，其余士绅也多有捐助。[②] 此外，有时候一些社团首事会借用青羊宫场地举办慈善表演，表演收入则用于赈济贫困。比如 1937 年 1 月，“青羊场望青社首事卢华廷等，特举办一西南游艺募捐会，雇定崇积剧部，就青羊宫内第一殿前地坝，搭台悬彩，演唱大戏募捐，以备冬赈贫穷人民，用度旧历年节，昨已开演，票价每位一千二百文”。[③]

除了由道士直接组织的慈善活动外，社会上还存在一些信奉道教的慈善团体。1934 年的《四川月报》提到，成都共有慈善团体 30 余所，规模大小各有异同。惟其性质，实一种信仰神教之集合，其从事于慈善救济，实出于宗教信条。成都各慈善团体，除个别之组织外，有一善团联合会，信仰则各有宗派。其中除玉参、孝德、忠孝、明德等团体，为纯粹之道教外，余多为三教合一之宗教，所供奉神灵，为伏羲、周公、释迦、老子、孔子、观世音、文昌、吕洞宾，他如佛道两教的一切神佛，皆在供奉之列。各善团皆有经文，名目甚多，编制体例，与佛道两教经文相仿。一切仪式，如讽经追荐死亡等类，铙钹箫鼓，与僧侣无

---

① 丁常春：《民国时期四川道教界的社会服务活动》，《中国道教》2016 年，第 2 期第 74 页。

② 《新新新闻》，1947 年 7 月 12 日。

③ 《新新新闻》，1937 年 1 月 18 日。

异，仅装束与常人无异而已。至于修炼方面，则各有派别（有刘门、唐门、周门等），总计 40 余团体，会员人数约在一万。人民及妇女之同情信仰者，至少在十万人，在成都成人人口中，占十分之四。

大概当时调查判断慈善团体信奉之宗教，主要依据是其供奉何种神灵。除慈善事业外，一些团体还有自己的科仪与修炼方式，与民间道门关系密切。善团办理的慈善事务，主要分为矜孤、恤嫠、育婴、施医、施药、施棺、施地、义葬、无息借贷。①

另一份相关资料来自 1942 年的社会调查，据统计当时成都市各种救济机关共计有 68 处，依实施救济范围可分为院内救济和院外救济二类，前者重教育，后者重施舍，计前者有 16 处，后者有 52 处。其中有私立者，公立者，官立者。一部分带有宗教性质，计道教者 10 处，佛教者 6 处，基督教者 4 处，无宗教者 48 处。从统计表格来看，具有道教性质的慈善团体主要从事外院救济。

地点分布有下列特征：其一，成都市城西多为富户住宅，城北、中、东、南多为商店手工业及贫民住宅，故救济机关基本集中在这四个区域，城西极少。其二，院外救济机关多在人口稠密之处，以其重施舍，人口稠密处需要救济者较多。其三，院内救济机关多在僻静之处，以其地价较低，环境安静，适合教养。其四，多数救济机关，其地在据通衢不远的巷内，借用庙宇或祠堂，以院外救济机关为多，计有 35 个是借用庙宇或祠堂办公，

① 成都慈善团体一瞥，《四川月报》，1934 年，第 5 卷，第 4 期第 140—143 页。

因此类场所买价或租价便宜，且宽大合用，院内救济机关房屋多为自建，因庙宇不合用。

成都院外救济事业较为发达，在市政府登记的机关共有 51 处，未登记者 1 处，其所行事业大致详细。救济事项综合而言，有施诊、施药、施棺、义葬、保产、育婴、借贷、义学、惜字、讲演、放生、恤贫、养老、施米、施钱、施衣、施茶、及临时救济等项。①

在 1944 年的统计中称当时成都市有 10 个道教性质善团，明确可知的仅玉参、孝德、忠孝、明德这四个团体，表面上的判定标准是其崇奉之神灵。很显然这套标准存在着不足，也给我们带来一些疑惑。比如并未明确统计儒家性质善团，那么与道教、儒家都有关系的慈惠堂、体仁慈善会，到底归为道教还是非宗教性质就不得而知。

组织者和参与者方面，尤其是组织者理论上讲应为有一定财力的好道士绅。从其兴办学校，花费大量财力行公益慈善事业来看，与慈惠堂的模式类似，绝非经济困难之宫观、道士可承担。从会址来看，忠孝慈善会记载有详细地址，位于玉泉街老关庙②，明代此处即有祭祀关羽的祠庙，称玉泉寺。成都人为了区别祭祀关平的庙宇，称之为老关庙，因此这条街在清代也称老关庙街。成立于 1930 年的成华道教联合会办事处，就位于此街。1929 年，川军旅长蔡海珊以慈善为名，拆除老关庙改建玉泉小学校。③ 可见此时老关庙已失去了宗教意义，成为一种地标。因

① 《社会调查与统计》，1944 年，第 4 期第 117—138 页。
② 成都慈善团体一瞥，《四川月报》，1934 年，第 5 卷，第 4 期第 140—143 页。
③ 袁庭栋：《成都街巷志》（上卷），成都：四川文艺出版社，2017 年，第 550 页。

此凭是否借道教宫观为会址，来判定其道教性质的做法是不可取的。玉参慈善会在方正街石马巷，明德慈善会位于东御河北街，孝德慈善会位于通惠门街。①

丁培仁根据《八字功过格》研究了惜字宫体仁堂活动，体仁慈善会在上述社会统计中存有不少数据。在该论文中，体仁堂的活动被用作近代成都道教活动的考察，原因其一是“功过格”本为道教计量功过、善恶的戒律书；其二是惜字宫为成都市道教会会址；其三是贺维瀚、尹昌龄等士绅与刘门关系密切，火居道士参与慈善活动中。不过文中指出以上人物皆具儒家文化背景，包括《八字功过格》也带有浓厚儒家色彩②，因此在民国普遍趋于三教合一的情况下，强行区分慈善会的宗教性质，是一件困难的事。只能说是受不同宗教影响程度不一，而受道教影响较大，具有一种或若干种突出道教特点的慈善会，或者与道教、道士关系较紧密者，则会被归为道教性质善团。

大概玉参、孝德、忠孝、明德这四个团体就具备上述特点而被归为道教性质慈善会，体仁慈善会理论上讲也具备这种性质。同时我们还发现，1934 年青羊宫和二仙庵共同举办的“罗天大醮”的发起者，即是玉参、孝德，以及志心、两仪这四个慈善会。除慈善会本身的名称外，四会还自称“道院”，玉参为清虚道院，孝德为玉虚道院，志心为太清道院，两仪为玉清道院，其中玉参慈善会享较高地位，法会的筹备处即设于其会址内。③

① 《成都市政府周报》，1939 年，第 2 卷，第 5 期第 2—3 页。

② 丁培仁：《近代成都道教活动管窥——从〈八字功过格〉说起》，《四川大学学报（哲学社会科学版）》2001 年，第 6 期第 47—50 页。

③ 《新新新闻》，1934 年 7 月 11 日。

这就是说，两仪慈善会和志心慈善会实际上也应属于道教性质的慈善会。因此下文将把这七个慈善会的部分统计数据一并进行梳理。目前掌握到的资料，主要是1939年和1942年的统计数据，包括其各项事业费用、义学师生人数、贷款情况、施棺数量、义葬人数、施钱数量。

1939年的慈善事业可归纳为以下五个表格①：

表3—1　1939年慈善团体事业概况

机关名称	事业总费	施医、药	施棺	冬季施衣米	恤嫠	保产	义学	其他	备考
玉参慈善会	4460	500	200	3400			360		
孝德慈善会	6690	950	800	4050	360	30	500		
忠孝慈善会	5080	1500	360	2400	720	100			
明德慈善会	3344.8	500	204	2290	73	8	260	9	临时赈济
体仁慈善会	5667.2	1088	360	1850	1200	30	800	439.2	施茶惜字
两仪慈善会	9930.9	1279.9	392	3960	960	159	2600	580	济米
志心慈善会	2618	500	200	1250	48	20	600		

① 以下五个表格根据1939年成都市慈善机构的调查整理得来。具体参考《成都市慈善机关调查》，《成都市政府周报》，1939年，第2卷，第5期，第2—19页。

表3—2　1939年慈善团体义校教员和学生人数

机关名称	学校性质					教员人数	学生人数			备考
	初一	初二	初三	初四	完小		合计	男	女	
孝德慈善会			√			4	110	60	50	第四年如能考上他校则代付学费
明德慈善会	√					2	31	14	17	
玉参慈善会			√			5	90			
两仪慈善会				√	√	5	48	23	25	
志心慈善会			√			7	95	57	38	

表3—3　1939年慈善团体贷款数量

机关名称	贷款总额	性质		借款人数	最高限额	清还期限
		轻利	无利			
玉参慈善会	100		√	50	2	十日一次十次清还
孝德慈善会	200		√	100	2	同上
忠孝慈善会	240		√	160	1.5	同上
明德慈善会	100		√	45	3	同上
体仁慈善会	1000		√	500	3	同上
两仪慈善会	2600		√	500	3	四日一次十次还清
志心慈善会	100		√	50	2	十日一次十次还清

表 3—4　1939 年慈善团体施棺和义埋数量

机关名称	施棺总数	义地葬埋人数	备注
玉参慈善会	100		人数不详
孝德慈善会	400	无	
忠孝慈善会	200		人数不详
明德慈善会	68	50	
体仁慈善会	200	100	棺分二等
两仪慈善会	196	100	同上
志心慈善会	100	无	

表 3—5　1939 年慈善机关施钱情况统计

机关名称	恤嫠		保产		年终施钱	
	人数	钱数	人数	钱数	人数	钱数
体仁慈善会	400	0.1			7000	0.1
孝德慈善会	200	0.1	100	0.3		
明德慈善会	123	0.05	30	0.25	1000	0.1
忠孝慈善会	400	0.15	150	0.5		
两仪慈善会	350	0.2	195	0.15		
志心慈善会	20	0.2	100	0.2	700	2.0

（各慈善机关施钱情形之分析。表格列出恤嫠、保产、育婴、废疾、养老、恤贫、年终施钱 7 项。除崇善局、乐善公所有育婴至恤贫 4 项具体数据外，其余仅记恤嫠、保产、年终施钱数据，故略之。但并非这些机关无此类慈善事务，只是数据不详）①

① 成都市慈善机构调查，《成都市政府周报》，1939 年，第 2 卷，第 5 期第 2—19 页。

1942 年再次调查统计了慈善会的贷款、施棺、义葬、施钱情况，可归纳为三个表格①：

表 3—6　1942 年慈善团体贷款概况

机关名称	贷款总额	轻利	无利	现有借款人数	每人最高额度	清还期限
体仁慈善会	12000	√	√	500	30	十日一次十次还清
孝德慈善会	800		√	50	20	同上
玉参慈善会	900		√	50	20	同上
两仪慈善会	7000		√	300	30	四日一次十次还清

表 3—7　1942 年慈善团体施棺和义葬概况

机关名称	施棺数	义葬数	备注
玉参慈善会	100		
孝德慈善会	300	100	
忠孝慈善会	30		
明德慈善会	70	50	
体仁慈善会	200		棺分二等
两仪慈善会	200		建白骨塔 6 座
志心慈善会	100		

① 以下三个表格根据 1942 年成都社会救济调查和统计整理。具体参考《社会调查与统计》，1944 年，第 4 期，第 117—138 页。

表 3—8　1942 年慈善团体施钱概况

机关名称	恤嫠		保产	
	人数	每人每月施钱(元)数	人数	每人每月施钱(元)数
玉参慈善会	370	甲 3；乙 2		
孝德慈善会	50	2		
明德慈善会	100	1	50	3
体仁慈善会	400	2	2	2
志心慈善会	80	甲 1.5；乙 1.0	60	1

各项数据反映这七个具有道教性质的慈善会，积极参与施医、施药、施衣、施棺、义葬等活动，其中花费最多都是冬季施衣、施米部分，帮助众多贫困者度过严冬。钱财施舍方面主要用于恤嫠、保产，扶持弱势妇女群体。以及无息借贷。其中体仁慈善会数额最多，数倍或十倍于另外几个慈善会。孝德、明德、玉参还办有义学，皆为小学。①

与此同时，这些慈善会与道教存在着合作，这也是其被归为“道教”性质慈善会的原因之一，最为典型的例证即是上文曾提到的“罗天大醮”。川政统一未久，1934 年 7 月，玉参、孝德、志心、两仪四个慈善会有感于四川多年来“灾祸之频仍，哀死亡之罹苦”，亟待“吁天祈福，赈困济贫，实行宣演道德，警惕人心，俾期生顺死安，同获康泰”，共同发起举办以“追荐死难民众暨官兵”为目的的法会，并定名为“无上黄箓罗天大醮全川弭劫法会”，会期计划从农历七月初一日至十月初一日，为期

① 《社会调查与统计》，1944 年，第 4 期第 127—132 页。

九十天。该会以石马巷玉参慈善会为筹备处，以通惠门街孝德慈善会为女宾和女会员招待处，坛场分设于青羊宫和二仙庵。

经过一个多月的筹备，法会于1934年8月10日正式“迎神开坛”，“告龙请水”。据称，法会的科仪“谨遵无上黄箓罗天大醮仪式，并订每七日施陆戒一次，每九日施水戒一次，恭于每月逢七子刻礼斗消灾，八月十五日子刻祈天弭劫，九月十三日午刻进呈玉帝大表”，在农历九月十三日这天，“凡各善堂均请于是午就堂祈奏，用昭感格，其他各界赴缘人士，不克到会抒诚者，若能届期在家虔诵经卷，默祷天恩，消弭川难，或发行斋戒，尤饶福益”。①

法会期间，青羊宫和二仙庵的诸多宫殿被设置为不同的坛场，比如玉皇殿作皇经坛，唐王殿作玄经坛，吕祖殿改为三教坛，二仙殿改为礼忏坛，斗姆殿改为混元宗坛等，各个宫殿“均张杏黄布幔，供诸神佛”。借机前来“瞻拜”者众多，“由青羊场口迄庙门，拈香男女，络绎不绝，包车汽车，尤为拥挤”。同时法会除以斋醮“祈福延生利幽”外，并筹集“义粟二百石，散发本市附近极苦贫民”。② 该会终于1934年农历十月初三日结束。③

尽管法会的举行受到慈善会的支持，但在一定程度上讲，举办“法会”也可以视为道教界的一种公益慈善行为，以宗教形式达到为生人“祈福”，为亡人“超荐”的目的。相较于“办学”和各类“施舍”，这或许才是道教最擅长或认可的一种形

① 《新新新闻》，1934年7月11日。
② 《新新新闻》，1934年8月11日。
③ 《新新新闻》，1934年11月20日。

式。同时我们也看到，本为国民政府所排斥或否定的诸如“告龙取水”“礼斗”“供天”等仪式和行为，在面对民众迫切的精神需求时，似乎不得不让步或默许。在第四章讨论“祈雨”的部分，我们依然可以看到类似的情况，兹不赘述。

二　文化与学术研究

（一）道教经典保存

在本章道教的社会教育与自我教育部分已经谈到，道教学术、道教哲学、道教刊物等概念已在成都地区各类道教会中出现。虽然道教刊物办理罕有作为，但在学术方面，道教界和学界都有成果产生，以易心莹、刘咸炘、蒙文通为著。学者的研究必须基于文献，道教研究离不开道经、道书的阅读。民国时期道教经典多收藏和保存在宫观中，宫观承担着传承和保护的责任，也为学术研究提供便利。

清康熙年间（1662—1722），江苏长洲人彭定求在明本《道藏》中，精选道书200种，编为丛书，按二十八宿名分为28集，名为《道藏辑要》。嘉庆间（1796—1820），复有蒋元庭在彭定求编《道藏辑要》基础上，加入明本《道藏》未收道经与新出道书79种，丛书名称未变。[①] 光绪三十二年（1906年）二仙庵方丈阎永和与贺龙骧、彭瀚然，据严雁峰家藏蒋本《道藏辑要》重刻，并增补新出道书17种与道经书目23种，名为《重刊道藏辑要》。该丛书包含了许多《道藏》以外的道经，是在明本《道

① 卿希泰主编：《中国道教史》，成都：四川人民出版社，1996年，第4卷第453—458页。

藏》奇缺，涵芬楼《道藏》影印本未出版之前，学者了解和研究道教的重要材料。[①]

《重刊道藏辑要》的经版雕刻经历了漫长的过程。早在光绪二十七年（1901），阎永和就发起了募捐。光绪三十四年（1908）阎永和去世，雕刻工作由王伏阳、宋智和继承，直到1915年才完工。共雕刻14000余块经版，成书有245册。该丛书在二仙庵连续刊印了20年，抗战时期中止。经版于1961年转移至青羊宫直至今日。[②]

此外，二仙庵刊印陈复慧的《广成仪制》，今青城山收藏的众多单行本中，一部分即来自二仙庵，还有一部分是宫观道士的手抄本。[③] 同时，二仙庵还藏有《道藏辑要》，抗战期间，二仙庵方丈王伏阳为避日机空袭，将珍藏《道藏辑要》全部运往青城山真武宫保存。[④]

（二）道教学术研究

易心莹，俗名良德，字综乾，光绪二十二年（1896）出生在四川遂宁老池乡双河口。九岁入私塾学习，十三岁在遂宁私人店铺做学徒。1913年前往青城山常道观请求收留出家，被家人寻回家中，后又逃至二仙庵蚕桑传习所学习。1917年，常道观魏至龄在二仙庵将易收为徒弟，并带回青城山，道名理轮，字心

---

① 卿希泰主编：《中国道教史》，成都：四川人民出版社，1996年，第4卷，第465页。

② 李合春、丁常春著：《青羊宫二仙庵志》，成都：四川省新闻出版局，2006年，第20页。

③ 卿希泰主编：《中国道教史》，成都：四川人民出版社，1996年，第4卷，第465页。

④ 四川省灌县县志编纂委员会编纂：《灌县县志》，四川人民出版社，1991年，第697页。

莹，成为全真道龙门派第二十二代弟子。先受彭椿仙之命，至朝阳庵吴君可门下学习儒学与《云笈七签》，1926 年因彭之推荐，被颜楷收入崇德书院深造。1942 年彭椿仙去世后，易心莹选为天师洞住持，次年即去职专事道教学术研究，并与陈国符、陈撄宁、蒙文通等学者有交流。

1937 年易心莹在《扬善半月刊》发表多篇文章。4 月 15 日，发表《寄玄照楼书——论道教宗派》（第 92 期）；5 月 1 日发表《道教分宗表》（第 93 期）；8 月 1 日发表《修道集团之意见》（第 99 期）。11 月受二仙庵住持邹率一之请，著《道教三字经》。1941 年，在《仙道月报》第 32 期发表《病中读经的感想》一文。并著有《道教养生》《老子通义》《读老心解》《道教大事年表》等书，但已散佚。[①] 在写作过程中，除广泛涉猎道教、历史、诸子等方面知识外，易心莹还重视积累书籍，今天师洞所藏《正统道藏》《道藏辑要》《太平广记》《太平御览》《二十四史》等古籍，多由其亲自收集。[②]

《道教分宗表》是在易心莹 1934 年所著《道学系统表》基础上完成的，当中对道教宗派的研究和理解是易心莹学术思想的代表之一。《道学系统表》统计了元始以来至清末的道教神仙、学者 640 位，自黄帝以来分列 24 家，正宗 11 家，支宗 12 家，外宗 1 家，共 590 人。《道教分宗表》将原为正宗的“犹龙”归为支宗，外宗的“修为”并入“仙宗”法门。《寄玄照楼书——

① 赵敏：《青城高道易心莹的生平和思想》，《西南民族大学学报》（人文社会科学版），2010 年，第 6 期第 83 页。

② 赵敏：《易心莹与〈道教三字经〉》，四川大学博士论文，2010 年，第 197—200 页。

论道教宗派》则是对正宗十家和支宗十三家内容的说明。[①] 具体来讲，正宗十家即仙宗、金液、聚玄、长淮、葆和、调神、南宫、苍益、健利、科醮。以仙宗为最上乘，别名道教，倡始者为太一、广成、天真皇人。其余九家按上、中、下三等分为九级，科醮为下中下，别名天章，倡始者为帝喾、夏禹、张宿、张陵、葛玄。每家的创始人、宗法、法要等都有概括。[②] 十三支宗为老子以后的道教宗派，分别为犹龙、道学、儒学、治道、内学、茅山、方仙、太平、正一、玄学、豫章、南宗、北宗，即将儒家、法家、魏晋玄学等皆纳入道教体系。《中国道教史》认为，易心莹的道教宗派观，以及由此体现的道教宇宙观，反映出道教尊崇天神、宗祖黄老，修仙济世的思想，虽然一些历史事实尚待研究，但他揭示了道家和道教文化的源远流长，丰富的思想内涵，在罕有道教理论研究的民国时期，易心莹的研究显得尤为可贵。[③]

为普及道教知识，易心莹作《道教三字经》，后收入《藏外道书》。赵敏对之有深入研究，称其以道教信仰和道教经典为基础，从道教宇宙生成演化论、三洞四辅道经造制、诸神事迹、道教宗派、斋忏戒律、修行方式等角度，对道教历史、哲学、教义、任务、经典、法术、修炼等方面进行了较为全面的介绍，体

① 卿希泰主编：《中国道教史》，成都：四川人民出版社，1996 年，第 4 卷第 415—416 页。

② 易心莹：《道教分宗表》，《扬善半月刊》，1937 年，第 4 卷，第 21 期，第 1—3 页。

③ 卿希泰主编：《中国道教史》，成都：四川人民出版社，1996 年，第 4 卷第 415—416 页。

现出相当高的学术水平。[①] 当然该文也表达了易心莹自己对道教宗派一贯的见解。

由于在《扬善半月刊》《仙道月报》发表文章的缘故，易心莹与报刊主编陈撄宁有来往。陈撄宁常在报刊中回复读者来函和提问，与来稿作者互动。在《仙道月报》中，字里行间透露出他与易心莹、王伏阳、彭椿仙存在着私下信件交流。如在《仙道月报》第 9 期中，陈撄宁称其于丁丑年（1937）阴历七月曾收到航空信一封，由易心莹、王伏阳、彭椿仙、内江李姓道人亲笔签名，邀陈撄宁至青城山避乱，而陈以"彼时扬子江已经封锁，交通既感困难，沿途复多危险"为由未能前往。陈撄宁之友张梦禅恰好于当年春从上海至四川，只能托其代转书信一封以表慰问和感谢。该文最后还谈到了《道教三字经》，陈撄宁对之大为赞赏并提出了建议，称"具见宗派源流，朗若列眉，在道门中尚属创作。愚意倘能再经阁下手笔，加以简明之注解，则尽美尽善矣。此书传世，将来必有他人代为作注，然终不及原作者自注之确切。"

第 10 期中，陈撄宁再次撰文感谢易心莹来稿，并赞叹其于乱世中做学问的精神。文中提到："前蒙寄赠《道教三字经》钞本一册。已于本报第九期上附函接谢。另有华翰一封。乃是夏历五月十六日所发。最近始收到，信封破烂不堪。白色信笺已变成红色，且有几处污损，惟字迹尚可辨认耳。此信在途中谅遭魔难，居然能寄到此间，诚属万幸。今者全中国已陷于水深火热矣。阁下此时犹能高隐洞天，从事名山不朽之著述，我辈望风景

① 赵敏：《青城高道易心莹的生平和思想》，《西南民族大学学报》（人文社会科学版），2010 年，第 6 期第 82 页。

仰，顿觉有仙凡之隔云泥之叹也。来函称呼，过于客气，愧不敢当。下次若蒙，惠函，请以平等相待是荷。手此布臆，并颂，道安。”①

川沪相去甚远，二人只能通过书信交流，战乱又让这种交流方式的效率大大降低。《仙道月报》第9期出版于1939年9月，第10期在10月。从1937年陈撄宁收到航空信，到1939年初托人带信，间隔一年多。易心莹1939年5月16日发出的信件，同年10月才收到，且几遭损毁。但在这为数不多的交流中，已体现出陈撄宁对易心莹学术精神的称赞及其对道教学术成果的重视，也反映了成都道教界与陈撄宁的友谊。

中华人民共和国成立之后，易心莹于1963年编纂了《四川省志·宗教志·道教篇》，后著《四川道教史》，但均未发表。②1976年1月，灌县革命委员会成立青城山文物管理所，强行接管全山宫观和道教协会资产。易心莹的私人积蓄和藏书均被搜去，部分珍贵手稿和抄本也因之散失。长期苦心学术，年迈疾病缠身，加此噩耗打击，易心莹终于同年2月7日逝世。③

易心莹之所以在学术上有如此造诣，首先得益于魏至龄、彭椿仙等道士扶持，与吴君可、颜楷等士绅的栽培，加上自身不懈努力，博览群书；其次是在那个年代就能敏锐地认识到学术的价值和意义。他的学术根基之关键，在于熟读《道藏》，其熟练程度受到西南联大教授陈国符的赞赏，称“易道士熟读道藏，与

① 《仙道月报》，1939年，第10期，第1页。

② 赵敏：《易心莹与〈道教三字经〉》，四川大学博士论文，2010年，第201页。

③ 赵敏：《青城高道易心莹的生平和思想》，《西南民族大学学报》（人文社会科学版），2010年，第6期第83页。

通常道士迥然不同”。①

因此在陈国符撰写《道藏源流考》的过程中，曾两次托易心莹检阅云台观所存《道藏》情况。据陈国符考证，云台观藏经34种目录，内各种《道德经》注疏，《南华经》注疏一种，共藏经一千二百数十卷。其中《太平经》90卷，《无上秘要》54卷。而涵芬楼影印《道藏》中仅《太平经》49卷，《太平经钞》10卷，《无上秘要》68卷。故函托易心莹抄录影印本所缺部分，以补彼此之不足。经易心莹核对，发现二书佚卷较影印本更多，也无影印本所缺内容。后来陈又抄寄白云观《道藏目录详注》和影印本《道藏》对照表，希望易检查云台观残藏是否有影印本缺卷。易因此于1948年10月再往，核对后称云台观藏经为两次颁赐，首在万历二十七年（1599），次在万历四十四年（1616），前者由成都梓潼宫请去，民国宫毁后，由国学院收藏，后归四川大学。后者存于观中，因年代久远多有损坏，计洞真部520卷，洞玄部640卷，洞神部840卷，四辅部宫3200余卷。但可惜的是，该藏不包含任何影印本缺卷。②

与易心莹一个时代的道学研究者，还有历史学大家蒙文通和英年早逝的天才学者刘咸炘。在蒙文通1958年8月所作《道教史琐谈》，恰好提到了他们三个人。易心莹希望与蒙文通共商道教史撰写事宜，并体现出蒙文通对刘咸炘的推崇，文中称：

> 青城山炼师易心莹赴北京道教协会归，云会中决定分工四川写道教史，师以蜀人唯文通等数人知此答之。师过成

① 陈国符：《道藏源流考》，北京：中华书局，2012年，第201页。

② 同上，第199—200页。

都，访余未遇，后青羊宫炼师张觉尘举以告。反映出二人在道教学术上屡有交流。对于易心莹的抬举，蒙文通谦虚道：蜀究道教言者，余知唯刘鉴泉先生，惜鉴泉年少于余而早已谢世，其门人惟夏雨青诸君能绍其学，刘著《道教征略》，精深博大，其遗稿即夏君整理付余者。余神衰目眊，所学复未允，何足以言此。偶与夏君相遇，谈及此，因以余所涉及者质之，夏君谦退，以余言录笔记中，复写别纸寄余商订，乃因其所记，补苴一二，以为此篇，竟三日乃得成。[①]

刘咸炘（1896—1932），四川双流人，字鉴泉，号宥斋，祖父刘沅。是近现代著名史学家、经学家、哲学家。与蒙文通共创敬业学院，担任哲学系主任。后张澜聘之为成都大学、四川大学教授。先后著有《老徒裔》《诵老私记》《道家史观说》《推十书》等论著[②]。1924 年在“未能窥全藏”的情况下，著《道教征略》一书，既考察了先秦道家的发源，也分析了汉以来道家和道教的重要文献，对道教的形成和发展、道教宗派、道教经典等方面有深入探讨。刘咸炘本打算将该书分为上中下三册，待阅读全藏之后进行修补，但先生早逝，未能达成此心愿。遗稿由刘咸炘弟子整理后转交蒙文通，后发表在四川省图书馆主办《图书集刊》第 5 期（1946 年 10 月）和第 8 期（1948 年 6 月）中。[③]

---

① 《蒙文通文集》第一卷，《古史甄微》，成都：巴蜀书社，1987 年，第 331—332 页。

② 罗映光：《蒙文通道学思想研究》，成都：巴蜀书社，2011 年，第 75 页。

③ 卿希泰主编：《中国道教史》，成都：四川人民出版社，1996 年，第 4 卷第 470—471 页。

相比较而言，随着1924年涵芬楼影印《道藏》出版，蒙文通的道学研究在前人基础上更进一步，成果也更丰富。蒙文通（1894—1968），名尔达，字文通，四川盐亭人。五岁入私塾，十二岁随伯公甫先生在成都读小学、中学。1911年如成都存古学堂，师从廖平和刘师培二位先生。1923年往吴越，师从欧阳竟无学习唯识法相，著成《中国禅学考》《唯识新罗学》。1927年，蒙文通著《古史甄微》而成名。先后任教于成都大学、成都师范大学、成都国学院、北京大学、四川大学等。1940年后，任四川省图书馆馆长、兼华西大学、四川大学教授。出版著作涉及史学、经学、儒学、佛学、道学、民族学、地理学等多个方面，著作等身。道教研究只是蒙文通众多研究领域中的一个。

蒙文通在道学方面的研究，得益于其扎实的学术功底，对《道藏》的深入研究，和与易心莹等教内人士的学术探讨，形成了众多优秀的道教研究成果和独特的道学思想。就著作而言，主要有《校理老子成玄英疏叙录》《道家三考》《辑校老子李荣注跋》《陈碧虚与陈抟学派》《道书较辑十种》等。[①] 道学思想方面，有今人罗映光《蒙文通道学思想研究》专论。大致可归纳如下：即道家和道教的产生与上古民族史、地方史的关系，对《山海经》和五斗米道有重新解读；晚周仙道三派和先秦道家南北二派的历史考证；道家黄老学论与道教“五阶三变”学说，着重讨论了重玄学派，以及道教在发展过程中与佛教的互相渗透；道教思想与理学思想的内在联系；道教书籍的较辑等。对道学研究做出了巨大贡献。

---

① 卿希泰主编：《中国道教史》，成都：四川人民出版社，1996年，第4卷第476页。

《中国道教史》在总结晚清民国时期道教研究情况时，认为道教界学者寥寥，成果稀少，学术界道教研究者却异军突起。[①]将该结论用于民国成都大致可行，不过还好有易心莹的突出贡献，使得道教界学术研究不至于乏善可陈。

第四节　道教会的革新与困境

一　坤道在道教会的地位

前章谈到，女性在清末民初时期地位往往在男性之下，且被视作落后、迷信群体受到诸多批评。但随着“民权”“男女平等”理念的流传，“女权”“女国民”思想逐渐为社会所认识和接受，女性地位较传统社会大大提高。

同样的现象在对待乾道、坤道的态度上也有体现。依据四川省道教会第一届第一次会员大会会、职员表，其职员全部为乾道，会员中坤道仅吴至琼一人，为华阳县浆洗上街大悲阁住持。1947 年第二次会员大会上，郫县代表等提议各分会代表会员应无乾坤之分，大会决议道士不分乾坤一律平等，均得当选为代表或职员。在这一届 38 名职员中，坤道马庆余担任理事，其人为灌县太安观住持。1948 年第三次会员大会，郫县代表再次提出了同样的提议，白宗贤提案请各县理事长选举坤道职员俾便推动

① 卿希泰主编：《中国道教史》，成都：四川人民出版社，1996 年，第 4 卷第 478 页。

教务。马庆余仍然担任理事一职。①

在地方分会中，坤道会职员占比必省会高。以华阳县分会为例，12 名职员当中有 2 名坤道，分别为福享街三清观住持傅永清，迎曦街地母庙住持蒋合云，二人共同担任候补理事。94 名会员中有 35 名坤道，为各宫观之住持、知客、经师、香灯、杂务。②

总的说来，乾道、坤道基数的差异，使得乾道在道教会职员、会员构成比中占据上风。同时以乾为主、以坤为辅的现象和意识，在上述二例当中都有所印证。四川省道教会连续两年在提案中强调乾道、坤道可平等担任会职员和代表，一方面体现了道教会主动迎合男女平等的思想。另一方面，尽管第二次大会的确选出了坤道职员，但仅居 38 位职员中之一席而已；并且相同提案连续出现，本身就意味着各分会在处理乾道、坤道地位方面还有问题，男尊女卑现象依旧存在。

二 社会与自我教育

（一）社会教育

在全国道教总会建立之时，道教界就因时应世地强调了世俗事务的重要性，提出“世间业”事务，认为宗教有辅助政治，改善社会人心的功效。这一思想为地方道教会继承和运用，在成都地区各道教会章程中，许多都以阐扬道教和改善人群道德为宗旨，希望以道教思想来提升国民素质，促进社会和谐。

---

① 四川省档案馆，全宗号民国 186，目录号 01，案卷号 1838。

② 四川省档案馆，全宗号民国 186，目录号 01，案卷号 1839。

最早在《四川道教总分会暂行简章》的第二条中就提出："本会统一全川道教，以阐扬先圣之玄旨，增进人群之道德为宗旨。"[①] 1930年成立成都、华阳道教联合会时，刘教宾、王妙生称："道等身居云外，同是国民，际此颓风，敢不尽一份子之责。是以邀集两县诸山道众组织道教联合会，设立道经流通处，附设阅经阅报，欢迎各界硕彦名流，订期主讲道典，注重劝善改良社会，补助教育行政之不及。俾得灭一份厉气，全川增一份幸福。道等无任希冀之至。"并以省城北门老关庙街丹达庙为联合会办事处，南门三砖正街韦陀堂为阅经阅报处。[②] 1932年丹达庙遭二十九军第四路司令部派员查封和丈量，该庙道士罗庐静即刻上书四川省政府请求保护，称其"阐扬道教亦已数年，颇著成效可查"，可知联合会或许的确开展了一些社会教育活动。[③] 稍后成立的成都市道教会，也提出以研究教理，推行教义，阐扬民族道德精神为宗旨。[④]

道教会改组过程中，《四川省道教会华阳县分会章程》第二条规定，除团结道教徒，奉行三民主义，遵守教规，研究教理外，并以推行教义，阐扬民族道德精神为宗旨。因此该会把教义推行与举办道德学校列入具体事项。在该会《指导人民团体改组整理总报告》中，计划举办道行学校及公益慈善事业，并发行道教刊物。赖鼎立在改组会议上指出，希望改选后，该会可推

---

① 四川省档案馆，全宗号民国186，目录号01，案卷号1839。

② 成都市档案馆，全宗号民国0093，目录号05，案卷号962。

③ 四川省档案馆，全宗号民国041，目录号04，案卷号7558。

④ 成都市地方志编纂委员会：《成都市志·宗教志》，成都：四川辞书出版社，1998年，第48页。

动发扬道教哲学与社会为精神之宗教。①

《四川省道教会章程》以阐扬道教学术、提倡文化建国为宗旨，以发明和宣扬教义为任务。为此在年度工作计划中，预备在该会内设图书展览室一所，陈列青羊宫、二仙庵旧藏经籍、图书，以作宣传之用。② 四川省道教会第三次会员大会指导员唐次斌在致辞中指出：务望努力团结向哲学方面研究，方能造就人才辅助国家社会。赖鼎立提出四川省道教会应呈请加入中央文化委员会。③

以上种种，反映了民国成都道教界始终坚持着全国道教总会建立时，以教辅国，用弘扬道教方式增进社会道德的理念，且有朝学术化转向的趋势。各类道教会的建立，也使得这一观念能在道教界普遍流传，尽管这种流传并不代表普遍认可。需要指出的是，相比固有民间习俗、民间信仰中道教因素对社会大众道德观念的左右，这种学术化、哲学化道德教育的影响力就显得微乎其微。不仅普通民众可能并不关心所谓学术、哲学，道教界对学术和阐扬道教的认识或许也存在不足，纵观精通道学的道士，在当时也不过易心莹一人。

（二）自我教育

同社会教育一样，自我教育也是民国道教界普遍重视的问题。在四川道教总分会设立之时，道士自我教育的问题就提上日程。该会简章第四条称：本会集合同人阐扬道教，以《道德》《阴符》《南华》《冲虚》《文始》《参同契》诸经为主，其他诸

① 四川省档案馆，全宗号民国186，目录号01，案卷号1839。
② 四川省档案馆，全宗号民国186，目录号01，案卷号1838。
③ 同上。

经、诸子，及汉唐以来著述辅之，或抉发其精微，或推阐其意义。每星期开会讨论一次，以期流通妙法、宏畅玄宗，并专设一道教研究所，应由各城镇乡分会选送学生来所研究，所有开办各费，由本总分会所筹经费项下担任，至学生食学等费，应由各分会自行筹备。①

1941年成都市道教会成立，为提高道众素质，设置了图书馆、阅览室和俱乐部。四川省道教会华阳县分会提出以研究教理为宗旨之一。② 四川省道教会《指导人民团体改组总报告表》称其改组前以举办道教训练班为其主要活动之一。改组后，以搜集整理道教经典、书籍，道教学术研究，道教清规厘定，会员进修训练为务。③

概括来讲，研究教理教义，增加知识储备是道士教育的目标，弘扬道教需要这样一批有学养的道士。遗憾的是，民国成都道教界对道士的培养并不太成功，这似乎也是全国普遍现象，以至于陈国符曾做出“率皆不学”的评价。在上述章程中，我们发现四川省道教会曾计划设置道教研究所、道教训练班等教内教育机构。但相关记载少之又少，所以这些机构是否设立，是否系统和有规模地培养对道士进行培训，都存在疑问。

在改组时期形成的一些表格和略历册中，记载了部分会、职员道士的学历。四川省道教会《人民团体总登记表》填写了前会长赵永安等6人受教育情况，除文牍张乾阳为私塾十年，赵永安、申宗筠、邹率一、张觉尘、向圆理均为私塾九年。华阳县分

---

① 四川省档案馆，全宗号民国186，目录号01，案卷号1839。
② 同上。
③ 四川省档案馆，全宗号民国186，目录号01，案卷号1838。

会第一届职员略历册中，会长田明鑫与各理监事 12 人，年龄段从 36 至 74 岁，都是私塾教育背景。[①]

广汉县道教分会《指导人民团体组织总报告表》中对职员学历记载有不同的情况。理事长刘信铭从广汉初中毕业，理事刘宗顺曾任军事教官，监事杨至忠初中毕业。从姓名和略历来看，该会职员似不完全为出家道士，如常务理事莫辅侯曾任该县学务，理事郭瀛通曾任路司令，黄雨洲曾任军医，常务监事周以志时任党政多职。

在这份表格中出现了两条非常重要的信息，其一是记载常务理事唐诚源毕业于道教训练班，其二是监事周致福毕业于道教院。这也是笔者在已收集材料当中发现的唯一道士毕业于教内教育机构的线索。尽管四川省道教会会职员人数众多，然而在个人经历方面只记载了现任职位，未载受教育程度，无法为该问题的研究提供太多帮助。这条线索某种程度上证明了道教训练班的确存在，但其性质和运行机制仍不得而知。四川道教会在改组前就声称其以举办道教训练班为务，但却始终未见各批次毕业生信息，该训练班是各县送至省会集中训练，还是各县各自组织？仍难以考证。该道教院，是否类似佛教之佛学院，或道教研究所，是省道教会统一设立还是地方特色？也难以证实。不过可以确认的是，随着科举废除和各类新学建立，道士的教育背景发生了改变。以往只能在私塾学习，如今可以选择在中、小学读书。

由于教内教育机构不完善，道士的求学之路会异常艰难。以学者道士易心莹的求学经历为例，他先在成都二仙庵蚕桑传习所

① 四川省档案馆，全宗号民国 186，目录号 01，案卷号 1839。

做杂役数年。1917 年青城山天师洞道士魏至龄将其领回天师洞为徒，为全真龙门派碧洞宗二十二代弟子。住持彭椿仙为提高道徒文化素质，命其往青城山朝阳庵吴君可门下学习儒家五经与《云笈七签》。1926 年成都名儒颜楷来游天师洞，受住持委托将易心莹收入崇德书院深造，攻读经史。1928 年易心莹回天师洞后，担任知客一年有余，后即专门研读道学。1942 年易心莹被选为天师洞住持，越年去职并专事道教学理研究，与陈国符、蒙文通、陈撄宁等交往密切。[①] 在这段经历中，并未发现易心莹与所谓道教训练班、道教院等机构有任何关系，反而受儒家士绅影响较多。可以说当时道士的求学之路是非常艰难的，不仅缺少成熟教内机构的支持，也缺少道学知识渊博的教内人士。要想在道学上有所建树，需要几十年辗转数地，艰苦研习，不断求索，才能成为像易心莹那样的道士。对于普通缺少恒心和机遇的道士而言，是很难做到这样的。

陈国符赞易心莹，“易道士熟读道藏，与通常道士迥然不同”，“且有能著书者”。[②] 但同时也表达出对道士学养普遍的不满，称“国符尝访道观多处，其道士率皆不学，曾见道藏者鲜。或有道书数十种，遂谓其有全藏，或误道藏辑要为道藏。而上海一二黠巧道士，且以不知为知，夸废妄言”。[③]

这些零散信息，大概可以反映出民国成都道教教内教育的松散和影响力不足，与佛教教育对比就存在强烈反差。早在 1921

① 卿希泰主编：《中国道教史》，成都：四川人民出版社，1996 年，第 4 卷第 416 页。

② 陈国符：《道藏源流考》，北京：中华书局，2012 年，第 201 页。

③ 同上，第 188 页。

年到 1928 年间，四川省佛教支会就开始筹措经费，许多寺院开始创办佛化小学校，培养僧才。1924 年又在文殊院成立了四川佛学院，1926 年首届佛学院学生毕业。① 1929 年在文殊院成立空林佛学院，1934 年成立宝光寺佛学院。这一时期成都佛教教育模式，主要分为国民政府支配下的倡办教育和丛林合办教育。② 有学者认为在 1940 年代北京白云观安世霖的改革中，提出的道士教育班，才是现代道教学院的先驱。安世霖围绕教育班制定了种种细则，并且把道士职务转升与教育班的审核紧密挂钩，改变了十方丛林选贤的传统。③ 类似理念的提出，有四川道教总分会创立时的道教研究所，和 1946 年改组前的道教训练班，不过相关制度并未体现在各类章程中，也无具体成果的数据。

尽管成都道教界进行了种种改变与革新，积极响应了全国道教总会的号召。但不得不承认其发展始终无法产生焕然一新的改观。除了外界环境的影响外，自我教育认知与实践的缺乏是阻碍其进步的关键因素。从全国道教总会到道教联合会，相同的目标不断地提出，但鲜有实际的改变和进步。例如全国道教总会，在民国初年就提出加强道教研究，创办刊物等计划，都始终没有进行，④ 那么对于地方道教总分会和分会来说，就更难有所作为

① 吴华：《民国成都佛教研究（1912—1949）》，北京：宗教文化出版社，2016 年，第 74—77 页。

② 同上，第 81—85 页。

③ 付海晏：安世霖与 1940 年代北京白云观的宫观改革——以《白云观全真道范》为中心的探讨，《华中师范大学学报（人文社会科学版）》，2013 年第 1 期第 126—127 页。

④ 付海晏：安世霖与 1940 年代北京白云观的宫观改革——以《白云观全真道范》为中心的探讨，《华中师范大学学报（人文社会科学版）》2013 年第 1 期，第 126 页。

了。而没有自我教育实践的根本原因，或许是缺乏一种自我认知，社会教育始终优先于自我教育，本末倒置。许多预期目标并未实施，新的思想仅体现在制度中，很难具体推动当时道教的发展。

应对世俗，提升素质，社会教育这些目标，在当时的道教会中并非新理念，但在执行力和落实情况上与佛教相形见绌。当成都佛教会已经组织了诸多教育机构并培养出学员之时，道教会仍然以所谓“研究道学，宣扬教义，增进人群道德，辅助社会教育”为宗旨，停留在空洞的社会教育目的中，忽视了自我教育的意义。或者即便意识到了道士素质的重要性，也没有采取合适的办法去改善，抑或是受外界因素限制诸多措施并不能实行。

但我们不应当忽略另一种形式的教育，即内在的道德教育。尽管道教会管理者在这一时期提出了道德与学术并重的自我修养，但道士们长期受到“无为”“无知”“为道日损”思想影响，对于部分虔诚的道士来说，其毕生追求在于身心境界的升华，且这种提升或许与知识、学术无关，也无法用数据来衡量。这种观念或许导致了道士们在表象上显得毫无作为。除了知识学习，这种教育或受言传身教影响较大，如《道士彭椿仙》一文称：

> 他（彭椿仙）为人沉静寡言，急公好义，自奉虽很简朴，待人则极厚道，慈祥和蔼，亲易近人。不论九流三教，凡是与他接近过的人，对他都有一个很好的印象……比如彭当家，领一样的衣单钱，得一样的牙祭钱，分一样的合作社赢余，不陪客，也是和普通道士一样的吃米汤泡饭，下咸菜，他每天黎明就起来，轻的重的他都做，一天就默默不息

> 的劳作，在他以身作则的领导下，全庙百多道士，像一部非常灵活的机器似的，一天到晚地忙碌着，听不到一声叱骂，听不到他一声责斥……青城山各庙子，在彭当家领导下风气都养得很好，青城山道士不跟和尚一样到成都去跟太太小姐跑公馆，而且在天师洞的道士谈起来是出家人的一种耻辱。青城山没有道士下山化缘，大庙子迎来送往的招待游客，小庙子一锄拜天，二锄拜地的做庄稼。在天师洞山门外的石柱上刻有几个字："本观并无道士在外化缘。"这是对山下冒充青城道士化缘而刊的，庙里菩萨并不多，从不借神敛财，游客烧香并不阻止，不烧香道士并不劝，游客的食住费，庙上不作分文的计较，由客人自由给公公道道地收得皆大欢喜。①

这种自然、质朴的门风受到该文作者赞赏。由此可见，道士修养评判存在两个标准。第一种即陈国符一类学术化严格的标准，第二种即同上文作者那样道德和修为的标准，这两套标准所造成教内与学界的龃龉至今仍然存在。对于部分人来讲，道士只要为人正直、急公好义、淡泊名利，就是一名好道士，不一定非要遵循易心莹的模式。客观地来讲，易心莹认识到时代变革，推动了道教学术发展，彭椿仙则树立了教内道德典范，二者都是当时道教界楷模。民国时期，"学术"西来让道教界将道教学术、哲学研究作为自我教育和修养的一部分，加上时代对"传统""迷信"的批判，某种程度上共同加大了学养在道士评判标准中的比重。

① 王阳：《道士彭椿仙》，《人物杂志》，1947 年，第 2 卷，第 11 期，第 15—16 页。

以“学术”标准来看彭的确无甚建树，但从“修行”角度来看易之苦心学术或许并非于“道”有益。孰高孰低可能是见仁见智的问题，或许在道德与学术、抽象与具象评判之间寻找平衡点会是较好的选择，这也是一个复杂和值得深入讨论的话题。

如果从“宗教不断调节自身以适应世俗社会”[①] 这种对世俗化过程理解的角度着眼，成都道教提倡社会教育，重视自我教育等一系列对自身素质提升的举措和设想，皆可纳入该过程。[②] 根据教内、外的评判倾向，自身素质可大致分为“知识”和“道德”两类。从“知识”层面来看，道教会提倡的学习和弘扬道教“学术”“哲学”的努力似乎不太成功，表现出其在追随和适应现代化过程中的乏力。“道德”方面，在第二章有关知识精英的评判，以及稍后有关“道教会的困境”论述中，都多少反映出外界，包括道教内部，认为道士的道德水准存在着不足。因此在实际情况中，“知识”与“道德”到底是相辅相成，还是互为掣肘，一定程度上左右着道教的发展走向。而这正是决定其能否摆脱困境，提升社会形象，适应现代世俗社会，继而实现振兴的关键因素之一。

三　道教会的困境

（一）会务停顿、建会困难

民国成都地区出现的种种道教会，的确在道教团体建设和事

---

① 戴康生、彭耀：《宗教社会学》，北京：社会科学文献出版社，2007 年，第 200—201 页。

② 理论上讲，各道教会建设，和慈善公益事业开展等也可以归入这一过程。

业推进方面起到了积极作用。但以实际情况来看，许多事情并非如章程描述的那样完美。首先这种不足与外在的社会环境有关①，其次与道教界内在不足也脱不开关系。如本章第三节谈到的道士自我教育问题，以及本节将讨论的道士道德、“左道”冲击、经济等问题，都使得道教会的发展举步维艰，难有建树。

如华阳县道教会之无作为。1946 年 4 月 20 日华阳县分会成立大会上，洪指导员提出道众应精诚团结，免蹈从前虚有组织，未曾推动会务的状况。省道教会代表认为各分会起落有其客观原因，虽然正副会长自任职以来未努力会务，但也未曾忽视，希望今后有所改善以符合政府倡导的标准。其余代表发言大都强调了入世精神。② 政府和道士代表对以往的无作为都心知肚明。

再就是安县。1946 年 7 月社会处指令四川省道教会：查该安县道教会成立迄今毫无工作，会务陷于停顿，依上人民团体整理办法第一条之规定，应予依法整理。王伏阳在调查后呈称：“安县道教会自民国三十三年九月成立迄今数年工作停顿，形同虚设去岁本会奉钧处指令整理各县分会迭经饬令遵办亦无片只字回复。近据该县灵官楼主持熊圆诚来函披阅之下，足见该会难望健全，实有调整改组之必要，理合抄原函二件，据文呈请钧处俯赐鉴核转知安县县政府将该会明令停止活动。”③ 熊圆诚来函中称：“安县道士都是各为其私，不顾宗教大团体。胡诚隐侵公款，停公不理，各职员、会员并无人提议，我曾寄信两次，各职

① 注：本文第三章已有论述。
② 四川省档案馆，全宗号民国 186，目录号 01，案卷号 1839。
③ 四川省档案馆，全宗号民国 186，目录号 01，案卷号 1830。

员、会员亦莫人理我，熊圆诚其奈何哉？”①

从道教会章程和提案中可以看出，部分道士除如陈国符描述那样“率皆不学”外，还有吸鸦片的恶习。《四川省道教会华阳县分会章程》第六条规定，吸食鸦片或其他代用品者，不得为本会会员。会员存在该情况者，受警告或除籍之处罚。② 四川省道教会第一次会员大会上，有代表提出请严禁道侣吸食鸦片，决议由省道教会请省政府严禁或取缔。③

道教还受到旁门左道的影响。如巴中邪教盛行，不得已求助于四川省道教会，千佛岩道士王至洁共呈函两件。大致称巴中县道庙仅十余座，曾向诸山商议改组之事，并未得到道众支持，正教衰微。且巴中旁门左道甚多，王形容巴中“道教宗风乌糟极点”。所谓的旁门左道有二，第一是高峰山附近书符炼咒的道士，以范云峰为教主，占据各地道庙，并不研究黄老道学，反以人多势众欺凌宫观道士。第二是三丰道，假三丰祖师飞鸾惑众，并行画符念咒、手舞足蹈、抓病画茶之事。二者皆称自己是青羊宫之真传，王至洁认为这是破坏了全真道士的形象，于振兴宗风、建设道教极为不利，故请求省道教会的帮助。④

又如盐亭县道教会改组，王伏阳认为呈文有异端、哥老会之嫌。故在呈请转知盐亭县政府整理县道教分会以维宗教由一文中提到：盐亭县孙灵机预备整改该县道教会，经省道教会审查，发现其似并非道教徒，有借教倡异端邪说哥老集会之嫌。因此呈报

① 四川省档案馆，全宗号民国186，目录号01，案卷号1839。
② 同上。
③ 四川省档案馆，全宗号民国186，目录号01，案卷号1838。
④ 同上。

社会处，希望转知盐亭县政府立即停止现有道教会活动，并另排员筹组，以免异端假名道教。[①]

所幸四川省道教会对于这类问题非常重视，树立良好道教形象，打击异端邪说也是道教界的重要任务。因此盐亭县改组工作被叫停，巴中县也在 1937 年 10 月 1 日举行成立大会，推选李明孝为理事长，王至洁为常务理事，会员共 221 人。[②] 在会议中，也时常处理旁门左道问题，如第二次会员大会上，成都、华阳分会均提议取缔左道煽惑，假名募化之伪装道人，并决议由省会呈请政府布告取缔。第三次会员大会中，合川、眉山分会代表提议对于游动、伪装道士各县分会须严格登记取缔。[③]

总的说来，目前还未在成都市区发现有关旁门左道猖獗的记载，大概在盐亭、巴中等当时道教势力不强，省政府、省道教会主要辐射区域外的地区，异端邪说才有良好的滋生环境。但无作为的情况却不分远近，不论是远在成都东北的安县分会，还是就在成都市区的华阳县分会，都出现了这种情况。并且在上述具体事件中，我们还可以看到除了少数有责任和担当的道士，许多道士对于道教团体建设，面对左道危害自身利益时，态度都是自私和冷漠。这对于道教团结、振兴道教是极为不利的。因此有熊圆诚之“莫人理我，熊圆诚其奈何哉”，王至洁之“彼等并无热心”“正教衰微，孤掌难鸣”的哀叹。

（二）资金短缺

经济状况也是制约道教发展的一大问题。在四川省道教会改

---

① 四川省档案馆，全宗号民国 186，目录号 01，案卷号 1839。
② 四川省档案馆，全宗号民国 186，目录号 01，案卷号 1837。
③ 四川省档案馆，全宗号民国 186，目录号 01，案卷号 1838。

组后第二次会员代表大会上，已体现出经费运转困难的问题。因此，大会要求宫观道众强制入会，并按人数多少分宫观应缴常年费为特、甲、乙、丙四个等级，即希望筹集更多经费。尽管如此，省道教会凭借成立公利会才勉强完成1946年度各项会务，在第三次会员大会前，王伏阳因经费困难的原因，再三推诿辞职，足见会务推进之困难①。

祸不单行，在道教会经济本就困难的情况下，一些分会还出现了理事长侵吞资金的现象。安县自1944年农历四月组织诸山道众，于九月十日借县党部举行成立大会，投票公推胡诚隐为理事长。各职员垫款七千余元作办理证章之用，胡诚隐承领名册、公款，称将亲自到省上呈报，但实际上胡并未前往省城，携名册、公款停留在离安县九十余里的茶坪。县政府、县党部多次与胡通信，皆未得到回复，也未召集会务。1946年3月，胡突寄信熊圆诚称其已衰老，行路艰难，让另选理事长，之后一切事与他无关。② 不仅安县道教会名册未送省道教会，办理证章的公款也被理事长胡诚隐侵吞。

四川省道教会第三次会员大会上，荣昌县督导员李宗森提案，称该县道教会会长张述初吞蚀财物，大会依法将会长撤销，改组成立分会，并另选理事长。③ 早些时候彭县也出现了贪污现象，据《彭县志》记载，彭县在民初废道会司在文昌宫设道教会，1928年受道士贪污影响，导致道教会活动停滞，直到1940

① 四川省档案馆，全宗号民国186，目录号01，案卷号1838。
② 四川省档案馆，全宗号民国186，目录号01，案卷号1839。
③ 四川省档案馆，全宗号民国186，目录号01，案卷号1838。

年才经改选恢复，旋即又陷入全真与火居道士的权力斗争中。①

除道士以权谋私外，还有政府职员诈骗会费之事。据崇庆县分会理事长赵太平称，1947 年 11 月，四川省政府派员李汉卿传达批示，李称近日将往省城开会，并告知崇庆县分会应缴纳会费底金二十四万六千元，赵遵将款项备妥。随后来报还需补缴四年会费，一共一百万元，赵于 1948 年 1 月将剩余款项交给李，随后李便杳无音讯。于是赵太平呈请四川省政府令崇庆、大邑两县政府通缉李汉卿。这件事引起了社会部的注意，同年 2 月部长谷正纲训令："李汉卿以本部名义，出具收条收缴会金壹佰万元是否呈缴本部，请核示等情。前来查李汉卿擅用本部名义在外招摇，殊属非是，合行抄发原呈，令仰遵办具报为要。"②

与旁门左道情况相似，成都与邻近县城出现资金侵吞事件较少，风气较好。崇庆县的欺诈事件理论上讲与道教内部没有直接关系。尽管这些侵吞事件没有直接发生在成都统辖的十六个县城中，但实际上却阻碍了成都乃至四川道教的发展。首先这类事件延缓了地方道教会组织建设和事务推进；其次任何一县会费的损失，都会让四川省道教会经济状况雪上加霜；最后也败坏了道教、道士形象，与重振宗风的愿望背道而驰。

① 四川省彭县县志编纂委员会编纂：《彭县县志》，成都：四川人民出版社，1989 年，第 866 页。

② 四川省档案馆，全宗号民国 186，目录号 01，案卷号 1837。

本章小结

在国家动荡、道教衰微的处境中，道教会的建立存在多方面的意义。如《中国道教史》所言，道教会的出现改变了之前宗派林立，各行其是，没有统一教会组织的局面。道教借民国政治体制剧变之势，将道教存在的意义与增进道德、改善社会、振兴中华的作用联系在一起。在寻求自身合法地位的同时，也开始把独重自我，出世修仙的风气，转向入世修行，服务社会和国家。①

从全国道教总会，到地方省、市、县各分会，基本上都延续了最初的理念，成都地区也不例外。从四川道教总分会到改组后的四川省道教会，以及市、县道教会的章程和具体活动中，都可以看到它们对全国道教总会理念和制度的传承。

民国成都道教最大的革新，是各类道教会的创设，以及在道教会体系中展开的一系列改革措施和社会活动，而非道教思想和理论上的创新。从道教历史、文化地位来讲，成都无疑是四川道教的中心之一。若从道教会角度出发，成都更是四川道教的代表。会址方面，四川省道教总分会设在成都青羊宫，改组后的四川省道教会设在成都二仙庵。事务推进方面，位于成都的省级道教会，在整个民国时期都领导和统筹着整个四川道教的发展。在地方，沟通着市、县政府，市、县道教会，与省政府社会处。从

① 卿希泰主编：《中国道教史》，成都：四川人民出版社，1996 年，第 4 卷，第 425—428 页。

全国范围来看，沟通着各省道教，乃至国民政府。从四川道教总分会、中华道教会灌县分会的建立，到筹备中国道教会的过程中，甚至包括易心莹与陈撄宁的交流，我们都可以看到，首先成都道教对道教在全国层面决策的反应是非常迅速的，这对于地处西南内陆，相对闭塞的城市来说是难能可贵的；其次也体现出四川与各省道教界的良好关系，和振兴道教的共同愿望。

具体事务方面，为重振宗风，成都道教界开始关注道士的自我教育，教育方式出现了学术化倾向，学习教理教义，研究道教学术、道教哲学，成为该时期道士培养的方向。由于极不完善的教内教育机构，这一目标并未良好实现，除易心莹外，有学养的道士寥寥无几。反而学界有如刘咸炘、蒙文通等学者，在道学研究上颇有建树。但无可否认的是，道教界在道教经典保护和传承方面的贡献是巨大的。

相比起自我教育，道教界似乎对社会教育更感兴趣。同样的，道教界希望在之前单纯弘扬教理教义的基础上，进一步阐扬道教学术和哲学。但受限于自身素质，这一愿望并未达成。然而道教并非失去了社会教育功能，只能说这种学术化的形式在当时还很不成熟。事实上，信仰民俗中的道教因素，早已广泛流传民间，深入人心，只要宫观、道士与民众产生了互动，哪怕只是作为一种代表形象出现，道教的社会教育功效就会存在，并左右着人们的道德和价值判断。

受道教济世度人宗教思想的影响，和政府强制宫观兴办慈善事业的要求，民国成都道教界参与了许多公益慈善活动，主要分为施钱和办学两大类。最著者为青城山天师洞彭椿仙，他在办学、扶贫和支持抗战方面都做出了贡献，受到政府褒奖。同时，成都还有不少道教性质的慈善会，主要从事施棺、义葬、恤嫠、办学、无息贷款等慈善公益活动；并时常与道教界联合举办超度、祈雨等法会。

道教会的制度创新，应该说早在1912年全国道教总会成立时就基本完成了，总会也希望各分会能够照章办事。之后各类道教会的建立，基本上是对已有思想和制度的延续和深入。纵观成都地区各类道教会章程，从办会理念、会员制度，职位安排、选举制度，到会期安排、权利和义务的规定，基本上大同小异。同时我们发现，“民权”“平等”等新思想被广泛运用在道教会的建设中，在职员选举，权利保障、事务裁决环节，会员都拥有发言权和表决权，少数服从多数的规章条例屡见不鲜。与此同时，“女权”“男女平等”的思想兴起，坤道地位逐渐受到重视。道教会管理者开始提倡乾道、坤道地位平等，并不断督促地方道教会选出坤道会职员，改变了从前道教会会职员全部为乾道的局面。

平等之中也有着不平等，全真道与火居道的隔阂正说明了这一点。在全国道教总会创立之时，就与正一道、火居道划清了界限，称“彼以符箓为道者，是道贼也。”。似乎政府也更认可全真道，并不看好正一道，因此正一道教会活动十分有限。成都地区大部分道教会为全真道性质，但部分县级道教会的创立与火居道关系密切。比如新津、温江二县，及成都临县邛崃道教会，最初即由当地火居道士创设，随着重建与改组，才有全真道士参加，并逐渐转化为全真道性质。尽管火居道人数众多，不过在道教会中地位并不高。1946年四川省道教会第一届改组会员大会中，社会处赖鼎立明确提出，凡外县火坛有特殊参加者，只有选举权而无被选举权。完全断绝了火居道士成为道教会职员的可能。

当然民国成都道教还存在许多问题。除开道士学养普遍不高外，道教会无作为，道士吸食鸦片，邪教、旁门左道的冲击，都严重阻碍了道教会的建设和道教振兴。经济也是制约成都道教发展的一大原因，四川省道教会理事长王伏阳就曾以资金短缺，会务难以推行之由提出辞职。与此同时，居然出现了分会理事长侵吞资金，政府官员诈骗会费的事件，更让成都道教的发展举步维艰。尽管我们可以根据这些乱象，对民国成都道教大加批评，但换一个角度来看，种种问题的暴露，恰恰说明了道教会建设的成功。正是因为有道教会的存在，这些问题才有了公开讨论的平台，道教才有进步的可能。

在讨论了诸多现象之后，让我们再次回顾孙中山对“民权主义”“社会”的认识。“社会”可理解为结社和集会，即各类团体、组织，道教会即其中之一。“民权主义”，即实行人民拥有政权的民主政治，人民拥有选举官吏、罢免官吏、创制法案、复决法案四大民权。孙中山认为社会建设是让民众认识民权、训练民权、运用民权的途径。集会是民权的基础，团结民力，发展民权，方可形成有组织的现代社会。由此推之，道教会的建立，首先是团结诸山道士之力，推动道教的发展和进步。更进一步，是在具体事务施行中让道士认识民权、运用民权，最终突破道教领域的局限，参与到现代化社会建设和国家层面的民主政治中。

遗憾的是，或许只有最初全国道教总会发起人，和部分分会负责人具备这种认识，对于许多道士而言，该话题的讨论是否存在意义，尚未可知。如巴中、盐亭宫观、道士权益受损时，罕有道士愿意承担责任，偶有担荷者，也得不到道众的支持。对于自身和宫观利益尚且无动于衷，何谈社会与国家层面的认识。

同时，本章的研究也揭示出道教会存在的另一个问题，即随着越来越多的道教会出现，其设立的目的似乎在被淡忘。特别是随着南京国民政府成立，各道教会的宗旨开始与意识形态挂钩；抗战全面爆发以后，社会团体建设得到强制性完善，以便政府应急动员和进行监控。虽然这变相促进了道教会的组织建设，但却在一定程度上淡化了最初振兴道教，服务社会和国家的理念。

第四章　民国成都道教与信仰民俗

道教作为中国本土宗教，在漫长的历史进程中，与官方和民间都有着广泛而深刻互动。大致来讲，在道教及其神仙信仰出现之前，古代的崇拜体系和巫术活动就活跃在中国社会中，是道教和民间信仰的渊源。① 随着道教出现，制度化宗教逐渐与民间信仰产生分化，后者相对而言一般没有相应经典、教义、仪式，表现得杂乱而无序，前者则更归整和系统。道教的优越性，以及官方对道教的需求等，使之在历史上数度受到统治者的大力支持；而诸多民间信仰则被斥为淫祀，受到官方和道教的共同抨击。因此，民间信仰有时不得不向道教靠拢以维系生存，故多受道教的影响和支配。② 但同时道教信仰体系，本就来自于民间，吸收了大量天神、地祇、鬼神、人物信仰，并不断吸收民间信仰和俗神，所以二者随着历史发展，愈发难分彼此。围绕种种信仰，逐渐形成了诸多祭祀活动与节日，人们广泛参与到相关崇拜与娱乐

---

① 李远国、刘仲宇、许尚枢：《道教与民间信仰》，上海：上海人民出版社，2011 年，第 174 页。

② 同上，第 192 页。

活动中，道教与民间信仰因素交织在大众民俗与日常生活中。①

随着清中后期道教在上层渐失活力，以及民国时期对传统宗教与民俗的批判，道教大有今不如昔的观感。不过随着从宗教社会学角度研究地方宫观与社会的研究问世，认为近代道教处于衰退期的单一观念被打破，道教不仅在民国颇有创举，② 还广泛流行于民间。尽管民国政府屡次改良民间信仰与民间习俗，禁止迷信与陋习，试图重建岁时节日，但道教文化和相关民俗、信仰早已在民间形成了坚实基础，非朝夕可改变。例如《神祠存废标准》中许多禁止的所谓淫祀在民间依然流行，取缔迷信用品的政策实施迫于民生不得不暂缓，岁时节日的重建造成诸多混乱而选择向传统妥协等。

成都作为西南内陆城市，相比沿海发达城市，社会大众并不

① 早期已有不少关于道教与民俗关系的研究：张泽洪从道教斋醮科仪方向研究了道教与民俗关系，称唐以后民间斋醮已达法不能禁地步；明清时期，道教节日与斋醮活动已成为民间随时习俗的重要组成部分；到了近现代，斋醮多以迎神报赛的形式出现在岁时节日、神仙诞辰、庙会等活动中。见张泽洪：《道教斋醮科仪研究》，成都：巴蜀书社，1999 年，第 268—276 页。丁培仁从斋醮、礼俗入手，讨论了道教与巫术、术数、民间信仰、民间宗教、日常生活、娱乐等方面的联系，认为道教对民俗的渗透是无法阻止的。见丁培仁：《道教与民俗浅议——以斋醮、礼俗为例》，《宗教学研究》，2001 年，第 4 期，第 20—25 页。胡锐对道教庙会的产生、发展、繁荣做了梳理，认为道教庙会源于两汉，成于唐宋，盛于明清，并形成了“庙市”。由于道教神灵崇拜与民间神灵崇拜是两个互相开放的系统，所以道教神仙信仰能更深入地介入民间生活，道教庙会大众化程度也比佛教庙会更高。随着道教在上层逐渐失地位并转向民间发展，道教庙会也越发民间化，甚至几乎全部由世俗社会所承担。见胡锐《试论道教庙会的发展及特点》，《宗教学研究》，2005 年，第 4 期，第 41—44 页。有学者认为当道教转向民间后，形成了各种以融合宗教思想为特点的民间宗教，其中一部分与道教在思想、组织上仍存在关系，某种意义上可算作变相的道教。见卿希泰、唐大潮：《道教史》，南京：江苏出版社，2005 年，第 245 页。较近专著有李远国等著《道教与民间信仰》，对道教与民俗、信仰有较全面的分析；刘仲宇著《儒释道与中国民俗》则是将三教与中国民俗的关系进行了细致梳理。

② 付海晏：《北京白云观与近代中国社会》，北京：中国社会科学出版社，2018 年，第 288 页。

能第一时间接受到最新观念，感受潮流巨变。因此有学者认为清末民国的成都受到西方冲击相对较少，保留了更多传统，是研究大众文化和日常生活的理想对象。① 在一定程度上讲，当道教在上层失去活力之后，民间成了道教文化延续的一个文化载体和庇护所，基层社会的岁时民俗、民间信仰和日常生活中，带有丰富的道教文化色彩。虽然道教，尤其是全真道对信仰民俗中迷信、巫觋成分多有批判，但仍无法否认民众在道教文化传承方面做出的贡献。尽管这种传承并非总是出于自觉，反而带有强烈的功利性，并且在行为和信仰上存在诸多偏差。

第一节　岁时民俗

一　节日的重建

1912 年 1 月，临时大总统孙中山派员交参议院公议改用阳历之事，并议决四条办法。期望自此社会以阳历为官历，以阴历为民历。传统节日和农事活动参照阴历，新节日和政治活动按阳历进行。改历之初，由于新旧历节日时间差距太大，曾造成了一些混乱。在整个北洋政府时期，新历的推行都未有太大成效。国民政府建立之初，除军政机关和部分学校能遵循外，社会大众对

① 王笛：《街头文化：成都公共空间、下层民众与地方政治（1870—1930）》，北京：商务印书馆，2013 年，第 1 页。

新历的概念也较模糊。①

面对这种情况，1928 年 5 月 7 日，内政部长薛笃弼拟定八条办法，呈请国民政府必须废除旧历，统一国历。行政院基本同意这八条办法，并做了部分修改。规定禁止私售旧历、月份牌、新旧历对照表，或附印旧历之画片等；所有机关、团体、学校，除国历规定者外，一律不准循旧历习俗放假；各省、区、市制定章则公告民众，将一切旧历岁时节日的娱乐赛会和习俗相关点缀品、销售品加以指导和改良，按照国历日期举行；改正商店清账和休息时间；大规模推广实行国历宣传，尤其注意破除婚丧迷信，婚丧简帖和讣告不得沿用旧历。②

不过国民政府很快就认识到该办法过于严苛，于是在 1930 年 3 月，内政部和教育部认为移风易俗应当按部就班，不可能一蹴而就。部分传统节日应予以保留，如元宵、上巳、端阳、七夕、中元、中秋、重阳、腊八，但除中秋外，其余节日当改为国历计算。③ 同年 6 月 26 日，国民党中央执行委员会颁布《推行国历办法》六项，将旧历直接称为“废历”。规定应将废历新年休假日期和前后所沿贺年、祀祖、团拜、春宴、观灯、贴春联等娱乐活动全部转移国历新年进行；各地场镇和庙会等日期，严禁延用废历而遵用国历；废历通信和附载废历的刊物应一律禁止，

① 张宪文、张玉法主编：《中华民国专题史》第 8 卷，赵兴胜、高纯淑、徐畅、杨明哲著：《地方政治与乡村变迁》，南京：南京大学出版社，2015 年，第 369—370 页。

② 中国第二历史档案馆编：《中华民国史档案资料汇编》第五辑第一编，文化（一），南京：江苏古籍出版社，1994 年，第 424—428 页。

③ 同上，第 429—431 页。

违者依法严处；向农民广泛推广，各地耕作时期改用国历推算等。①

然而新历的推行在城市与农村存在很大差异。比如农历新年的日期，符合农忙、农闲的客观规律，强行让农民按照党政机关那样每年新历一月一日休假，旧历正月初一工作，实际上对农事无益，所以其推广至少在农村收效甚微。同时二十四节气、朔望等传统节令，是长期经验的积累，与农业生产和航海航运关系密切，也无法禁绝。因此在舆论的推动下，国民政府在后来编制的《国民历》中补回二十四节气、朔望日等内容。②

故在民国节日重建的过程中，国民政府实际上不断在向传统妥协。传统岁时节日在民间，尤其是农村依然十分活跃。新的法定节日如中华民国成立纪念日、植树节、儿童节、国耻纪念日、武昌起义纪念日等，或许在城市党政机关中更具一定影响力，对于基层社会而言这些节日可能并未普及。

二　传统节日的延续

在新旧的交锋中，传统节日表现出了顽强的生命力，元宵、上巳、端阳、七夕、中元、中秋、重阳、腊八、除夕、春节等节日和习俗得到了保留。并且在各类节日中，我们几乎都可以找到道教文化因素，这说明在漫长历史进程中，道教与民俗已经有了

---

① 中国第二历史档案馆编：《中华民国史档案资料汇编》第五辑第一编，文化(一)，南京：江苏古籍出版社，1994 年，第 435—436 页。

② 张宪文、张玉法主编：《中华民国专题史》第 8 卷，赵兴胜、高纯淑、徐畅、杨明哲著：《地方政治与乡村变迁》，南京：南京大学出版社，2015 年，第 371 页。

充分的交融。清末以降，道教在上层渐失地位。因此在一定程度上讲，民国道教文化的载体，除了宫观、道士、道教经典外，民间也充当着这一角色，且分量或较以往更重。同时信仰民俗在民国时期也受到政府的改良和纠正，因此研究这一时期道教与民间岁时节日、民间信仰、日常生活的关系，就具有更独特的意义。岁时节日方面，从一年的开端春节到除夕结束，诸多节日都带有不同程度的道教色彩。

（一）春节至上元节——三官和玉皇信仰

成都农历正月初一为春节，人家祀，先礼神，出门向历书所载喜神吉方礼拜，然后出门游览，以至南门外武侯祠者最多。[①] 初九日称上九，是夜街市皆燃灯，其中有鱼龙狮象走马鳌山各式。立春后五戊为春社，民众礼后土祈谷。[②] 新繁县正月一日黎明起，焚香爆竹，祀先及天地、中霤、井、灶、门、户诸神，不扫地，不倾水，不茹荤。[③] 什邡县春节时，一些贫困的流浪汉，会穿上纸衣纸帽，挂上假胡须，手持九节鞭或红甘蔗装扮成文武财神，求人施舍。在喜庆的氛围中，人们往往称之为财神上门，为图个吉利，多少会给点钱。[④]

从春节一直到正月十五元宵节（上元节）期间，部分地区有崇奉三官的习俗。许多人家中即供奉有三官大帝："中堂门

① 《社会调查与统计》，1944 年，第 4 期，第 140 页。

② 同上，第 141 页。

③ 《新繁县志》，民国三十六年铅印本，丁世良、赵放主编：《中国地方志民俗资料汇编 · 西南卷》，北京：书目文献出版社，1991 年，第 69 页。

④ 四川省什邡县志编纂委员会编纂：《什邡县志》，成都：四川大学出版社，1988 年，第 24—26 页。

外，多供天地水府三元三品三官大帝位，旁列虚空过往纠察善神。”① 三官信仰是道教传承历史最悠久、影响最深远的信仰之一。早在五斗米道时期，就有基于三官信仰的三元斋会活动，并在唐代以来融于民俗节日之中。道教称上元天官赐福、中元地官赦罪、下元水管解厄，天地水三官共有九宫九府一百二十曹，考核生死罪福，无有差错。在以农业为主的中国古代社会，上元节是祈求一年农事兴旺的时令节日，民间对此十分重视，多建斋设醮以期天官赐福。②

新津县正月初一，男女老幼会到附近庙宇敬香和游玩，如纯阳观、玉皇观、老君山。初二开始到宗祠向祖先牌位拜年，坟前上香化纸，供奉祭品。初九到十五，较大的寺观会点“三官灯”，一般在庙前竖立灯杆，点天罡、地煞灯数十盏。农村有条件的也会搭棚供奉“三官神”，点天、地等两盏。③

灌县县俗，农历正月初一，男主人凌晨先起床，背包打伞向喜神方向出行，望空作揖，随手捡一块石头或一根柴回家，放在家神、土地座下，点燃香烛，放炮致敬。然后向家神、土地、灶神、三官大帝焚烧纸钱。然后其他人才起床换上新衣，一家人吃汤圆或面食。初五称“破五”，男子需用锄头在附近耕地象征性挖三下，表示新年破土，有水井的人家还需敬水神。④ 徐渡乡马

---

① 《简阳县志》，民国十六年铅印本，丁世良、赵放主编：《中国地方志民俗资料汇编 · 西南卷》，北京：书目文献出版社，1991 年，第 136 页。

② 张泽洪：《道教斋醮科仪研究》，成都：巴蜀书社，1999 年，第 263—268 页。

③ 四川省新津县志编纂委员会编纂：《新津县志》，成都：四川人民出版社，1989 年，第 984 页。

④ 四川省灌县县志编纂委员会编纂：《灌县县志》，成都：四川人民出版社，1991 年，第 734 页。

祖寺正月初九日办上元会，龙溪乡正月十九日办天官庙会。[①]

玉皇大帝在道教信仰和民间信仰中拥有极高地位，民间和宫观祀奉玉皇的现象非常普遍。曾经一段时间玉皇属于道教四御之一，后因玉皇地位突出，将其单独放在三清之下，四御空缺由南极长生大帝补之。[②] 政和六年（1116），宋徽宗封玉皇为“太上开天执符御历含真体道昊天玉皇上帝”，试图将玉皇和昊天上帝合一，玉皇崇奉达到顶峰。也引起了儒者不满，因为这样昊天上帝地位就在道教三清之下了。[③] 民国时期，国民政府并未谈及玉皇信仰的认可与否，民间也持续进行着祀奉玉皇的庙会活动。

新繁县以农历正月初九为玉皇生日，办上九会，为玉皇贺寿。[④] 简阳县俗传是日为玉皇生日，士民搭彩棚，点玉皇灯，至十六日乃止。[⑤] 金堂县正月初九开始上九会，大同乡景峰古刹有戏班唱戏，直到正月十五日结束。[⑥] 广汉县农历正月初九为玉皇大帝会期。县城北郊玉皇观、高骈玉皇观、三水镇同善堂、连山乡普通寺、金轮乡包公庙等皆举办上九会。其中以北郊玉皇观规模最大，其间有戏班演戏，与会民众上千人。[⑦] 什邡县正月十五

---

① 四川省灌县县志编纂委员会编纂：《灌县县志》，成都：四川人民出版社，1991 年，第 736—737 页。

② 李远国、刘仲宇、许尚枢：《道教与民间信仰》，上海：上海人民出版社，2011 年，第 190—193 页。

③ 《宋史》，第 2 册，第 21 卷，第 396 页。

④ 《新繁县志》，民国三十六年铅印本，丁世良、赵放主编：《中国地方志民俗资料汇编 · 西南卷》，北京：书目文献出版社，1991 年，第 69 页。

⑤ 《简阳县志》，民国十六年铅印本，丁世良、赵放主编：《中国地方志民俗资料汇编 · 西南卷》，北京：书目文献出版社，1991 年，第 136 页。

⑥ 四川省金堂县志编纂委员会编纂：《金堂县志》，成都：四川人民出版社，1994 年，第 878 页。

⑦ 四川省广汉县志编纂委员会编纂：《广汉县志》，成都：四川人民出版社，1992 年，第 609 页。

日各乡都会举办灯会，组织玩狮灯、花炮烧龙灯等活动。各场镇街口点有一长串33盏组成的“玉皇灯”。[1]

一般来说，农历正月初九为玉皇诞辰，各地办上九会；正月十五为上元节（元宵节），是日办天官会。但在上述实际情况中，各地时间有所差异，两会习俗也有交叉、混同的现象出现。

（二）清明节——城隍和川主信仰

民众在清明节这天一般会进行扫墓、上坟等活动，以祭奠亡故亲人。但在清明节前后，民间还会举办一些庙会活动，如城隍会、川主会。

崇庆元通场在清明节期间会举办城隍会，当地人多称之为“清明会”。清明会为期七天，有时会延长到十天以上，是闻名崇庆县规模较大的庙会。正会期清明节之前，附近县区商贾就来到元通场进行物资交流，因此清明会有庙市的性质。在河坝边，人们搭神棚、戏台、茶园、地台为庙会活动做准备。正会期当天，会场表演川剧，民众齐聚场镇为城隍贺寿，并进行城隍出驾仪式，包括放五猖、出驾、赏孤、回銮四个步骤。[2] 城隍信仰及出驾具体状况，将在下节详细叙述。

另外，灌县二王庙每年在清明节举行开水典礼，放水春灌。清代称之为“祀水”，规定“牲用少牢，祭列九品”，由总督、巡抚亲自主持。仪仗先至伏龙观祭祀李冰，再到二王庙祭祀二郎，行三跪九叩之礼。放水之后，儿童跟着水跑，投石打“水

---

① 四川省什邡县志编纂委员会编纂：《什邡县志》，成都：四川大学出版社，1988年，第24—20页。

② 成都市政协文史学习委员会编：《成都市文史资料选编 · 蓉城杂俎篇》，成都：四川人民出版社，2007年，第440—447页。

脑壳”。主祭官立即赶回成都“接水”，当地民众则到灌县县城赶清明会。民国时期，四川省政府对清明放水也很重视，颁发了新的开水礼仪，改三跪九叩为三鞠躬，然后朗诵、唱纪念歌、献花、献食等。主祭官由省府和水利厅要员担任，放水后主祭官和随从官员要到杨泗庙、堰功祠祭祀历代修建都江堰的有功之人。[①]

在清明节祀川主是灌县二王庙的传统，其实川主信仰与普遍存在的清明节习俗关系并不大（有光绪十一年，宣统元年碑各一，表明二王庙作为祀典重地，地位较高，受到政府保护）[②]。川主一般指秦蜀郡守李冰，或李冰之子二郎。二郎神信仰本为灌口地方神，宋以后祠庙建于全国，民间多以六月二十四日为其诞辰，并在这天进行祭祀活动。就灌口地区来说，二郎之崇奉从唐宋到清末都十分繁盛。[③] 四川地区清代川主信仰也很普遍，雍正五年（1772）李冰被朝廷封为“敷泽兴济通祐王”，二郎封为“承绩广惠英显王”（道教称之“清源妙道真君”），地位大增。同时，川主信仰兴盛与清初四川移民运动也有关，四川本地人为了找到整合群体的精神象征，以应对外来移民和信仰，选择把川主作为主要崇奉对象。据统计清代四川所建川主宫至少有505处，其中崇祀李冰和二郎的占绝大多数，少数崇祀二郎和隋太守赵昱。[④]

---

① 四川省灌县县志编纂委员会编纂：《灌县县志》，成都：四川人民出版社，1991年，第726页。

② 同上，第901—902页。

③ 李远国、刘仲宇、许尚枢：《道教与民间信仰》，上海：上海人民出版社，2011年，第23页。

④ 林移刚：《川主信仰与清代社会整合》，《西南大学学报（社会科学版）》第39卷，2013年，第5期，第158—159页。

到了民国，国民政府并未否定李冰之崇祀，不过认为二郎信仰是“附会无稽明矣”，归为淫祀一类严加取缔。[①] 不过成都各县仍然存在川主之祭祀活动，并且共同崇奉李冰及二郎。灌县县俗以农历六月二十四为二郎生日，二王庙举办川主会，民众多前去朝拜。[②] 金堂县农历六月二十四为川主会，民众认为川主即秦太守李冰也，治水之功，利赖万世，允宜崇祀。同时在金堂县县城和各乡村中即存在许多川主庙，如城厢、三星幸福村、龙威菜坝村、淮口、赵家钢铁村、四方横梁子、同兴下坝村、竹篙永济村等。[③] 人们对川主之崇奉，多与祈雨有关，部分与水有关的行业也对其加以祀奉。如大邑县在农历六月二十四日祭川主，如遇岁旱，各共迎川主祈雨，应则签点会首，演剧酬神，谓之雨戏。雨久则禀官于太阳宫祈晴。[④] 崇庆县有王爷会 20 个，多为从事榨油、售油、船筏业群体，除供奉镇江王爷外，亦祀奉李冰父子，以祈求水源充足，会期在农历六月初六日。[⑤]

（三）端午节——天师信仰

端午节，道教称之为地腊之辰，为五帝校定生人官爵之日。在这一天人们除了吃粽子、赛龙舟以纪念屈原外，祛邪辟毒也是十分重要的互动。这一天，“人家饮雄黄酒，食粽子、盐蛋，悬

① 中国第二历史档案馆编：《中华民国史档案资料汇编》第五辑第一编，文化（一），南京：江苏古籍出版社，1994 年，第 505 页。

② 四川省灌县县志编纂委员会编纂：《灌县县志》，成都：四川人民出版社，1991 年，第 735 页。

③ 四川省金堂县志编纂委员会编纂：《金堂县志》，成都：四川人民出版社，1994 年，第 895 页。

④ 《大邑县志》，民国十九年铅印本，丁世良、赵放主编：《中国地方志民俗资料汇编 · 西南卷》，北京：书目文献出版社，1991 年，第 92 页。

⑤ 四川省崇庆县志编纂委员会编纂：《崇庆县志》，成都：四川人民出版社，1991 年，第 758 页。

蒲、艾于门。女子佩绣囊，曰香包。小二衣缀彩扎虎、猴等物，云可辟除邪秽。"① 人们悬挂艾草、菖蒲达到祛除邪毒的目的，并且在这一习俗当中融入了天师信仰，希望将张天师降妖除魔的威力赋予陈艾、菖蒲之上。灌县儿歌云："五月五日午，天师骑艾虎。手提菖蒲剑，降魔万万五。"② 刘沅在描述民间端午习俗是也提道："骑虎天师法力鸿，惟持蒲剑便成功。无如毒染芙蓉重，不止区区五样虫。"③

同时，民间还会举办天师会，演戏酬神。民国《灌县志》记载："天师羽化青城，邑人祀之，是日有演剧娱神者，亦积习也。"④ 灌县端午节时，各家门上悬挂陈艾、菖蒲，喝雄黄酒，包粽子，采草药，并用酒渣混大蒜汁洒于房屋周围。多地举办天师会，天师庙举办天师像游街活动，象征以天师之威力降服众魔，同时庙会上演出《白蛇传》。⑤ 广汉县端午这天，三星乡青龙嘴、复兴乡岗巃庙、向阳场青一庵、中心乡龙王庵等地也都会举办天师会。⑥

---

① 《华阳县志》，民国二十三年刻本，丁世良、赵放主编：《中国地方志民俗资料汇编·西南卷》，北京：书目文献出版社，1991 年，第 14 页。

② 四川省灌县县志编纂委员会编纂：《灌县县志》，成都：四川人民出版社，1991 年，第 735 页。

③ 《锦城竹枝词百咏》，杨燮等著，林孔翼辑录：《成都竹枝词》，成都：四川人民出版社，1982 年，第 79 页。

④ 《灌县志》，民国二十二年铅印本，丁世良、赵放主编：《中国地方志民俗资料汇编·西南卷》，北京：书目文献出版社，1991 年，第 59 页。

⑤ 四川省灌县县志编纂委员会编纂：《灌县县志》，成都：四川人民出版社，1991 年，第 735 页。

⑥ 四川省广汉县志编纂委员会编纂：《广汉县志》，成都：四川人民出版社，1992 年，第 609 页。

（四）中元节和下元节

道教认为中元节为地官赦罪之辰，下元节为水官解厄之辰，同属三官信仰系统。与天官信仰不同的是，中元节和下元节都十分注重对亡人、鬼魂的祭祀，和对穷苦人的施舍，该特点也明显体现在民间习俗中。

中元节，又称“鬼节”，民间多焚化纸钱祭祖：“中元祀祖祢率以十三日为多焚纸寓钱。”[①] 人们多将纸钱包好，并写上亡人名字，以期能送到他们手中，称之为“烧袱子”或“烧袱纸”。成都县农历七月十五为中元节，人家皆封纸钱以祭祖宗，谓之烧袱子。[②] 金堂县俗烧袱纸祭祖，晚上在家附近用香烛、水饭赏孤。[③] 郫县旧俗称中元节为冥府允许已故亲人回家探亲。因此各家摆设酒食，烧袱纸、化冥帛以祭奠祖先。烧纸钱祭祖的习俗一直延续到中华人民共和国成立以后。[④]

部分县区在七月十五前就开始祭祖、赏孤，但祭祀方式基本一致。如温江县中元节为农历七月初十到十五日间，一般以十二日为正期。其间人们会备饭菜供奉祖先，烧袱纸。十五日晚，在住地附近焚化钱纸、泼洒水饭，象征赏赐孤魂野鬼。[⑤] 什邡县以农历七月十一日至十三日为中元节，认为这一天冥府开放，亡人可回家探望亲人。宗教团体多举办盂兰会，做放戒、道场等法

---

① 谢汝霖修，罗元黼纂：《崇庆县志》礼俗第五，民国十五年铅印本，第265页。

② 《社会调查与统计》，1944年，第4期，第141页。

③ 四川省金堂县志编纂委员会编纂：《金堂县志》，成都：四川人民出版社，1994年，第878页。

④ 四川省郫县志编纂委员会编纂：《郫县志》，成都：四川人民出版社，1989年，第727页。

⑤ 四川省温江县志编纂委员会编纂：《温江县志》，成都：四川人民出版社，1990年，第822页。

事。人们准备饮食、酒水供奉已故亲人，并焚化纸钱、纸衣祭奠祖先。[①]

下元节为农历十月十五日，不过人们大多数在十月一日就开始进行祭祖活动，称之为送寒衣："邑人各制纸衣、冠、履、衾褥，致祭祖先，谓之送寒衣。"[②]"十月朔，为民岁腊祭，祭奠祖考。葬未三年者，以楮纸制衣冠、衾褥之属，至垄前焚化，曰送寒衣。"[③]这种习俗与中元节烧袱纸意义类似，因此有人评价道："民间祀先代，化冥衣、信袱，如中元节。"[④]同时，民众有时候会把这种对祖宗的关怀延伸到现实中的贫苦人家："十月一日，俗称下元节。富家往往以旧衣物施与贫苦，曰送寒衣。"[⑤]也可以看出，民间常常把十月一日就当作下元节。

（五）重阳节——九皇信仰

重阳节从节日内涵上看，与道教的联系似乎并不及其他节日紧密。不过重阳有登高之俗，因此部分人会登山，在山上的宫观中游览或聚会。如从清末到民国，新津县一直有少数文人会约定这一天在城南修觉山和老君山集会，吟诗作对，所作诗篇形成

---

① 四川省什邡县志编纂委员会编纂：《什邡县志》，成都：四川大学出版社，1988年，第24—22页。

② 《温江县志》，清嘉庆二十年刻本，丁世良、赵放主编：《中国地方志民俗资料汇编·西南卷》，北京：书目文献出版社，1991年，第55页。

③ 《大邑县志》，民国十九年铅印本，丁世良、赵放主编：《中国地方志民俗资料汇编·西南卷》，北京：书目文献出版社，1991年，第92页。

④ 《汉州志》，清嘉庆二十二年刻本，丁世良、赵放主编：《中国地方志民俗资料汇编·西南卷》，北京：书目文献出版社，1991年，第63页。

⑤ 《华阳县志》，民国二十三年刻本，丁世良、赵放主编：《中国地方志民俗资料汇编·西南卷》，北京：书目文献出版社，1991年，第15页。

《插萸雅集》。[①]

更为重要的是，农历九月初是道教的九皇会。九皇一般指北斗七星和内辅外弼二星。宋以后或称北斗七星和紫微、勾陈。他们都是斗姥所生，称为九皇，农历九月初九为其诞辰。九皇信仰在民间影响较大，其信仰源于古人对北斗的崇拜，进而演变为拜斗之俗。四川地区在农历九月初一至初九举办九皇会，其间禁屠宰，吃素食。街上店铺都会插上彩色纸镶边的黄色三角形旗，书“九皇素食”四字。[②] 所以在时间上九皇会与重阳节有交集，也算是重阳节与九皇信仰的一种关系。

成都从清末开始就有九皇会和九皇斋的习俗：“从八月二十九起，各饮食店均扫洒，即炉灶锅亦另置，各贴不通之黄对联，或黄纸作彩帐，或黄纸剪旗，即饮食小贩挑担者亦如之。从九月朔日起，个庙宇做会念经……居民不论男女，朝夕燃黄油烛，焚香叩首，斋戒茹素，十之八九。”斋戒完毕，必须恭送九皇，然后才有吃荤：“及满素时，向例必夜间先送九皇，然后开斋。”[③]

民国时期有多种斋戒习惯。分长素、月斋、花花斋三种。其中花花斋是每月选几日吃素，一般在朔望或神仙诞辰、成道日，或母亲生日等，九皇斋即是其中之一，并且是一年诸斋中最重要的一个：“九皇斋为农历九月初一至初九日，诸斋以九皇最为隆重，持此者甚多。凡食店均制黄纸旗帜，招贴于市中，称之为九

① 四川省新津县志编纂委员会编纂：《新津县志》，成都：四川人民出版社，1989 年，第 986 页。

② 李远国、刘仲宇、许尚枢：《道教与民间信仰》，上海：上海人民出版社，2011 年，第 23—24 页。

③ 傅崇矩：《成都通览》，成都：成都时代出版社，2006 年，第 245—246 页。

皇盛会。”[1] 不过部分人对于吃斋习俗并不看好，认为是“老媪”“年轻寡妇”“贞女”的习惯，多少带有对妇女的歧视。[2]

（六）祭灶和除夕——灶神和门神信仰

灶神从汉代以来，在民间信仰极为普遍，晋代后又被尊为天地督查使。[3] 明代民间多在农历十二月二十三、二十四这天祭灶，称为“送灶”，元旦或正月初五日迎接灶神归来。[4] 该习俗一直延续到民国时期，在祭祀方式和时间上没有太大变化。灶神一般设在家中厨房：“灶亦五祀之一，俗多祀于厨舍，中列九天东厨司命灶王府君为，旁列搬柴童子、运水郎君，间有祀于神龛侧者。”[5] 平日民间还有一种参灶习俗：“每逢醮事毕，即有道士同会首按户入厨，喃喃念诵。主人封钱数文，或一二十文，交与道士，名曰参灶。”[6]

成都各县送灶日期一般在农历十二月二十三、二十四日，接灶日期则各有不同，有些在二十四日早上，有些在元旦早上。成都县祭灶称作“送灶神上天”，沿途各处都出售灶疏、灶马、灶糖等用品。除夕当晚通宵不眠，称之为“守岁”，鸡鸣时即祀灶

---

① 《新繁县志》，民国三十六年铅印本，丁世良、赵放主编：《中国地方志民俗资料汇编 · 西南卷》，北京：书目文献出版社，1991 年，第 73 页。

② 四川省郫县志编纂委员会编纂：《郫县志》，成都：四川人民出版社，1989 年，第 726 页。

③ 胡孚琛主编：《中华道教大辞典》，北京：中国社会科学出版社，1995 年，第 1494 页。

④ 寇凤凯：《明代道教文化与社会生活》，成都：巴蜀书社，2016 年，第 439—441 页。

⑤ 《简阳县志》，民国十六年铅印本，丁世良、赵放主编：《中国地方志民俗资料汇编 · 西南卷》，北京：书目文献出版社，1991 年，第 136 页。

⑥ 傅崇矩编：《成都通览》，成都：成都时代出版社，2006 年，第 247 页。

神，称“接灶”。[①] 双流县县俗，农历十二月二十三、二十四日为灶神升天之日，除夕返回。这两天晚上，人们往往备置水果、酒水、白麻糖、灶马供奉灶神。据说灶神吃了白麻糖会把嘴粘住，就不会在玉皇那里告状了。[②] 彭县民众在农历十二月二十三日送灶，当地称灶神为“耳目神”，为祈求灶神“上天奏善事，下地降吉祥”，人们会供奉酒肉、白麻糖。是日还会有尼姑和道姑到家中乞送“灶素”。[③] 郫县县俗农历十二月二十四日夜，民间准备素食、糖果祭祀灶君，并在锅台贴灶马，在锅内点灶灯。糖果主要是饴糖，称能粘住灶君之口，不向玉皇报告人间之恶。[④] 新津县俗认为灶神是玉皇大帝派遣人间了解各户善恶之神，每年农历十二月二十三日晚，灶神要上天汇报情况。因此人们要焚献香烛，准备酒水饭菜恭送，祈求灶神美言。次日新灶神继任时，采取同样的方式迎接。[⑤] 什邡县农历十二月二十三日晚家家用灶糖祭灶神，俗称灶君因为拿了人们好处，就会上天奏各家好事。还会在灶门上涂抹白酒，称之为“醉司命”。[⑥] 除了送灶这一天，部分人家平时会在锅内倒置一碗，点上油灯，叫作“点灶灯”。他们称灶神时常上天奏事，有灶灯作指引就不会迷

---

① 《社会调查与统计》，1944 年，第 4 期，第 142 页。

② 四川省双流县志编纂委员会编纂：《双流县志》，成都：四川人民出版社，1992 年，第 819 页。

③ 四川省彭县县志编纂委员会编纂：《彭县县志》，成都：四川人民出版社，1989 年，第 843 页。

④ 四川省郫县志编纂委员会编纂：《郫县志》，成都：四川人民出版社，1989 年，第 726 页。

⑤ 四川省新津县志编纂委员会编纂：《新津县志》，成都：四川人民出版社，1989 年，第 984 页。

⑥ 四川省什邡县志编纂委员会编纂：《什邡县志》，成都：四川大学出版社，1988 年，第 24—20 页。

路，因此会保得自家平安。[①] 金堂县民众于农历十二十三日晚用糖果祭灶，有的同时祭祖、换神榜，此为“送灶”。二十四日一早即燃香点烛，表示接灶神回府，称为“接灶”。[②]

民间关于祭灶的记载很多，反映出祭灶活动的普遍存在。祭祀方式上，不同地区大致相同，基本祀以素食、糖果、酒水。信仰内涵上，都是希望通过讨好乃至麻痹灶神，使其在玉皇面前能多说好话，或者说不出话，以此求得自家平安，带有浓厚的世俗社会色彩。

到了除夕当天，民间有大量民俗活动，其中一项便是贴门神。门神起源很早，与道教也有关系。历史上至迟在东汉即将传说中度朔山大桃树下的神荼、郁垒昆弟二人作为门神，称其有执鬼之能，道教吸纳之后称之为门丞、户尉。[③] 唐代一度将秦叔宝、尉迟恭作为门神，后来地方习惯将各地威猛能御鬼者皆奉为门神，像关羽、岳飞、姜太公、钟馗都曾作此用。[④]

民国彭县除夕当天，全家人思先人创业艰难，先祭祖，后进食，饭后飨孤。并祭门神、房隅、河伯、雨师、沟神、土地等。[⑤] 新建县俗，除夕夜在门上贴春联以表喜庆，贴门神以驱邪

---

① 四川省什邡县志编纂委员会编纂：《什邡县志》，成都：四川大学出版社，1988 年，第 24—26 页。

② 四川省金堂县志编纂委员会编纂：《金堂县志》，成都：四川人民出版社，1994 年，第 878 页。

③ 李远国、刘仲宇、许尚枢：《道教与民间信仰》，上海：上海人民出版社，2011 年，第 227 页。

④ 刘仲宇著：《儒释道与中国民俗》，桂林：广西师范大学出版社，2016 年，第 367 页。

⑤ 四川省彭县县志编纂委员会编纂：《彭县县志》，成都：四川人民出版社，1989 年，第 841 页。

恶。午夜后，点香燃烛，敬天地、祖宗。[①] 什邡县还保留有神荼、郁垒的门神形态，多采取左神荼、右郁垒的形式。[②]

第二节　庙会与行会信仰

1928年10月23日内政部颁布《神祠存废标准》，旨在破除淫祀、迷信，改善风俗。其中与道教有关准予保留的神祠有伏羲、神农、黄帝、岳飞、关羽，元始天尊、老子、三官、天师、王灵官、吕祖。以上属于先哲、宗教类，允许保留并由地方政府保护。古神一类与道教有关的是日神、月神、火神、魁星、文昌、五岳四渎、东岳大帝、龙王、城隍、土地、灶神、风雨雷电之神。这些神灵载于明清祀典，为古代可祀之神，但国民政府认为以现代科学的眼光来看，以上信仰均无存在价值，应予取缔，不过打击程度不及淫祀强烈。明确为淫祀的有送子娘娘、财神、二郎、瘟神、赵公明、狐仙等，应严格取缔。假宗教之名，附会委托之神，也算作淫祀。同时规定信仰道教者，应服膺老子《道德经》，其以服饵修炼，或符箓禁咒蛊世惑人者，应一律禁止。[③]

1929年10月，内政部长赵戴文呈请行政院将《淫祠邪祀调

---

① 四川省新津县志编纂委员会编纂：《新津县志》，成都：四川人民出版社，1989年，第986页。

② 四川省什邡县志编纂委员会编纂：《什邡县志》，成都：四川大学出版社，1988年，第24—20页。

③ 中国第二历史档案馆编：《中华民国史档案资料汇编》第五辑第一编，文化（一），南京：江苏古籍出版社，1994年，第495—506页。

查表》转行各省市政府查照填报，以征集各地民意以为废除张本。[①] 1932 年 3 月，兼署内政部长汪精卫称目前仅上海、汉口、南京、广州、天津、济南咨复并无淫祠，其余各省或填送未齐，或未填报者，因表册亟待统计以作稽考，令个省市政府转饬所属从速办理并汇总内政部。[②] 同年，《华阳县政月刊》即刊登出该表格。填报项目包括祠庙名称、地址、建立时间、庙基规模、庙产、管理人、人民信仰情况、废除办法 7 项。须废除之淫祠邪祀分为四类，一为附会宗教而并无崇拜价值者；二为借神敛钱、开堂惑众、秘密供奉者；三为依草附木牛鬼蛇神等类者；四是根据世俗传语、稗官小说，毫无事迹可考者。凡正式宗教和先哲，或御侮捍忠，或有特殊发明利益社会和善良风俗者，概不在内。[③]

一　庙会的兴替

庙会的兴替在现实中存在三种情况。其一如老子信仰，政府准予保留；其二如城隍，城隍为古代可祀之神，但在现代科学背景下应予取缔；其三如送子娘娘，明确归为淫祀，严格取缔。在实际情况中，官方认可的老君信仰非常繁荣，民众参与到与之相关的花会、劝业会中。城隍信仰有着广泛的民众基础，城隍会往往是各县最为盛大的庙会之一，然而随着《神祠存废标准》公布，城隍会尤其是城隍出驾仪式逐渐落幕。与之相反的是送子娘娘会，理论上讲《神祠存废标准》并未将城隍信仰定为淫祀，

① 《内政公报》，1929 年，第 2 卷，第 10 期，第 2 页。
② 《内政公报》，1932 年，第 5 卷，第 11 期，第 11 页。
③ 《华阳县政月刊》，1932 年，第 1 卷，第 4 期，第 66—67 页。

送子娘娘信仰受到的冲击更大，但在人们“求嗣”愿望的支撑下，送子娘娘会却依旧盛行在各个乡镇中。

（一）老君信仰与庙会

老子是道家、道教最为重要的人物、神仙之一，道教徒尊奉为“道教教主”“太上老君”“道德天尊”，有关《道德经》的研究和注解层出不穷。历史上朝廷对之也崇奉有加，尤其是唐宋时期。唐代统治者自称为老子后裔，尊之为“太上玄元皇帝”，令两京诸州建立玄元皇帝庙；宋徽宗加封老子为“太上老君混元上德皇帝”。[①]

国民政府认为老子是宗教类可祀之神灵，准予保留，认为“研究中国哲学者，极重视之，奉道教者应以此书为圣经，发挥而光大之”，并规定“凡信仰道教者，应服膺老子道德经，其以服饵修炼，或符箓禁咒蛊世惑人者，应一律禁止，以免趋入邪途”。[②] 因此在整个民国时期，民间老君信仰都较为繁荣，民众广泛参与到与老君诞辰相结合的庙会、花会、劝业会等活动当中。

成都地区最为著名的是青羊宫老君诞辰日花会，又称“花朝节”。花会即是宗教信仰民俗，也是游艺民俗和经济民俗的重要节日。早在唐宋时期，花会上就出现了以交换蚕具、丝织品、农具等百货为目的的“蚕市”。[③] 清代青羊宫花会依然流行：“（二月）望日，相传系老君诞辰。十三日起至十九日止，青羊

① 卿希泰主编：《中国道教史》，成都：四川人民出版社，1996 年，第 1 卷，第 4—5 页。

② 中国第二历史档案馆编：《中华民国史档案资料汇编》第五辑第一编，文化（一），南京：江苏古籍出版社，1994 年，第 500—501 页。

③ 王纯五：《道教与成都民俗》，《民俗研究》，1994 年，第 4 期，第 39 页。

宫祭赛，花式极盛，百货咸集，农器、蚕器尤多。”① 民众提前一天就到青羊宫进行崇奉活动：“四乡妇女于十四日夜到大殿上，男女杂沓，坐守一夜，名曰坐香。”不过这种行为很快即遭警察总局禁止，“然念佛号进香者，十五日络绎不绝。李老君本道教，乃愚民念佛朝之，可发一笑”。② 表现出许多民众在信仰上并未刻意区分佛道，而这种略显盲目的信仰则遭到知识精英的批判。

清末民初，在政府决心发展工商实业的推动下，青羊宫花会在光绪三十二年（1906）改为商业劝工会，将以往花会重农特点，转向工业制造品。第一次商业劝工会于 1906 年农历二月初十日（3 月 10 日）在青羊宫、二仙庵召开，持续 30 余天。闭会典礼上，总督锡良亲自为获奖参展商品颁奖。③

1909 年，商务劝工总局改隶劝业道，“商业劝工会”更名为“劝业会”。同时，过去的三次商业劝工会注重商业、工业推广，改称劝业会后，农业和其他实业一并受到重视，“劝业会”的名称也一直沿用到民国最后一次劝业会结束。④ 民国建立之前，劝业会一共举行了六次，继承了庙会祭祀娱乐和商贸的功能和特点。随着政府介入，改变了花会由宫观、商家自发举办的性质，官办色彩日益浓厚，庙会规模也比花会扩大很多。⑤

1912—1919 年，由于四川政局动荡，劝业会回归到传统花

① 《重修成都县志》，清同治十二年刻本，丁世良、赵放主编：《中国地方志民俗资料汇编·西南卷》，北京：书目文献出版社，1991 年，第 21 页。

② 傅崇矩编：《成都通览》，成都：成都时代出版社，2006 年，第 244 页。

③ 孙跃中：《近代成都劝业会研究》，四川大学硕士学位论文，2006 年，第 18 页。

④ 同上，第 28—29 页。

⑤ 同上，第 36 页。

会。1919 年 4 月四川进入防区制时期，而劝业会却在军阀混战中逐渐复苏。1920—1926 年间，政府开始有意恢复劝业会，共举办劝业会六次。然受制于战乱，该时期劝业会规模不大，1924 年一度中断。[①] 从 1927 年三军驻蓉格局形成，到 1933 年四川统一，劝业会日趋活跃，共举行劝业会六次。四川统一后，刘湘于 1934 年 3 月举办"扩大劝业会"以彰显其功绩。1935 和 1936 年，劝业会再次转为花会。1937 年四川省政府决定恢复劝业会，但更名为"四川省物产展览会"。1938—1949 年间，受抗战和国共内战影响，劝业会基本停办，但青羊宫花会和老君会几乎连年举办，民众也广泛参与其中。[②]

在劝业会的兴替当中，我们可以发现当政治、社会环境相对稳定，或者军阀存在政治需求时，劝业会就会较为兴盛。一旦这些条件得不到满足，劝业会就会恢复到传统花会形式。如同学者分析的那样，随着时间推移，庙会当中宗教的因素似乎日益减少。[③] 民国成都以青羊宫、二仙庵为中心的老君会，实际上被赋予了新的含义。即政府借助传统民俗，来达到宣传"发展工商业"这一新思想的目的。这也是劝业会的持续兴盛，乃至被军阀用作舆论工具的原因之一。

然而不论是劝业会还是花会，民众参与其中的目的很大程度上并不是为了去感受所谓"工业""商业"的发展。在他们心中，庙会是进行物资交换的场所；祈求宫观供奉的神灵，可以满

---

① 孙跃中：《近代成都劝业会研究》，四川大学硕士学位论文，2006 年，第 46—48 页。

② 同上，第 67—77 页。

③ 赵世瑜：《狂欢与日常：明清以来的庙会与民间社会》，北京：北京大学出版社，2017 年，第 101 页。

足其物质或精神上需求；更是一种让其参与到“狂欢”之中的娱乐方式，释放长期在道德理性压抑下的非理性情感因素。[①] 包括随后论及的城隍会和送子娘娘会，以及普通男女热衷参加庙会的现象，都多少带有上述这几种特点。

民国时期，成都农历二月十五为花朝节，也为老子生日。城中男女皆至青羊宫进香，设有花会。以往以农耕工具，竹、木、铁器陈列在青羊宫和二仙庵外，人们称之为“赶青羊宫”。[②]《华阳县志》亦称：“农历二月十五日为花朝，相传即老子生日也。都人士女皆赴青羊宫进香花[③]。”

每到会期，青羊宫、二仙庵就会聚集各色人等和各色产品。在当时的一些游记中记载：“各项物品在青羊宫、二仙庵内外，密密的陈列着，就是这个样儿，不过，各项物品的来源，不但土产很少，还有许多外国劣货混杂在里面。国术比赛场、剧院、电影、茶馆、酒菜馆、照相馆、也无一不备。邮电两局也在会场附近合设邮、报、话，临时营业处，以备游人随时通讯。”[④]

庙会上来往的人十分拥挤，竹枝词描述为“通惠门前十二桥，游人如鲫送春潮”。[⑤] 周末时，庙会上的人更多，甚至没办法仔细参观，游人称：“由于朋友的邀，我已参观过了两次花

---

① 赵世瑜：《狂欢与日常：明清以来的庙会与民间社会》，北京：北京大学出版社，2017 年，第 100 页。

② 《社会调查与统计》，1944 年，第 4 期，第 141 页。

③ 《华阳县志》，民国二十三年刻本，丁世良、赵放主编：《中国地方志民俗资料汇编 · 西南卷》，北京：书目文献出版社，1991 年，第 14 页。

④ 黄叶村人：《入川杂记（二）：青羊宫二仙庵花会》，《电脉月刊》，1936 年，第 10 期，第 10 页。

⑤ 杨燮等著，林孔翼辑录：《成都竹枝词》，成都：四川人民出版社，1982 年，第 88 页。

会。因为都在星期日，挤在人群中，无非吃了不少的回城，连走马看花都有点说不上。”[①]

时人对庙会上各色人等有生动的描述：

> 有绅士，有农夫，有面有菜色之劳工，有大腹便便之巨贾，有画眉涂脂双峰高耸之摩登女郎，有左顾右盼目灼似贼之拆白党徒，有头缠白布身着长衫赤脚草鞋之乡人，有面目黧黑骨瘦如柴肩耸背弯之烟鬼，有故意向女店员询问有无日货之流氓，有故意挤入妇女丛中揩油之登徒子。凡此种种书不胜书。

随着民国“妇女解放”，女性可以出现在公开场合，庙会成为了男男女女公开见面的场所，这种“伤风败俗”的现象受到时人诸多讽刺和批判。比如这类在庙会调戏妇女的“登徒子”，当时也被称为“躲神”。在二仙庵门口竖有木桩三根，各钉铁环两个，上书“躲神桩”三字。据称如果有人做出此类越轨行为，一经举报，该地军警即将此人绑在木桩上示众。[②]

在竹枝词中，也反映出人们对躲神的讽刺，如“八卦亭边憩女宾，石栏围坐几多人。嘱郎偷看须留意，闻说官厅捉躲神”，“女宾入口像蜂窝，拥挤不通将奈何。转过弯弯丁字路，同春茶社躲神多”。[③] 因此当时许多人认为人们去参加庙会既不是焚香拜神，也不是赏花，而是去看女人。

---

① 田耳：《青羊宫和二仙庵》，《新闻学》，1935 年，创刊号 142—144，第 131—132 页。

② 黄叶村人：《入川杂记（二）：青羊宫二仙庵花会》，《电脉月刊》，1936 年，第 10 期，第 10 页。

③ 杨燮等著，林孔翼辑录：《成都竹枝词》，成都：四川人民出版社，1982 年，第 90—91 页。

即便如此，妇女仍然非常乐于参加庙会："连朝淫雨苦为灾，酒肆茶寮未打开。莫道会场真垮杆，冲泥尚有女宾来。"乡间妇女对于庙会尤有热情："城市纷纷有若狂，今年更比往年强。乡间妇女尤高兴，背起娃娃赶会场。"

因此在讽刺艑神的同时，部分知识精英也表现出对女性解放的抵触，称："不是学堂先作俑，女生岂会像妖魔。"① 尤其反感女性在公开场合露面，和劝业会场上的男女接触："谁家官眷斗云鬟？画得眉毛弯又弯。仔细审详浑不是，似曾相识武担山。"武担山即成都娼妓聚集之所。新式短小服饰也受到讽刺："衣穿窄小笑青娥，屁股难遮要晾他。休怪人家抄起手，袖儿短了奈如何。"② 然而，不光是男人想看女人，其实女人也想接触男人，因此有人嘲讽劝业会上部分女性也是"艑神"："今年花会更传真，男女双方有艑神。不信会场留意看，翻来覆去那些人。"③ 所以劝业会一方面为女性公开露面提供了空间，在女权建立上具有积极意义，但同时在还未适应时代变革的那部分眼中，这类现象都是不堪入目的，因此他们对劝业会并没有什么好感。

同时，会场外有乞丐，希望借庙会之机，从游客手中讨些钱，游记写道："到了热闹的所在，首先要过讨饭关，在一座小桥的上面和两旁，瞎了眼的，脱落了鼻子的，断了手的，烂了脚的，男男女女，老老小小，满是不堪入目的残废者。"这些残废

① 杨燮等著，林孔翼辑录：《成都竹枝词》，成都：四川人民出版社，1982 年，第 106 页。

② 同上，第 89 页。

③ 同上，第 93 页。

的人有一些是军阀巷战所致："据说在巷战激烈的时候，有一个妇人，因为过受惊慌，疯了，在街上乱跑，同士兵戏耍，腿部中了流弹也不知痛，会得自己用手把那留在皮肉里面的子弹挤挖出来，终于弄得讨饭，恐怕也在其列。"①

当然，民众参加庙会的目的还有焚香拜神以祈福禳灾，时常香客如云，"以致所烧的香，由四个道士一把一把地丢进火炉，发出熊熊火焰"②。在当时人们心中，青羊宫、二仙庵代表着老君、吕洞宾、韩湘子等道教神仙。游客描述道："二仙庵在青羊宫之旁，祀吕洞宾、韩湘子二大仙，规模不及青羊宫之大。"③"在二仙庵所供着的是吕纯阳的塑像，另一个现在已经记不清楚。梁间挂有大书着'老吾老'的匾额，又有老君的塑像供着，或者就是老子。四川人对这两位似乎都很尊重。"④ 时人甚至借吕洞宾点石成金之术讽刺军阀："纯阳仙术妙非常，点石成金有秘方。铜铁变银成劣币，最难军阀学纯阳。"⑤ 也有到青羊宫来求财的人："青羊宫里会神仙，会到神仙那一天。别个神仙都不会，端寻刘海索金钱。"⑥

比起两个宫观供奉的诸多神仙，似乎青羊宫铜羊的名气丝毫不占下风。民国游记在提起青羊宫时，屡屡谈及宫内铜羊："青羊宫在成都城外西南角上之青羊肆，殿宇巍然，气象宏大，内有

---

① 田耳：《青羊宫和二仙庵》，《新闻学》，1935 年，创刊号 142—144，第 132 页。
② 《新新新闻》，1947 年 3 月 8 日，第 9 版。
③ 黄叶村人：《入川杂记（二）：青羊宫二仙庵花会》，《电脉月刊》，1936 年，第 10 期，第 9 页。
④ 田耳：《青羊宫和二仙庵》，《新闻学》，1935 年，创刊号 142—144，第 132 页。
⑤ 杨燮等著，林孔翼辑录：《成都竹枝词》，成都：四川人民出版社，1982 年，第 103 页。
⑥ 同上，第 97 页。

斗姆殿，祀三清，殿上有两只铜羊，很光洁，殿后有园，种楠木多株。”① “青羊宫以两只由青铜制成功的羊为名。这两个铜像，大小如真的羊身。不知道因为抚摸的人太多，磨平了的，还是原来不会做出毛纹，周身都是光油油的。”②

铜羊出名的原因是因为俗传其有治病、求子的功效，道士也趁机收取一些钱财：“青羊宫大殿之铜羊，头有孔穴，乃古来贵人之熏炉，年湮代远，讹以传讹，遂谓摸羊能医疾痛者。凡摸羊者，道士必索钱一二文。”③ 同傅崇矩一样，一些劝业会游客并不认同摸铜羊的行为，称：“青羊宫之得名，由于宫中有青铜羊像二，羊体大小与真羊相等，踞立大殿上。故老相传，谓雄羊仙去，今存者系后人补铸，而无知妇女，更谓染病者亲往摩□旧存之雌羊，时有灵验，故雌羊体上，独滑如凝脂。”④ 不过这丝毫不影响民众长久保持该习俗，甚至还总结出一套摸铜羊求子的方法：“闻说铜羊独出奇，摸能治病祛巫医。求男更有新办法，热手摸他冷肚皮。”⑤

除成都、华阳二县外，新繁县也以农历二月十五日为花朝节，“是日百花齐放，正游赏之时，且为老子生，凡羽流皆庆祝之”⑥。并且在“岁之二月十六、六月十九、九月十九，寺中香

① 黄叶村人：《入川杂记（二）：青羊宫二仙庵花会》，《电脉月刊》，1936 年，第 10 期，第 9 页。

② 田耳：《青羊宫和二仙庵》，《新闻学》，1935 年，创刊号 142—144，第 132 页。

③ 傅崇矩编：《成都通览》，成都：成都时代出版社，2006 年，第 248 页。

④ 劳人：《成都青羊宫花会记》，《大千》，1943 年，第 3 期，第 55 页。

⑤ 杨燮等著，林孔翼辑录：《成都竹枝词》，成都：四川人民出版社，1982 年，第 90 页。

⑥ 《新繁县志》，民国三十六年铅印本，丁世良、赵放主编：《中国地方志民俗资料汇编·西南卷》，北京：书目文献出版社，1991 年，第 69 页。

烛烂然，妇女祈祷多于男子”。妇女的崇奉行为也遭到批判：“迷信之中于人心牢不可破，县俗尤以妇女为特甚，明哲者嗤之。”[①] 同时，新津县老君山每年于农历二月十五日老子诞辰举办老君会，前来朝山敬神的当地民众甚多，庙内灯火辉煌，烟雾缭绕；庙外商贩趁机摆摊，出售香烛和小吃。[②]

（二）城隍信仰

一般认为，城隍是从早期八蜡之祭中的坊和水庸发展演变而来，城指城墙，隍指护城河。据研究最初的城隍神出现在三国东吴赤乌年间（238—251），至迟在杜光庭编订的道教科仪中，城隍神已进入召请之列。[③] 唐宋以来，城隍信仰逐渐突破吴越之地走向全国，官方也加以重视和崇奉。宋代城隍信仰的内涵得到丰富，从早期与城池安全和防御有关，发展到城内紧要事务都归其管理，从生产、生活、水旱、虫灾，甚至度亡都与城隍有关。[④] 同时城隍神在发展过程中逐渐人格化，地方多将已故功臣或英烈奉为城隍，因此各地城隍神往往都不相同，封号也较丰富。明清时期，在人们的观念中，城隍神会在暗中监察人们的行为，保护善良之人，惩罚奸恶之徒，故普遍对城隍带有敬畏之心。城隍成了监管阴曹地府的社会神，其功能也更加全面。官员上任之初，

---

① 《新繁县志》，民国三十六年铅印本，丁世良、赵放主编：《中国地方志民俗资料汇编 · 西南卷》，北京：书目文献出版社，1991 年，第 73—74 页。

② 四川省新津县志编纂委员会编纂：《新津县志》，成都：四川人民出版社，1989 年，第 983 页。

③ 李远国、刘仲宇、许尚枢：《道教与民间信仰》，上海：上海人民出版社，2011 年，第 174 页。

④ 杨建宏：《宋代礼制与基层社会控制研究》，四川大学博士学位论文，2006 年，第 225—226 页。

也要首先致祭城隍庙，祈求得其护佑，管理好地方事务。[①] 民国成都的城隍信仰，虽然官员上任祭祀城隍的习俗已废止，同时城隍庙如第二章所述常被县政机关租占，国民政府也希望取缔城隍："近世城隍东岳等庙中，多有阎罗殿，俗传为司地狱之神，塑刀山剑树，牛头马面等鬼怪。以威吓愚民，考阎罗之名，虽见诸佛经，然并无事迹可考，亦并一律废止。"[②] 但在民众心中，其行为监察、惩恶扬善、管理阴间等功能依然存在，城隍会也有持续进行。

竹枝词载："牛鬼蛇神当昼现，城隍出驾此经过。纸钱银锭孤虽祭，新旧冤魂死太多。"[③] 说的就是民间城隍出驾仪式，这一天"城乡小儿装扮鬼卒，百余随神游街，观者云集"。[④] 民国时期，城隍出驾往往是各县、镇、场规模最大的活动，除前述崇庆县元通场外，成都各县基本上都在举办城隍会，时间各不相同，参与人数众多，场面极为热闹。城隍会既是民众娱乐的节日，也是商贩云集、物资交易的市场，同时也向民众灌输着"阴曹地府""因果报应"的观念。

温江县鱼凫镇每年农历三月十二日举行城隍会。人们用十六人抬的彩色大轿将城隍爷和城隍娘娘抬起在四处游行，称为"城隍出驾"。队伍以鼓乐、旌旗、伞仗导前。灯队随后，挂灯人赤裸上身，两手平举握木杆，用铁丝把油灯悬挂在前额、胸部

① 寇凤凯：《明代道教文化与社会生活》，成都：巴蜀书社，2016 年，第 468 页。

② 中国第二历史档案馆编：《中华民国史档案资料汇编》第五辑第一编，文化(一)，南京：江苏古籍出版社，1994 年，第 503 页。

③ 《锦城竹枝词百咏》，杨燮等著，林孔翼辑录：《成都竹枝词》，成都：四川人民出版社，1982 年，第 86 页。

④ 陈邦倬修，田树勋纂：《崇宁县志》卷 4，民国十四年刻本，第 276 页。

和大小臂上。灯队后是装扮的各种鬼神，和沿途抢食的小鬼，城隍的轿子位于队伍最后。[①] 崇庆县城区的城隍会，崇奉的是明末张献忠起义军破成都时，守城战死的知州王励精。相传其葬于城隍庙北，后人们在城隍庙侧建王公祠崇奉，尊其为城隍神。方志称城隍会为崇境内庙会之最，每年农历八月十二至十五举行。十二日城隍神陪城隍娘娘回娘家，出驾北门外永盛寺，其间由装扮的阴差鬼神和参与民众组成的队伍长达两里，沿途居民焚香稽首，观众众多。十五日回殿的规模也同样壮观。在历次城隍会中，以 1924 年甲子年最盛，人们演戏酬神 60 天，萧公庙有 60 节长龙出游，庙市也极为兴旺。[②] 广汉县县城农历五月二十八日举办城隍会，抬神像出巡，称之为"城隍菩萨出驾"。人们会装扮各种鬼神，如吴常、鸡脚神、判官、魁星，以及众多腰间挂着猪肠扮演开肠破肚的恶鬼。[③] 彭县农历三月十八日为城隍会，会期时县城举行山歌比赛，优胜者获得彩红。海窝子城隍庙有城隍出驾活动，当地民众称"排鸾出驾"，同样称装扮鬼神者为喜神。[④] 在彭县丹景山东岳庙和城关城隍庙，有阴曹地府的雕塑。塑有判官、小鬼、牛头马面、下油锅、磨子推、望乡台等阴森恐怖画面，宣扬因果报应的观念。[⑤] 什邡县农历五月二十八日为城

---

① 四川省温江县志编纂委员会编纂：《温江县志》，成都：四川人民出版社，1990 年，第 824 页。

② 四川省崇庆县志编纂委员会编纂：《崇庆县志》，成都：四川人民出版社，1991 年，第 774 页。

③ 四川省广汉县志编纂委员会编纂：《广汉县志》，成都：四川人民出版社，1992 年，第 609 页。

④ 四川省彭县县志编纂委员会编纂：《彭县县志》，成都：四川人民出版社，1989 年，第 839 页。

⑤ 同上，第 844 页。

隍会，会期长达半个月至二十天，届时许多川西和省城的行帮也来赶会。城隍出驾之日，人们扮成阎罗、鬼卒，一些自称“阴差”的巫道亦混杂在庞大的人群之中。灯队会在上身皮肉上挂油灯，当地人称之为“九莲灯”。当地和外来剧团多来演戏助兴，宣扬因果报应。[①] 新津县农历五月二十日的城隍会是民国时期全县规模最大的庙会，会期从 30 天到 50 天不等，演戏酬神，耗费甚巨。其间前来祈求、拜神的信众络绎不绝，甚至通宵“念佛”。会期结束时，举行城隍出驾仪式，鬼卒、护卫、神像在城郊游行一周。商贾云集，百货齐全，茶水小吃摊贩营业至深夜。[②]

在民众看来，城隍会与东岳会在形式和内涵上有近似之处：“东岳会在三月二十八日，城隍会在六月初一日。时值会期，则以八人舁偶像，服袍服，金瓜钺斧，仪仗导前，鬼卒次之。必择士绅行香，曰平抬。远近妇孺，奔走若狂。”当人们遇到疾病、灾祸时，会到东岳庙或城隍庙，以“鸡足挂鸡足神之手，鸦片灌无常之口”，认为“冥役亦如阳世滥胥，喜小贿也”。[③]

东岳本为五岳中的泰山，是朝廷祭祀的对象之一，并且很早就进入了道教祭祀系统。汉代民间即流传着死后“魂归泰山”的说法；唐代泰山成为五岳之首被称为“岱宗”；宋真宗大中祥符四年（1011）东岳被尊为“东岳天齐仁圣帝”，逐渐形成了以

---

① 四川省什邡县志编纂委员会编纂：《什邡县志》，成都：四川大学出版社，1988 年，第 24—29 页。

② 四川省新津县志编纂委员会编纂：《新津县志》，成都：四川人民出版社，1989 年，第 982 页。

③ 《简阳县志》，民国十六年铅印本，丁世良、赵放主编：《中国地方志民俗资料汇编·西南卷》，北京：书目文献出版社，1991 年，第 140 页。

每年三月二十八日为东岳圣诞，并举行朝拜和庙会的习俗，在民间亦被视为阴间的主管。与之相似的还有酆都大帝和十殿阎王系统，也是管理冥府和阴间的神灵。不过民众并未对东岳大帝、酆都大帝、阎王，乃至城隍神加以明确区分，都以其掌管幽冥事而崇奉之。①

宣统年间（1909—1911）有四月二十八日有东岳出驾仪式，出驾前数日，“经会首遍贴斋戒黄纸告白，并晓谕巡幸街道，打扫洁静。至期则各街高搭五色天花棚，或迎驾之彩台，香花灯烛。二十七日，彻夜达旦。盐道街、南门大街等处，迷信尤甚”，出驾之日“两首县之差役、武边之兵丁，多与其事，装出牛鬼蛇神及许愿枷杖各犯状，挂灯于体上者，缧绁者，种种怪象。神轿后随性跟香者，尚数百人，轰动城乡”。②

彭县正月初五、初九、十五为东岳会，民众朝丹景山。③ 灌县青龙乡、向峨乡分别在农历二月初一日、三月十八日举行东岳庙会。④ 简阳县农历三月二十八，“城中、乡镇作东岳会最盛”。⑤ 什邡县每年农历三月二十八日为东岳会。县城东郊、马井镇、和兴镇、尚家场四处的东岳庙都会举行祭祀和庙会活动。其中马井镇、合兴镇东岳庙规模较大，塑有十殿阎王与诸鬼神

① 李远国、刘仲宇、许尚枢著：《道教与民间信仰》，上海：上海人民出版社，2011 年，第 199—200 页。

② 傅崇矩编：《成都通览》，成都：成都时代出版社，2006 年，第 245 页。

③ 四川省彭县县志编纂委员会编纂：《彭县县志》，成都：四川人民出版社，1989 年，第 839 页。

④ 四川省灌县县志编纂委员会编纂：《灌县县志》，成都：四川人民出版社，1991 年，第 736—737 页。

⑤ 《简阳县志》，民国十六年铅印本，丁世良、赵放主编：《中国地方志民俗资料汇编 · 西南卷》，北京：书目文献出版社，1991 年，第 136 页。

等，面目可怖。当地民众认为东岳掌管人之生死，因此十分敬畏。[①] 东岳会与城隍会在描绘地狱、阴间惨状方面有着相似之处。

实际上根据一些描述，从清末开始成都部分地区的城隍信仰已经开始走下坡路。宣统年间十月初一成都、华阳二县虽然有城隍出驾仪式，但《成都通览》称其“在前极为热闹，不亚于三月二十八日之东岳会。近来城隍之仪仗执事亦均冷淡”。[②] 1926年铅印《崇庆县志》也称：“古乡厉祀无主鬼神，使有所依不为民书，中秋为县城城隍会，嘉道间最盛近逊音时。”[③] 反映出在国民政府《神祠存废标准》公布以前，成都地区城隍会已不如从前兴盛。

而在20年代末至30年代初，城隍信仰至少受到来自三方面的打击：其一是《神祠存废标准》要求取缔城隍，在政府明令禁止下，各县理论上应当不敢举行规模如此之大的城隍出驾仪式，公然对抗法规。1932年4月《新新新闻》的一则报道即表明城隍出驾确实因此遭到限制：“此间习惯，每年清明中元及十月初一，城隍神例有出驾赏孤之举，俱皆聚会于外北城隍庙，目下此举虽已禁止，而一般善男信女，仍有以香炬楮锭来会焚化，以结鬼神缘者。”[④] 其二是军阀对庙产的提取，如郫县旧俗以农历三月二十六日为城隍生日，二十五日晚，信众即通宵上香跪拜，二十六日中午开始城隍出驾，1930年，城隍会产被驻军提

① 四川省什邡县志编纂委员会编纂：《什邡县志》，成都：四川大学出版社，1988年，第24—19页。

② 傅崇矩编：《成都通览》，成都：成都时代出版社，2006年，第246页。

③ 谢汝霖修、罗元黼纂：《崇庆县志》礼俗第五，民国十五年铅印本，第265页。

④ 《新新新闻》，1932年4月6日。

卖，活动被迫停止。[①] 其三是县政机关对城隍庙的占用。民国三十六年（1947）铅印本《新繁县志》称从前的城隍会“街衢则高张彩幔，缀以华灯，累累然望之无际。士女嬉游，乐而忘返，诚太平景物也”，但“民国久废”。[②]

不过在另外一些描述中，我们发现不仅城隍会在部分地区依旧繁荣，城隍出驾仪式自 1928 年《神祠存废标准》颁布到 30 年代初中期似乎依然存在。1932 年 8 月一篇名为《迷信与科学——与其迎神出驾不若讲求卫生设备医药》的社评表明此时成都市民众仍然在以城隍出驾的形式驱除瘟疫：

> 成都市此疫传来，为时不久，死亡动以千计。一般人惴惴焉不于科学上分析此病之来源，亟谋预防及救治之办法，反以为瘟神下降，今日迎东岳出驾，明日抬城隍清街，甚或迎府县三城隍同时出驾，闻不久又将请地藏王菩萨游街驱瘟，每届此举，信男信女，成千累万，拈香迎送，充塞街巷，最可怪者，闻尚有军政之要人，学术界之朋友，捐款保护，资助提倡，呜呼，此诚成都市之成都欤？[③]

1934 年 8 月 19 日的新闻甚至报道称政府允许民众举办城隍出驾仪式：

> 旧历七月十五日为城隍出驾之期，本市各神会日前曾具呈市团局恳予转呈警备部，准予照旧举行，以表诚敬，警备

① 四川省郫县志编纂委员会编纂：《郫县志》，成都：四川人民出版社，1989 年，第 730—731 页。

② 《新繁县志》，民国三十六年铅印本，丁世良、赵放主编：《中国地方志民俗资料汇编 · 西南卷》，北京：书目文献出版社，1991 年，第 71 页。

③ 《新新新闻》，1932 年 8 月 27 日。

部已准如所请，指令市团局，文云："呈悉据转报旧历七月十五日城隍神驾出巡祭孤，如请找准，惟随驾人员，纯用香盘，以表诚敬，不许装鬼做神，用除习俗，仰即转饬遵照为要，此令。"①

此次出驾仪式得以举行，一方面是成都市各神会向市团局努力申请的结果，同时也反映出城隍在民间仍然有着较为深厚的信仰基础。尽管如此，政府对其仪式进行了改良和规范，传统装扮鬼神的形式遭到废除，随驾人员统一端香盘。政府在向城隍信仰作出妥协的同时，也表明了其改良民俗的坚定态度。

不过随着时间的推移，城隍会中出驾仪式的成分慢慢暗淡，逐渐朝着"庙会""庙市"的方向发展，而这本就是城隍会的一部分。民众仍积极参与其中，其基于出驾仪式的信仰和娱乐需求缺失，似乎在庙会上得到了填补。

如成都市外北城隍庙，"每值会期，各商贩如木器铁器，以及布匹丝绵各货，先期到□，即露宿于庙前之田边□干，以冀届时就地，以作市场，无不利市三倍，昨又值清明济孤日，远道之赶会者，络绎不绝，而进香之人，以妇女为最多云"。② 1936 年下元会期间，该庙也会举办为期三天的大型庙会，"庙门外一带田坝搭棚，商货虚集，农器，陈列摆满售卖，生意发达，中道两旁，悉为花草市，男女游人，拥挤不通，庙中香火大旺，烧香妇女，如潮水狂蜂一般的争先跪拜城隍云"。被称之为"都市里的迷信风光"。③ 直到 1949 年，邻近成都的眉山青神县仍大办城隍

① 《新新新闻》，1934 年 8 月 19 日。
② 《新新新闻》，1932 年 4 月 6 日。
③ 《新新新闻》，1936 年 11 月 14 日。

会，其间庙会，庙市，演戏热闹非凡，耗费达千万元。因此被斥之为："助长迷信之无益消耗，实为不合时代之要求，且当此国家多难，民不聊生之际，此种粉饰太平之举，徒贻笑大方而已。"①

城隍信仰本不受国民政府认可，无奈牢固的民间信仰基础无法根除，以致该信仰依然长期活跃于民众之中。随之而来的就是关于城隍信仰和庙会各方面的负面评价和宣传。除了前文提到的"迷信"和"无益消耗"等评判外，媒体似乎也逐渐认识到仅从打击"迷信"和限制"娱乐"的角度，来削弱城隍信仰的影响力是不行的，于是他们开始有意无意地将庙会描绘成一个非常混乱、危险的场所，试图从"人身安全"的角度对民众信仰给予打击。

1931 年 11 月，一位年轻女性在外北城隍庙会上遭流氓调戏，不堪其辱，终自缢而死。于是新闻却以"城隍会害死人"为题报道了这一事件：

> 昨阴历十月初一日，外北金华街之城隍庙，颇为热闹，陈氏因邀其邻妇某，同赴城隍庙看会，游兴方浓之际，突有流氓数人，尾随讽笑，陈氏当出口大骂，该流氓等竟上前乱摸，事正危急，幸遇其老表某，现充某部军人力为保护，始得脱险归家，不图事被其夫觉察，以为败坏门风，复加毒打，经邻人劝解始息，杨因闷气不过，遂出街自遣，陈被夫打后，以妇人意识有限，一时理想不开，遂萌死念，乘其夫

① 《新新新闻》，1949 年 3 月 23 日。

外出时，即将门户紧闭，在卧房悬梁自缢而死。[①]

1933 年东大街府城隍庙被指“有多数滥兵流氓，在两廊摆赌摇宝，掷骰抽头，引诱一般无知青年，入局者甚伙”，[②] 1936 年又发生火灾，该庙“香火甚旺，以致大殿顶板房柱被烟炽干燥，因是时有居士焚烧黄纸，冲顶高化该庙龛司未觉落于匾缝内，惹燃阳尘”。[③] 此外，当时民众时常祈求城隍为其治病，病愈后常献烟土以示回报，社评在指出毒品为害甚广之时，亦调侃“阴间阳间不两样”，“城隍也抽烟”等。[④]

于是城隍会与流氓、兵痞、火灾、赌博、鸦片等形象不知不觉就联系在了一起。其实许多现象与城隍信仰并无直接关系，是人群太过集中造成的。至于女性在会场遭辱而自缢之事，很大程度上与其丈夫不仅未予慰藉，并因“败坏门风”为由施暴所致，与其说是城隍会“害死人”，不如归咎于其夫保守的礼教思想和处事不当。然而在宣传角度上，反将妇人参与城隍会与其“风流成性”扯上了关系，称其自缢原因是“妇人意识有限”，而对于其丈夫的行为未作任何批评，并顺带让城隍会承担了其死亡的一部分责任。

不过在批判城隍信仰之时，也有人基于对政府机关和司法的不满，对城隍信仰表示同情和理解。他们认为司法是民国建国以来发展最为缓慢的一个领域，不仅程序繁琐，也缺乏具备职业操守的律师为普通民众发声：

① 《新新新闻》，1931 年 11 月 19 日。
② 《新新新闻》，1933 年 7 月 27 日。
③ 《新新新闻》，1936 年 10 月 28 日。
④ 《新新新闻》，1935 年 12 月 11 日。

> 抗战建国的现在，关于行政教育财政，各方面都有很大的改善，都表现着长足的进步，惟有司法，死板板的，老是什么程序，什么不告不理，无非为有产者作保障，替一般滥律师们□包袱，那没钱没势的被压迫这，当然无力来请金钱主义的律师，东不成，西不就，只好判来败诉。

由于司法的不完善，普通民众在遇到纠纷时，花费大量钱财和精力却得不到满意的结果，所以他们有时不会选择法律程序，而依然延续过去“进城隍庙去赌咒”的形式。尽管作者呼吁“不要使人人都以城隍庙为唯一解决是非的场所”，但实际情况让其在一定程度上认可了“法律是专门保护有钱人的”，以及“打官司进衙门，没如到城隍庙去赌咒”这些流传于民间的说法。①

（三）送子娘娘信仰

《神祠存废标准》称之为：“谓小儿之生产，皆该神所司，妇女祈子者络绎不绝，或云本诸封神传之云霄琼霄碧霄等娘娘，此实属淫祠之尤，亟应严禁。”② 不像碧霞元君信仰和天后信仰那样，三霄娘娘并未明确出现在道教经典记载中。但是在实际情况中，三霄娘娘却与道教存在着紧密联系。

如在华北民间信仰中，执掌生育的天仙圣母专指泰山女神碧霞元君，该道教神灵与明代小说《封神演义》虚构的三霄娘娘没有直接关联。但从清代以来，华北民间出现了混淆二者的现象。同时又有信众将三霄娘娘解释为“坑三姑之神”，即紫姑。

① 《新新新闻》，1939 年 11 月 1 日。

② 中国第二历史档案馆编：《中华民国史档案资料汇编》第五辑第一编，文化（一），南京：江苏古籍出版社，1994 年，第 505 页。

在河北、天津地区，三霄娘娘存在与碧霞元君、天妃娘娘同祀，甚至取而代之的情况。于是华北民间形成了“东岳信仰——碧霞元君——三霄娘娘——紫姑”的信仰体系。①

类似的情况在湖北武当山地区也存在，不过与华北地区不同的是，民众祭祀三霄娘娘，而非碧霞元君。据调查研究，在武当山南麓官山镇已调查的140个建筑或遗址中，有37座泰山庙，庙内娘娘殿都供奉着三霄娘娘。当地三霄娘娘信仰同样与《封神演义》、紫姑信仰有关，同时又带有明显的楚地鬼神信仰和巫祝文化特点，与夔、枭阳、山魈、山鬼都有关系，直到明永乐年间（1403—1424）大修武当山，道教与民间神灵信仰繁荣，三霄娘娘信仰和紫姑信仰合流，功能也已从降神扶乩转向专司生育保护之事，并逐渐与道教神仙信仰活动融为一体。三霄娘娘和碧霞元君分别在南北地区作为东岳泰山之陪祀，与华北地区一样，二者之间并不存在明显的关系。② 理论上讲，四川地区三霄娘娘的信仰的传入，与清初湖广移民一定存在着关系，以致民国时期民间依然广泛流传着三霄娘娘信仰，而并未带有明显碧霞元君信仰色彩。只是在目前资料中，并不能看出清代四川娘娘会中是否带有三霄娘娘的性质。

就四川而言，所谓的“娘娘”信仰，是一个比较宽泛的概念，也表现出民间信仰混淆的一面。如道光《金堂县志》：“（三月）十八日为痘麻娘娘会；二十日为送子娘娘会；二十三日为

① 李俊领：《田野调查所见华北碧霞元君信仰的几个问题》，《民俗研究》，2018年第5期，第60—63页。

② 徐永安：《略论武当山地区的“三霄娘娘”信仰》，《泰山东岳庙会国际论坛论文集》，2010年，第243—252页。

天后圣母会。”[①] 道光《忠州直隶州志》：“母性好施与，敬鬼神于村中永兴寺，装塑文武二天子像，又设供于祠堂所朝夕礼拜之，凡所塑观音大士像一，痘疹娘娘二。”[②] 同治《重修成都县志》：“三月三日，东岳庙、娘娘庙攫取木刻童子，馈送亲友之望子者。”[③] 民众崇奉的娘娘，多与生育、小儿疾病有关，只要是带有女性色彩的神灵，妇女大都会加以崇奉，并不会区分其属于佛教还是道教。

民国成都送子娘娘信仰普遍，规模不大，在小的乡镇和寺观中举办起来都十分方便，这也是其不易禁止的原因之一。尽管在1928年送子娘娘就被归为淫祀，但在1937年《四川各地迷信调查及改革意见》中我们发现，娘娘会同其他诸多神会一样依然存在，并且有着广泛的信众基础。该调查称：“吾川神会，种类繁多，几每月均有，如正月之上元会，二月之观音会，三月之娘娘会，四月之佛祖会，五月之单刀会。”每次神会的举办，“消耗数千百金，数百里以外之善男信女，踊跃参加，或求神以降福，或祈神以生子”。[④]

单就温江县来说，在清平乡、三圣乡、踏水乡、和盛乡、镇子乡、隆兴乡、永盛乡、平安乡、寿安乡、毗卢乡等都有举办，时间从农历三月初三到二十八不定。在寿安乡，娘娘会在三月内

① 《简阳县志》，民国十六年铅印本，丁世良、赵放主编：《中国地方志民俗资料汇编 · 西南卷》，北京：书目文献出版社，1991年，第140页。

② （清）吴友篪修、熊履青纂：《忠州直隶州志》卷八，道光六年刻本，第1319页。

③ 《重修成都县志》，清同治十二年刻本，丁世良、赵放主编：《中国地方志民俗资料汇编 · 西南卷》，北京：书目文献出版社，1991年，第1页。

④ 四川省新运会：《四川各地迷信调查及改革意见》，《新运导报》，1937年，第4期，第78—80页。

会举办三次，三月初一在止水庙；三月二十八日在吴家庵、普兴桥举办。其中清平乡三月二十八日的娘娘会规模最大。庙会期间，庙门会搭戏台表演川剧，前来烧香还愿的人络绎不绝，广场摊贩云集。主办人将木雕童子抛入会场，人们争先恐后地抢夺，童子抢到手后送给无子人家，称为“送童子”，主办方也会设宴招待与会民众。①

成都民众崇奉的送子娘娘一般指三霄娘娘，会期在农历三月初三日。“他若催生、送子、麻痘之神，妇人尤喜媚以纸弓、鞋纸、裹肚之类，或为之醵资立三霄神会。”② 也有称之为三婆娘娘的，如双流县民国时期农历三月初三有敬娘娘习俗。其一是无子嗣家庭祈求早生贵子；其二是为子女祈求保佑，健康成长。敬娘娘要在供奉有观世音菩萨或三婆娘娘的庙宇中进行，或者是在家对天跪拜。除焚献香烛、钱帛外，部分民众还会以雄鸡作为祭品供奉。③ 新津县农历三月初三为三婆娘娘诞辰，民间认为其实掌管生育和幼童之神。所以家中有幼童者，每年这一天都会祀奉娘娘以祈求小孩平安成长。同时多地举办娘娘会，如城关城隍庙，金华王爷庙，邓双普陀寺，太平五显庙、回龙寺等，午后举行抢童子活动。④

有的地方还把三霄解释为金霄、银霄、碧霄。如崇庆县羊马

① 四川省温江县志编纂委员会编纂：《温江县志》，成都：四川人民出版社，1990 年，第 824—825 页。

② 《简阳县志》，民国十六年铅印本，丁世良、赵放主编：《中国地方志民俗资料汇编·西南卷》，北京：书目文献出版社，1991 年，第 140 页。

③ 四川省双流县志编纂委员会编纂：《双流县志》，成都：四川人民出版社，1992 年，第 825 页。

④ 四川省新津县志编纂委员会编纂：《新津县志》，成都：四川人民出版社，1989 年，第 993 页。

两仪宫供奉金霄、银霄、碧霄三姐妹神像。农历三月初三至初五，羊马桥河坝便搭建戏台，举办三霄会，又称童子会。其间人们表演《仙姬送子》酬神，然后由人装扮的仙人向台下仍木刻童子，民众抢夺激烈，抢到后送给缺儿少女人家。①

由于娘娘会上求嗣者众多，时常发生斗殴事件。为此人们不得不制定规矩，比如郫县娘娘会上规定：凡人抢得童子并高举过头，其他人不得再抢。抢得童子后放置彩亭中，在乐队簇拥下送至主家，主家设宴款待助抢之人。日后果得子嗣，须备财物到庙中还愿。②

二　行业神信仰

各县手工业、商业，为了相互扶持以求得生存、发展，各行各业都组织成立各自行会。其命名有的与本行业有关，有的假托于古人附会，会址一般供奉有相关神祇。每年定期举行祭祀、宴会、议事，推举会首等事项。相关从业者，和学徒出师后，或店铺开业，须加入行会并交纳一定数量底金为行会经费，未入会者不允许在行会辖区行业。③ 民国时期，其中一些行会改为同业公会。④ 1938 年国民政府颁布了《商业同业公会法》，规定商业同

① 四川省崇庆县志编纂委员会编纂：《崇庆县志》，成都：四川人民出版社，1991 年，第 774 页。

② 四川省郫县志编纂委员会编纂：《郫县志》，成都：四川人民出版社，1989 年，第 731 页。

③ 四川省彭县县志编纂委员会编纂：《彭县县志》，成都：四川人民出版社，1989 年，第 838 页。

④ 四川省新津县志编纂委员会编纂：《新津县志》，成都：四川人民出版社，1989 年，第 978 页。

业公会以维持增进其同业之公共利益及矫正弊害为宗旨；凡重要的商业公司行号在同一区域内有同业达三家以上时，应依本法组织商业同业公会法。公会任务有三，负责会员商品之共同购入、保管、运输及其他必要之设施；统制会员营业；指导研究、调查、统计会员营业。[①]

不过早在20世纪20年代初，各行会就陆续向同业公会转化。方志中对之有不少记载：如温江县，自1923年起，同业公会相继成立，原有行会有的弱化，有的解体。[②] 崇庆县各行各业信奉不同神灵，每年集资办会，在宴乐酬神的同时交流行情。宣统二年（1910）崇庆州商会成立后，行会活动开始活跃。1929年崇庆县工商业界分别成立同业公会，公会组织逐渐兴盛。[③] 广汉县，1931年改行会为同业公会，由商会和工会管理。[④] 双流、华阳二县在1931年后，各行会改为职业团体的商业同业公会和手工业职业公会。[⑤] 郫县在1938年奉命重建工商各业同业公会以后，之前的职业行会逐渐解散。[⑥]

改为同业公会之后，原行会名称和会首名称都发生了变化。

---

① 《商业同业公会法》（1938年1月13日），《国民政府公报》，1938年，渝字第14号，第7—16页。

② 四川省温江县志编纂委员会编纂：《温江县志》，成都：四川人民出版社，1990年，第847页。

③ 四川省崇庆县志编纂委员会编纂：《崇庆县志》，成都：四川人民出版社，1991年，第758—759页。

④ 四川省广汉县志编纂委员会编纂：《广汉县志》，成都：四川人民出版社，1992年，第614页。

⑤ 四川省双流县志编纂委员会编纂：《双流县志》，成都：四川人民出版社，1992年，第812—815页。

⑥ 四川省郫县志编纂委员会编纂：《郫县志》，成都：四川人民出版社，1989年，第714—715页。

据 1945 年《双流县人民团体数报告表》统计，此时已成立中医师公会、药材业同业公会、土布业同业公会、绸缎同业公会、麻布业同业公会、棉纱业同业公会、服装业同业公会、五金同业公会、榨油业同业公会等。[①]

灌县 1935 年后将行会改称同业公会，会首改称理事长。1949 年，灌县的药王会已改为医药业同业公会，并分为药栈、西药两个部门，分别由潘淡如、李伯华担任理事长；老君会改为五金业同业公会，蓝青云为理事长；轩辕会改为缝衣业同业公会，刘俊轩为理事长；财神会改为商业同业公会，下分土布行、油行、皮头帮、旅店业、典当业、杂货业、盐业、棉花业、丝烟业、叶烟业等，各设理事长。[②]

不过在改为同业公会之前，行会大都以中国古代历史人物或传说人物命名，并尊之为行业神加以崇奉。如伏羲、女娲、神农、黄帝、嫘祖、老君、孙思邈、关羽、赵公明等，大多属《神祠存废标准》中准予保留之先哲类，因此行会信仰在民国时期较为兴盛。而行会敬奉之行业神，许多被纳入道教神灵体系，所以行会信仰与道教神仙信仰的关系十分紧密。

黄帝是中华民族的始祖，被推崇为道家之宗，道教亦尊之为得道神仙并加以崇奉。道教的黄帝信仰体现在神仙传记、斋醮法术、五方五帝观念、丹道医学等方面。[③] 无论在古代官方祭祀系

---

① 四川省双流县志编纂委员会编纂：《双流县志》，成都：四川人民出版社，1992 年，第 814 页。

② 四川省灌县县志编纂委员会编纂：《灌县县志》，成都：四川人民出版社，1991 年，第 718—719 页。

③ 张泽洪：《道教信仰视野中的黄帝》，《四川大学学报（哲学社会科学版）》，2018 年，第 2 期，第 104—113 页。

统，道教神仙体系，还是在民间都享有极高地位。

国民政府对黄帝评价极高："帝与蚩尤战于涿鹿之野，为我民族开拓疆土，驱逐暴虐，命仓颉造文字，风后制阵法，隶首定算数，而律度量衡以成，伶伦定律吕而五音之法以作，人类之宫室器用衣服货币，亦于斯时大备。"①

因此民间从事缝纫、纺织等业成立轩辕会，尊黄帝为行业神，会期一般在农历九月十六日。新津县在清乾隆年间就有轩辕会存在，会址在城隍庙，民国最后一名会首为陈吉安。② 温江县传说制衣始祖是轩辕黄帝，轩辕会由成衣业组成。③ 双流县轩辕会由缝纫、纺织、棉花等行业，农历九月十六日会期时集会祭祀黄帝。④ 崇庆县传黄帝曾作轩冕之服，缝纫业尊之为祖师。⑤ 什邡县在轩辕会当天，会在家中或去塑有黄帝的道观祭祀。⑥

与黄帝崇拜有关的还有三皇会，所谓"三皇"即伏羲、神农、黄帝。三皇会人员从业领域杂乱，有些地方只是一个无形的组织。在彭县，从事星相、择字、说书、武打、格言、江湖医生

---

① 中国第二历史档案馆编：《中华民国史档案资料汇编》第五辑第一编，文化(一)，南京：江苏古籍出版社，1994年，第498页。

② 四川省新津县志编纂委员会编纂：《新津县志》，成都：四川人民出版社，1989年，第978页。

③ 四川省温江县志编纂委员会编纂：《温江县志》，成都：四川人民出版社，1990年，第846页。

④ 四川省双流县志编纂委员会编纂：《双流县志》，成都：四川人民出版社，1992年，第812页。

⑤ 四川省崇庆县志编纂委员会编纂：《崇庆县志》，成都：四川人民出版社，1991年，第759页。

⑥ 四川省什邡县志编纂委员会编纂：《什邡县志》，成都：四川大学出版社，1988年，第24—12页。

等行业，组织成立了三皇会，每年九月十六日定期祀奉。[①] 新津县三皇会为江湖术士的组织，成立于光绪二十二年（1896）。该会并不是公开组织，类似于袍哥码头，凡在县内从事看相、算命、卖药、治病、卖书、说唱等江湖人士，均须向三皇会报到，否则不准营业。[②] 郫县的三皇会，为丝绸缫织、度量衡器、缝纫、成衣业组成的行会。会期在农历九月十六日，届时当年满师的学徒须入会，每人缴纳银元 2、3 元，或大米 80—100 斤，作为祭祀三皇和宴会之用。同时有部分缝纫业在这一天单独祀奉行业祖师黄帝，即轩辕会。[③] 金堂县三皇会由制作算盘、尺、秤、升、斗行业群体组成。[④]

老君除了受到道士和信徒的崇奉外，也被五金加工行业视为始祖。温江县老君会由从事金、银、铜、铁、锡的工匠组成，以炼"金丹"的太上老君为始祖，农历二月初十日为老君会会期。[⑤] 崇庆县有老君会 4 个，俗传老君有八卦炉，善于冶炼，五金业尊之为祖师，会期在农历二月初十或十五日。[⑥] 郫县五金业也认为老

① 四川省彭县县志编纂委员会编纂：《彭县县志》，成都：四川人民出版社，1989 年，第 838 页。

② 四川省新津县志编纂委员会编纂：《新津县志》，成都：四川人民出版社，1989 年，第 979 页。

③ 四川省郫县志编纂委员会编纂：《郫县志》，成都：四川人民出版社，1989 年，第 714 页。

④ 四川省金堂县志编纂委员会编纂：《金堂县志》，成都：四川人民出版社，1994 年，第 896 页。

⑤ 四川省温江县志编纂委员会编纂：《温江县志》，成都：四川人民出版社，1990 年，第 846 页。

⑥ 四川省崇庆县志编纂委员会编纂：《崇庆县志》，成都：四川人民出版社，1991 年，第 759 页。

君设八卦炉，是后世铁匠设熔炉炼铁的开端。① 广汉县农历二月十五日五金行业举行老君会。② 老君会会期各县基本一致，但也有不同。如新津县城曾有两个老君会，一在城隍庙，一在杨泗庙，两处每年农历二月十五日老君诞辰均举办老君会，而城隍庙每年九月十五日会再办一次，当地人认为这一天是老君忌辰。③

唐代及以前，有三人被称为药王。其一是扁鹊，道教尊之为“灵应药王真君”；其二是唐代孙思邈，北宋封为“妙应真人”；其三是唐代韦慈藏。明清时期，各地在单祀扁鹊、孙思邈基础上，加入了历代名医学群祀。伏羲、神农、黄帝等被纳入药王范畴，④ 另外像华佗、张仲景、皇甫谧、葛洪等人物也被尊之为药王。⑤

清末成都陕西街药王会十分热闹：“省城各药铺及医馆。或敬神，或送匾，或自己做匾，请人送挂陕西街药王庙。在前极形拥挤，前数日即有拜香之男女，跪香之佛婆，近经警察局禁止矣。”⑥

民国成都地区药王会日期基本一致，在农历四月二十八日，各县几乎都定期举办药王会。所谓“药王”，主要指神农、扁

---

① 四川省郫县志编纂委员会编纂：《郫县志》，成都：四川人民出版社，1989 年，第 715 页。

② 四川省双流县志编纂委员会编纂：《双流县志》，成都：四川人民出版社，1992 年，第 813 页。

③ 四川省新津县志编纂委员会编纂：《新津县志》，成都：四川人民出版社，1989 年，第 978 页。

④ 李远国、刘仲宇、许尚枢：《道教与民间信仰》，上海：上海人民出版社，2011 年，第 19—20 页。

⑤ 廖玲：《清代以来四川药王庙与药王信仰研究》，《宗教学研究》，2015 年，第 4 期，第 268 页。

⑥ 傅崇矩编：《成都通览》，成都：成都时代出版社，2006 年，第 245 页。

鹊、孙思邈三人。会期当天，成都县、华阳县[①]的医家、药铺张灯结彩，燃放爆竹，设宴庆祝。[②] 灌县农历太平乡、石羊乡举行药王庙会。[③] 新繁县农历四月二十八为“药王诞”，医家皆奉唐孙思邈为药王，于是日设宴为寿，病家则制匾榜悬于医师之门，燃爆竹，喧鼓吹，以致其庆祝云。[④] 新津县以孙思邈为药王。同行会期在药王庙集会敬神，演戏娱乐，并处理医药行业内部事务。[⑤] 彭县[⑥]、崇庆[⑦]县医药业也以孙思邈为药王。

不过药王信仰崇奉对象不是单一的，如在温江县俗中，药王除了唐代孙思邈，也有人认为是扁鹊或神农氏。[⑧] 郫县中医、中药商以神农或孙思邈为药王。会期时会友集中议事和聚餐，病家会持礼品前来道谢和祝贺。县城中药铺“不二堂”“全生堂”在会期中由店主或医家设宴十余桌答谢来宾。[⑨] 什邡县一般以神农氏为药王，部分以扁鹊、孙思邈为药王，该县以蓥西镇药王会为

① 《华阳县志》，民国二十三年刻本，丁世良、赵放主编：《中国地方志民俗资料汇编·西南卷》，北京：书目文献出版社，1991年，第14页。

② 《社会调查与统计》，1944年，第4期，第141页。

③ 四川省灌县县志编纂委员会编纂：《灌县县志》，成都：四川人民出版社，1991年，第736—737页。

④ 《新繁县志》，民国三十六铅印本，丁世良、赵放主编：《中国地方志民俗资料汇编·西南卷》，北京：书目文献出版社，1991年，第69页。

⑤ 四川省新津县志编纂委员会编纂：《新津县志》，成都：四川人民出版社，1989年，第979页。

⑥ 四川省彭县县志编纂委员会编纂：《彭县县志》，成都：四川人民出版社，1989年，第838页。

⑦ 四川省崇庆县志编纂委员会编纂：《崇庆县志》，成都：四川人民出版社，1991年，第758页。

⑧ 四川省温江县志编纂委员会编纂：《温江县志》，成都：四川人民出版社，1990年，第846页。

⑨ 四川省郫县志编纂委员会编纂：《郫县志》，成都：四川人民出版社，1989年，第714页。

最著。蓥西镇下火神庙塑有神农像，赤膊而下着树叶，手持灵芝。药王会期时，人们用红袍衣之，以彩轿抬药王神像游行过市。川西诸多行帮来此赶会，庙市交易繁荣。1942 年蓥西镇药王会还有四个剧团同时演出。①

一般认为，中国唐代以前并没有财神。宋代过年习俗中，民间所卖纸马中有称为财马者，但形象不明显。明代以来，财神形象才逐步确立。并且财神分为正财神、偏财神、准财神三类，正财神又分为文财神和武财神。其中属于道教神灵的有五路神、华光大帝、灶神、刘海蟾、赵公明、关羽。五路神、华光大帝属偏财神；灶神、刘海蟾属准财神；赵公明、关羽属武财神。② 赵公明原为冥神，宋至民初又是雷部元帅之一，因系西方金气而成，故被视为财神。③

民国成都地区从事商业者多组成财神会，尊赵公明、范蠡等为行业神，各县会期多不相同，以农历七月二十二日为多。崇庆县有财神会 13 个，相传赵公元帅从业干鲜行，被姜太公封为财神，于是被干鲜、杂货和食盐业供奉，每年农历八月十五日为会期。④ 郫县财神会奉赵公明为祖师，为各种商业群体的同业行会，会期在每年端午。⑤ 彭县从事商业者，组建财神会，崇奉范

---

① 四川省什邡县志编纂委员会编纂：《什邡县志》，成都：四川大学出版社，1988 年，第 24—18 页。

② 寇凤凯：《明代道教文化与社会生活》，成都：巴蜀书社，2016 年，第 458—459 页。

③ 李远国、刘仲宇、许尚枢：《道教与民间信仰》，上海：上海人民出版社，2011 年，第 227 页。

④ 四川省崇庆县志编纂委员会编纂：《崇庆县志》，成都：四川人民出版社，1991 年，第 758 页。

⑤ 四川省郫县志编纂委员会编纂：《郫县志》，成都：四川人民出版社，1989 年，第 715 页。

蠡（文财神）。[①] 金堂县农历七月二十二日为财神会，此惟为商贾者祀之，[②] 由从事糖、烟、副食、布匹等业组成。[③] 新津县财神会，由从事干杂、陶器、木业、洋纱、布匹、银钱等行业群体组成，会期在农历七月二十二日。[④]

财神本为国民政府明令禁止的淫祀之一，然而 1949 年 9 月 8 日《新新新闻》却报道这样一则消息："财部大楼自孔祥熙任内，供有铜质财祖，高二尺为打磨座像，重 100 斤，闻初一十五财部有人负责进香，香火益旺，询财部负责人底细，均讳莫如深。"尽管作者站在反对的立场上称之为"破除迷信的一个讽刺"，但却同时带给普通民众一个公开信号，即禁止财神迷信的国民政府都依然供奉财神，他们又有何不可。[⑤]

第三节 日常生活

一 日常习俗的改良

1912 年 2 月 23 日，宋教仁等人发起成立了社会改良会，形

---

① 四川省彭县县志编纂委员会编纂：《彭县县志》，成都：四川人民出版社，1989 年，第 839 页。

② 《金堂县续志》，民国十年刻本，丁世良、赵放主编：《中国地方志民俗资料汇编 · 西南卷》，北京：书目文献出版社，1991 年，第 19 页。

③ 四川省金堂县志编纂委员会编纂：《金堂县志》，成都：四川人民出版社，1994 年，第 896 页。

④ 四川省新津县志编纂委员会编纂：《新津县志》，成都：四川人民出版社，1989 年，第 979 页。

⑤ 《新新新闻》，1949 年 9 月 8 日。

成章程36条。主张“以人道主义去君权之专制，以科学知识去神权之迷信”；同年4月1日孙中山在参议院指出需要政权力量去改良旧俗；1913年10月16日，内务部颁布又《严禁巫术令》。然而中国旋即陷入军阀混战局面，民俗改良并没有办法深入推进。真正国家开始系统改良民俗，还是在国民政府成立之后，改良法规涉及民众日常生活的方方面面。[①]

除了规范信仰的《神祠存废标准》外，1928年9月22日内政部《废除卜筮星相巫觋堪舆办法》规定：各市、县政府应督促各公安局劝导人民破除迷信，并将卜筮、星相、巫觋、堪舆的危害，以及人类前途和幸福全靠自身努力的道理，编写图说和歌词布告等告知民众，以期由城市渐及乡村家喻户晓，乃至根本禁除；各地方书局、书店出版、贩卖有关卜筮、星相、巫觋、堪舆等传播迷信的书籍，应一律禁止；凡地方丧葬、婚嫁及患病之家，均不得雇佣卜筮、星相、巫觋、堪舆等人祈禳、占卜，违者由公安局制止。[②]

1929年3月19日《取缔经营迷信物品办法》规定：凡供鬼神所用的符箓、文疏、锡箔、冥镪、纸钱、黄表、纸炮、纸马像生等一切冥器都属于迷信物品，而制造或贩卖这些迷信物品，即属迷信物品营业者；迷信物品营业者，应由各该管省、市、县政府督促公安局和相关工商业团体劝导，限期一年内改营他项正当职业；各、省、市、县政府应令公安局会同工商业团体调查迷信物

① 张宪文、张玉法主编：《中华民国专题史》第8卷，赵兴胜、高纯淑、徐畅、杨明哲著：《地方政治与乡村变迁》，南京：南京大学出版社，2015年，第373页。

② 《废除卜筮星相巫觋堪舆办法》（1928年9月22日），《内政公报》，1928年，第1卷，第6期，第26—27页。

品营业者，分别造册并召集晓谕，促其觉悟，依期改业，并按习俗编印浅显图说和歌词，彻底让民众了解迷信危害；劝导期限届满，如有依然购买迷信物品者，或经营迷信物品业者，应由公安局严禁。①

1930 年《南京市婚丧仪仗暂行办法实施细则》公布，细则详细规定了婚丧仪式中仪仗标准：婚丧仪式中，中西音乐均可使用；路引牌、祭奠牌、二十四孝牌、香亭、供亭、二十四孝亭等仪仗可以使用；五兽、八骏、八仙、八仙亭、二仙亭、十八罗汉亭、西方接引佛、鸾驾龙凤等带有封建、迷信色彩观念的仪仗禁止使用；出殡时可以雇佣僧道；佛教、道教、回教和基督教徒，在不违背本细则规定范围内，可使用该教习用之仪仗，并从其教规之限制。②

在 1936 年 9 月 14 日内政部颁布《婚丧仪仗暂行办法》中，规定婚丧不可沿用带有封建色彩和迷信性质的仪仗，违者将由地方主管机关予以没收或销毁。不过对于宗教徒而言，若“另有教规限制者，并从其限制”。③

对于公务人员来说，婚丧受到的约束更大。1933 年 1 月，国民党中央民众训练部颁布《革除公务人员婚丧寿宴浪费暂行规程》，规定凡婚嫁送礼，特任官不超过四元，简任官不超过三元，荐任官不超过二元，委任官不超过一元；生育子女，除戚族外，不得接送礼物，并不得社席宴客；丧葬除戚友执绋外，不得

① 中国第二历史档案馆编：《中华民国史档案资料汇编》第五辑第一编，文化(一)，南京：江苏古籍出版社，1994 年，第 493—495 页。

② 同上，第 438—439 页。

③ 同上，第 461 页。

用无用之仪仗；公务人员若有违反，则受告诫或处分。①

1934 年 4 月，国民党中央民运会发起民俗改善运动，制定《民俗改善运动大纲》致各地方党部。原则是以科学常识破除迷信；用正当娱乐替代恶习；以简俭代替礼节；以军事训练达行动整齐。规定党部在各种迎神赛会及其他迷信集会之前，该召集该项集会负责人，加以劝阻，使其停止举行，或乘机改变其集会之意义；凡遇民间各种集会，党部应派员参加演讲改善要点，并指导其组织善俗运动会，平时由会员互相监督劝诫，得制定合法之罚则，使会员知所警惕；由党部召集各地公私团体代表决定婚丧礼节，除政府另有规定者，应以简易整肃为标准；公共场所之进出及各种舟车之上下，应以先后为序，不可争先恐后，对于妇孺尤应谦让等。②

稍后在 1935 年 3 月，国民党中央民众训练部颁布《倡导民间善良习俗实施办法》，目的在于倡导民间善良习俗，查禁民间不良习俗。不过在态度上较前有所缓和，如总纲规定："民间旧有习俗与法律不相抵触、时代不想违背，不妨碍公共秩序，且有倡导价值者，应辅导其改善与发展。"婚嫁提倡男女平等之合理婚姻，改善旧式婚姻制度。丧葬提倡以哀敬为主，革除一切无谓虚文；服丧期间谢绝宴乐，停止婚假；丧葬行礼废除跪拜礼节，以鞠躬为限；提倡速殓速葬，深葬火葬等。③

不过在实际情况中，政策和法规推行得并不理想。方志称：

---

① 中国第二历史档案馆编：《中华民国史档案资料汇编》第五辑第一编，文化（一），南京：江苏古籍出版社，1994 年，第 440—441 页。

② 同上，第 442—443 页。

③ 同上，第 444—445 页。

“国民政府内政部规定婚礼仪节十二项，丧礼仪节十八项，世俗不尽行之。”① “民国以来，男女自由恋爱之说，岁朝夕簧鼓，县中尚无此风。”② 另据 1950 年统计，郫县从事算命、阴阳、驱鬼、祈禳、扶鸾等迷信业者，全县共有 76 人。③ 在后文具体的分析中，这类情况则表现得更为明显。

二　道教、术数与《周易》的关系

在日常生活中，尤其是在农村地区，人们面对生老病死，灾难和未知，采取了各种办法以祈福禳灾、趋吉避凶。他们或借助道教之斋醮科仪，或利用阴阳占卜之术，而阴阳占卜等术数被国民政府视为迷信、巫觋加以取缔。不过在实际情况中，术数却广泛存在于民众日常生活中。民国时期，尽管大多数时候这些被称为迷信、巫觋的术数都为民间江湖人士所用，与道士尤其是全真道士无关，但在漫长的历史进程中，道教与术数早已脱不开关系。同时《周易》与道教和术数的关系亦十分紧密，道教和江湖人士都对其加以利用。因此在具体展开讨论之前，笔者认为有必要将三者之间的关系进行简要梳理。

《周易》对中国哲学、史学、文学、宗教学、天文、历法、医学、法学、数学的发展都产生过重要影响，诸子百家多少都运

① 《华阳县志》，民国二十三年刻本，丁世良、赵放主编：《中国地方志民俗资料汇编 · 西南卷》，北京：书目文献出版社，1991 年，第 13 页。

② 《简阳县志》，民国十六年铅印本，丁世良、赵放主编：《中国地方志民俗资料汇编 · 西南卷》，北京：书目文献出版社，1991 年，第 135 页。

③ 四川省郫县志编纂委员会编纂：《郫县志》，成都：四川人民出版社，1989 年，第 723 页。

用其理论和思想。就道教而言，《周易》也是一部非常重要的经典，历代道教徒如陶弘景、范长生、李鼎祚、王远之、陈抟等都有易理研究之著作，《道藏》中亦收录诸多"易注""易演"类著作。《周易》从内容到形式都为道教所吸收，它渗透到道教的基本信仰、神仙体系、方术仪式、政治伦理等各个方面。从道教基本信仰来看，道教接过老子哲学"道"的范畴，以解释天地自然演化并作为基本信仰。而在道教产生、发展、衰落的整个历史进程中，都贯穿着以《易》解道的特点。并将"道"与《易》等同起来，并加以人格化、神学化；道教神仙体系方面，道德天尊、八卦神、九皇等神灵与《周易》关系密切，道教甚至还将《周易》夸大为道德天尊创造和传授，把孔子、曾子等纳入神仙系统，以彰显"道本儒末"；方术仪式中，符箓、炼丹、占筮、巫医，以及巫医分流后，都与易理相关；政治伦理方面，道教的变革思想、戒杀观念、等级观念多出自《周易》。表现出科学、宗教、迷信相互渗透的特点。①

《周易》在中国古代社会本具占卜功能，其象数学流入道教，被道教占验派所宗，繁衍出许多占验之术。在面对社会和人生中诸多不确定，人们本能地依靠他力趋吉避凶，预测未来即是方法之一。中国原始宗教中有大量关于卜、筮的记载，同时原始宗教也是道教文化的渊源。在漫长的历史进程中，术数一方面被道教吸收，一方面流入江湖术士之手，二者既有相对独立的发展线索，也有融会交叉的地方。随着人们对《周易》越来越多地

---

① 卿希泰、詹石窗：《道教与〈周易〉的关系初探》，刘大钧总主编：《百年易学菁华集成·初编》，《周易》与中国文化，上海：上海图书馆，2010年，第869—878页。

研究和运用，术数体系因之不断丰富，先后产生谶书、文王课、太乙、六壬、遁甲、紫微斗数、梅花易数、子平推命术、占星术、测字、梦占、堪舆、相术、扶乩、杂占等。在这些流传的各类术数中，包含有古人研究易理丰富的成果，也掺杂有大量迷信和糟粕。江湖术士借之谋生，信仰术数的民众往往又不求甚解，在相关著作和社会活动中会有许多非科学的内容以及骗术，术数因之屡受诟病。但由于民众始终存在的心理需求，术数活动长期活跃于民间，无法禁绝。①

三　婚丧习俗

婚嫁方面，主要是需要算命先生算八字、合婚。婚前，媒人将女方生辰八字，亦称“庚帖”送至男家，双方通过算命先生合八字之后，再进一步征求双方亲人意见，决定是否婚配。②

什邡县俗，婚嫁习俗由问名、过庚、纳采、谢允、接亲、成礼六个步骤。男女双方互相考察之后，初步认可，乃约期行聘，双方还礼后乃会亲，再经请庚帖，八字相合，才算肯定。然后择期，开期单，上列加笄、踩斗、出阁、周堂等日期，报女家，称为报期，并办礼品。女方要耗费许多金钱，备办陪奁，于婚礼举行前送男家，称为过礼。③

---

① 胡孚琛：《〈周易〉象数与中国术数学析论》，刘大钧总主编：《百年易学菁华集成·初编》，《周易》与术数，上海：上海图书馆，2010年，第68—81页。

② 四川省双流县志编纂委员会编纂：《双流县志》，成都：四川人民出版社，1992年，第828页。

③ 四川省什邡县志编纂委员会编纂：《什邡县志》，成都：四川大学出版社，1988年，第24—13页。

新津县俗，初议婚，用红纸写女方庚帖，由媒人送至男方。男方请算命先生推命合算乾造坤造八字。如无冲克，即由男方送去彩礼，女方也同样回礼，表明婚事已定，称为订婚。如有冲克，即将庚帖退回作罢。婚期也由算命先生择定，然后由男方备办彩礼，连同婚帖送到女方家中告知婚期，称为订年月。①

双流县许多场镇在场期时，还会有人摆摊算命，如县城北街"览道注"，为人算八字、合婚、择吉较有名气。②

丧葬方面，从人刚落气到周年，每一个阶段民间都有不同仪式和叫法：

> 父母之丧，始卒三日成服，逢七设斋曰做七，百日祭祀曰百期，讣告受吊曰开奠，延宾点主曰点主，既葬三日墓祭曰复山，踵门谢客曰谢孝，期而小祥曰周年，又期而大祥曰二周年，二十七月除服曰满孝。始卒家属跪对亡人焚之前曰烧倒头纸。沐浴更衣毕请术士对死者宣唱曰开路，算定某日，设酒馔布灰于堂屋，家属皆出门远避曰回煞，葬之前夕请孝义会于加演礼曰行三献礼，出殡时请术士对棺作法曰发靷，出殡有仪仗，富豪之家以此夸耀，此皆习俗相沿，亦有不尽行者。③

术士、道士也广泛参与到丧葬活动中，有些地区请阴阳术士做法事："诸物即具，则请术士（俗呼阴阳）作法，厌胜一切凶

---

① 四川省新津县志编纂委员会编纂：《新津县志》，成都：四川人民出版社，1989年，第980页。

② 四川省双流县志编纂委员会编纂：《双流县志》，成都：四川人民出版社，1992年，第824页。

③ 《社会调查与统计》，1944年，第4期，第142—143页。

煞，谓之开路。闭殓，柩前复以纸扎牌坊，五彩具备，中奉死者姓名。内设卧具，则丧主以下所居，谓之丧房，即古之倚庐苫块也……其方死也，术者推算死者殃煞于某日出走，届时陈奠酒食，举家尽避，先布灰于堂及故寝室，查其有无异迹，谓之‘回殃’。”①

有些地方则请道士做道场和念经，如民国《新繁县志》记载：

> 新繁县俗，在清代最重佛事。富者每遇七日必延道士，讽经超度三日者谓之“小经”，规模宏大至五日、七日、九日者谓之“道场”，民国以来重此者较少。凡死者之家率念小经而已，道场则未数见也。俗尤于佛事圆满日，大备楮财，又以纸竹制造房屋为亡者之居，凡车轿仆从，无不具道士作法，焚于净地，谓之“化笼”。民国颁布新式丧礼县中尚无行之者，惟近年散孝改用青纱束于臂间，凡五服之外皆用之，此风则渐开矣。②

双流县的超度道场带有鲜明的道教色彩：普通人家超度亡灵做道场，堂屋正中挂太上老君、元始天尊、灵宝大法师画像，旁挂十殿阎王像。设香案、蒲团、锣鼓乐器，门前挂黄纸，书写榜文。法器包含引罄、铃、木鱼、朝简、玉如意等。开坛之前，主任宴请道坛主事和宾客，然后戒荤吃素到道场结束，称为封斋。

---

① 《新繁县志》，民国三十六年铅印本，丁世良、赵放主编：《中国地方志民俗资料汇编 · 西南卷》，北京：书目文献出版社，1991 年，第 67—68 页。

② 同上，第 68 页。

开坛后，主事率徒众早晚做法事，其余时候由徒众轮流守值。[①]

新津县俗，父母去世，子女皆须回家奔丧。刚去世时，人们要为死者烧落气钱，请道士开咽喉，入殓时着寿衣，入馆后停放堂屋并设灵堂。从去世那天算起，每七日都要请道士念经，超度亡魂，其中五七最为隆重，要做道场，规模大小视家庭贫富而定。五七之后，变请阴阳先生看风水，选墓地，择吉日，出殡安葬。出殡时，富者仪仗队伍庞大，并请僧道沿途诵经。[②]

部分民众对于在丧葬仪式上延请僧人还是道士并无苛求。如什邡县俗，起棺前请僧道绕棺，执香火屑撒四周，表示清宅；起棺后，将垫棺土砖掷出门外，并燃烧松柏枝，意在除秽。出棺时，用雄鸡洒血以掩煞，沿途撒黄白纸作为买路钱，并用灵幡导前。[③]

普通人在丧葬处理上一般不重铺张，以尽哀为止，但也有富室借此大办丧事，摆水陆道场，炫耀家财，[④]"不惜耗费大量资财，大宴宾客，设醮诵经，超度亡灵"。[⑤] 1918 年，新津县太平场"炳太升"花行老板刘炳南之妻去世，"刘用高价购建板一副装殓。特请扎制黄州馆老龙的技师刘国香为之设计灵堂，布置华丽，光彩夺目。头七、二七、三七、四七均做道场一次，五七又请了 20 多名道士，做了八经八忏的水陆大道场。五七以后，请

① 四川省双流县志编纂委员会编纂:《双流县志》，成都：四川人民出版社，1992 年，第 825 页。

② 四川省新津县志编纂委员会编纂:《新津县志》，成都：四川人民出版社，1989 年，第 982 页。

③ 四川省什邡县志编纂委员会编纂:《什邡县志》，成都：四川大学出版社，1988 年，第 24—14 页。

④ 同上。

⑤ 四川省双流县志编纂委员会编纂:《双流县志》，成都：四川人民出版社，1992 年，第 830 页。

道士在家念了三年经文，请阴阳先生常住家里专为死者寻找阴地。三年之后才除灵安葬，又大做道场，大宴宾客”。①

对于贫困者来说，往往只能求慈善会施与千筒子、火匣子以殓亲属，火匣子由六块木板组成；或是所谓“三子送终”，即席子、绳子、杠子，埋入乱葬坟（义冢）；或者死于桥梁、沟壑，没有亲人收尸。② 对于这些身世可怜的人，慈善会会提供一些火匣子进行义葬，也会有道士为之诵经开路，算是丧事中唯一的仪式。③

同时，人们建房或择墓地，多会花费钱财请“阴阳先生”“地理先生”“堪舆家”看风水，以期趋福避货，荫及子孙。金堂县俗，“凡动土、奠基、修造、下葬等，都要请阴阳先生择看，以求吉祥”。④ 彭县县俗，亲人去世后，会“请阴阳看地，择日出丧；请道士念经，追悼亡魂”。⑤ 在灌县，筑宅先请阴阳先生看风水，在使用罗盘定为、下基脚石、砌墙、竖柱、上梁时，还会唱念对应歌诀。如筑房下基脚石时，要唱“下基脚歌”：“盘古王天地开张，女娲补天剩石方。拿在弟子手中来，老君先把它打方。今天主家要安堂，儿子儿孙把官当。”⑥

---

① 四川省新津县志编纂委员会编纂：《新津县志》，成都：四川人民出版社，1989 年，第 982 页。

② 四川省彭县县志编纂委员会编纂：《彭县县志》，成都：四川人民出版社，1989 年，第 840 页。

③ 四川省金堂县志编纂委员会编纂：《金堂县志》，成都：四川人民出版社，1994 年，第 881 页。

④ 四川省金堂县志编纂委员会编纂：《金堂县志》，成都：四川人民出版社，1994 年，第 882 页。

⑤ 四川省彭县县志编纂委员会编纂：《彭县县志》，成都：四川人民出版社，1989 年，第 840 页。

⑥ 四川省灌县县志编纂委员会编纂：《灌县县志》，成都：四川人民出版社，1991 年，第 732 页。

在这种风气带领下，有时为产生一些负面社会现象。如有房屋刚修建好即拆除，或死者刚下葬就择地重葬；[①] 或两家为争夺“风水宝地”建房或择坟，以致斗殴、诉讼；[②] 或富室以先人埋好地，子孙才有发展，有的为占好地，不惜把别人弄得家破人亡；或伪造吉地如太极图、乌龟坟、蛇形地等，以骗人营葬等。[③]

四　疾病与灾祸

（一）疾病、瘟疫与火灾

民国《金堂县续志》记载：“巫祝之风，如禳星、拜斗等类，疾病之家，愚民偶一为之。近日民智渐开，知信巫不如信医，故斯事渐罕见。”[④] 实际上这并不是民间的真实情况。

面对日常生活中的疾病，民众常常试图用求神、念经的方式去解决：“凡城市乡村有疾病者，或求神许愿，或拜忏念经。”[⑤] 许多乡民认为“病疾殃及咎，多以为神灵所致，往往入寺烧香以祈福佑”。有时会到东岳庙、城隍庙祈求，以酒肉、鸦片敬神，以求疾病消除。庙中“两廊下，小卒状貌狰狞，鸡爪长舌者，名曰鸡足神；冠高冠，持雨具，摇扇皤腹者，名曰无常二爷，佥云主

① 四川省双流县志编纂委员会编纂：《双流县志》，成都：四川人民出版社，1992 年，第 825 页。

② 四川省郫县志编纂委员会编纂：《郫县志》，成都：四川人民出版社，1989 年，第 723 页。

③ 四川省什邡县志编纂委员会编纂：《什邡县志》，成都：四川大学出版社，1988 年，第 24—26 页。

④ 《金堂县续志》，民国十年刻本，丁世良、赵放主编：《中国地方志民俗资料汇编 · 西南卷》，北京：书目文献出版社，1991 年，第 20 页。

⑤ 陈邦倬修、田树勋纂：《崇宁县志》卷 4，民国十四年刻本，第 275 页。

冥役，祀之必获善佑。甚至以鸡足挂鸡足神之手，鸦片灌无常之口，意谓冥役亦如阳世滥胥，喜小贿也”。[①] 前文提到的民众到青羊宫大殿摸铜羊以治病、求子，与求神治病性质类似。

有以占卜、测字、祭鬼治病者：“或倩星命家推算年运，以占吉凶；或测字以评祸福；或谈相观色、摩骨而揣命运。凡此皆能幸中，以固信者尤多焉。”或“以香烛、水饭、楮财盛于盘置榻前祝之，送于户外歧路间祭之”，“凡有疾病，不恃于药，惟此是求，辄曰神药两改”[②]。有人对这种现象提出了批评，认为不仅浪费钱财，还耽误治病：“酣歌恒舞，是谓巫风，昔有之矣。楚人信鬼，祷祝尤繁，蜀界楚疆并崇巫教，婆娑作态，呼啸招魂，走问仙娘，竞还冥器。偶有疾病，必曰祈禳，若在婴孩，更多阨运，金钱浪掷，为害已深。”[③]

有请巫师、端公来捉鬼治病者。民众遇天灾人祸或家人久病不愈，人们便认为有鬼作祟，往往要请端公驱鬼禳灾。事前主家先与端公水命跳神原有，将生辰八字告知端公，再由端公掐算跳神日期。到期主家备办香烛之前，雄鸡“刀头”，请端公来跳神收鬼。端公还会做拜斗法事：“病轻者，则列祷者生庚，拜星禳斗。作法毕，取米筛焚之，撕纸钱圆铺其上，送至十字路上，覆一盂水饭而去，名曰设送。”双流民国县境内许多场镇都有化水的巫师、巫婆，中华人民共和国成立后偏僻乡村仍有此现象。巫师在黄表纸上符箓并念咒，焚化后将纸灰掺入水中，令病家喝

---

① 《简阳县志》，民国十六年铅印本，丁世良、赵放主编：《中国地方志民俗资料汇编 · 西南卷》，北京：书目文献出版社，1991 年，第 140 页。

② 《新津县志》，清道光九年刻本，丁世良、赵放主编：《中国地方志民俗资料汇编 · 西南卷》，北京：书目文献出版社，1991 年，第 74 页。

③ 叶大锵修、罗骏声纂：《灌县志》卷 16，民国二十二年铅印本，第 894 页。

下，然后再画几张符篆，嘱病家回去继续服用。即符水治病。[①] 凡是皆在国民政府禁止之列。

此外，若人夜梦或小儿夜哭，则书写“夜梦不详，书于东墙，太阳一照，化为吉祥”，“小儿夜哭，请君念读，若是不哭，谢君万福”等类似禳词的文字，贴在街头巷尾或墙上。[②]

和面对疾病的未知和恐惧一样，人们也惧怕各种瘟疫。在不了解其产生原因的情况下，瘟疫同样被归于“瘟神在作祟”；或者认为是“畜生代人遭受劫难”，神人执“火印”将凡间的猪打死，以“符天庭之旨”。[③] 与此同时，由于当时的房屋多为木制，照明亦借助火烛，故火灾频繁，于是瘟疫和火灾成了民众最为担心和希望避免的两种情况。因此以驱逐瘟疫、火灾为目的的清醮会（又称“建醮”“打醮”），在民间广泛流行。而作为一种“落后”“迷信”的行为和象征，清醮会也遭到了诸多批评和禁止。

早在嘉庆年间（1796—1820），清醮会就已存在，民间在“春社后，设坛建醮。作纸龙船坐瘟、火二神像，周巡四隅，种扮执役，呵导前行，一道士仗剑随之，鼓乐齐鸣以逐疫，谓之平安清醮会”。[④] 宣统间，“每街于春二三月，必募金延道士，设醮坛，美其名曰皇坛肃静，荤腥回避，令居民均茹素，犯者罚之。事将毕，扎有纸龙船，内坐瘟火二神，按户收取香烛纸幡对联之

① 四川省双流县志编纂委员会编纂：《双流县志》，成都：四川人民出版社，1992 年，第 824 页。

② 四川省广汉县志编纂委员会编纂：《广汉县志》，成都：四川人民出版社，1992 年，第 608 页。

③ 王国福：《打破四川人对猪瘟之迷信及今后防治猪瘟应采步骤》，《建设周讯》，1937 年，第 2 卷，第 1112 期，第 41—42 页。

④ 《汉州志》，清嘉庆二十二年刻本，丁世良、赵放主编：《中国地方志民俗资料汇编 · 西南卷》，北京：书目文献出版社，1991 年，第 62 页。

类，送出城外，焚之，谓之扫荡”。①

对于建醮的批判，在清末即已有之。1910 年《广益丛报》曾撰文称建醮防火灾不如准备水缸防患于未然：

> 此前东大街熊福田所开永泰森纸铺以纸筋堆置楼上，被学生误遗火种，几致燎原，当由警署将熊拘案惩办。乃该街区正孟乾顺等为熊邀恩，特禀巡警道请建醮酬神，借以赎罪。闻高观察以此等迷信无补公安，特谕令将建醮之费制造太平水缸四口，择地设置，庶缓急有备，是亦亡羊补牢之意也。②

然而民国时期清醮会和瘟火坛依然十分流行，尽管在 1928 年火神信仰遭到政府取缔，瘟神亦被列为淫祀。③ 金堂县俗：“每年二三月，择吉日城市俱为清醮会。民皆斋戒，禁屠宰，设瘟火坛于近祠庙，朝夕进香。会毕，以纸糊龙舟送至江岸焚之。”④ 新繁县俗：“岁遇日月食，则寺观鸣钟代鼓，以救护之。春夏之交，则有清醮会，驱瘟疫、弭火灾，此犹古者傩之意。”⑤ 双流县民众遇水灾、火灾、旱灾、兵灾、瘟疫，时常会请僧道建醮，民间又称之为“打醮”，以祈福禳灾。打醮一般是一个地区、村庄、街道共同参与。每年南门外火神庙都会打清醮以禳火

---

① 傅崇矩编：《成都通览》，成都：成都时代出版社，2006 年，第 246 页。

② 《广益丛报》，1910 年，第 229 期，第 10 页。

③ 中国第二历史档案馆编：《中华民国史档案资料汇编》第五辑第一编，文化（一），南京：江苏古籍出版社，1994 年，第 501、505 页。

④ 《华阳县志》，民国二十三年刻本，丁世良、赵放主编：《中国地方志民俗资料汇编 · 西南卷》，北京：书目文献出版社，1991 年，第 13 页。

⑤ 侯俊德修、刘复纂：民国《新繁县志》卷 4，民国三十六年铅印本，第 394 页。

灾。[①] 灌县乡民若遇瘟疫流行、火灾、虫灾，会举办清醮会祈神。一般是先禁屠，请道士念经申文上表，做供天法事，然后将火神、瘟神放于纸船冲走或焚化。若虫害严重，同样延道士申文上表，建醮敬献，道士还会准备好印有符箓的各色三角形小旗，虫醮结束后发给各家各户，用竹竿插在田地中以驱虫。[②] 什邡宗教界、地方士绅，或官府与水灾、旱灾会主动建醮，延请僧道诵经拜忏，求神赐福。什邡“甲戌水灾”（1934）后，永兴乡大王庙举行了为期 49 天的“罗天大醮”，以祈福和超度死于水灾中的人。[③]

有些地方还会专设瘟祖庙会。如新津县邓双、普兴二乡在农历正月十五日举行瘟祖庙会。当地认为瘟祖掌管牲畜生老病死，因此各地农民多前来烧香、许愿，焚烧纸扎猪、牛，祈求牲畜平安。邓双瘟祖会期为正月十三至十六日，其间会演戏酬神，买卖各种农产品。当地民众有时也称瘟祖为“瘟祖菩萨”。[④]

清醮会和瘟神、火神信仰是十分“顽固”的。以成都市为例，虽然受到长期的批判和禁止，但这一现象从 20 年代末至 40 年代末依然层出不穷。《成都常识周刊》认为“瘟疫火灾之所以发生，完全是由于人们不讲究公共卫生和不小心火烛，假使人人对于公共卫生非常讲究，对于火烛非常小心，那当然不致有瘟疫

---

① 四川省双流县志编纂委员会编纂：《双流县志》，成都：四川人民出版社，1992 年，第 825 页。

② 四川省灌县县志编纂委员会编纂：《灌县县志》，成都：四川人民出版社，1991 年，第 728 页。

③ 四川省什邡县志编纂委员会编纂：《什邡县志》，成都：四川大学出版社，1988 年，第 24—25 页。

④ 四川省新津县志编纂委员会编纂：《新津县志》，成都：四川人民出版社，1989 年，第 983 页。

火灾发生了”，并称建醮不过是“给骗钱的道士们增加些收入和民众增加些负担罢了”。[①] 1935 年的成都市区，“各街仿沿旧习举办清醮会”，论者称其“虚糜金钱，提倡迷信”，并呼吁市政府和公安局严加禁止。[②] 1936 年政府再次下令从严查办举办清醮会者，并张告示令民众一体知照，违者拿办不贷。[③]

然而事与愿违，1945 年成都市打清醮的活动依然活跃，在形式上也未发生太大变化，“其办法就是举几个当地的热心公益者来为大众服务，请几个黄袍道士论经礼忏，求神保护一街安宁，清吉平安，消灾祈福”，随后“扎一支龙船，贴几张黄纸，请几个道士”，在火化龙船那天，家家户户再各买香蜡纸钱敬神。[④] 甚至到了 1947 年，仍有人在呼吁“打醮不能消灾免劫”。[⑤] 也就是说，几乎整个民国时期，政府和知识精英都在批判和限制着清醮会，甚至有严令禁止，但这些举措在现实中并未发挥理想的效力。

（二）祈雨

在道教神仙体系中有众多大地上的自然神，其中最为重要的是五岳、四渎，不仅属古代中国国家祭祀范畴，也被纳入道教神仙系统。同时风雨雷电、龙王、龙神等自然神灵也受到人们的崇奉。[⑥] 中国作为农业社会，历来重视祈雨，国家时常参与其中。清末，地方龙神祠祈雨活动仍十分频繁，各地神祠时常会受到表

---

① 李蒲诚：《我国民众陋习之一——太平清醮》，《成都常识周刊》，1929 年，第 2 卷，第 17 期，第 163 页。

② 《新新新闻》，1935 年 3 月 16 日。

③ 《新新新闻》，1936 年 4 月 24 日。

④ 《新新新闻》，1945 年 5 月 19 日。

⑤ 《新新新闻》，1947 年 7 月 9 日。

⑥ 李远国、刘仲宇、许尚枢：《道教与民间信仰》，上海：上海人民出版社，2011 年，第 193—194 页。

彰或培修："龙神祠，道光年间知县何蔚然重修，嗣后知县赵梦祥培修。光绪二十五年知县陈鼎勋祈雨，送匾额培补；二十六年知县高维寅祈雨，培修送匾额；二十八年知县杨燮吉祈雨，送匾额复培补。"①

民国以来，祈雨被认为是不符合科学的，国民政府亦下令取缔海神、龙王等与雨水有关神灵的崇奉。② 但龙王、龙神的崇拜并未在民间消失，人们仍视之为管理雨水的神灵，各地都建有龙王庙、龙神祠加以崇奉，遇干旱则组织向龙王、龙神等求雨："乙卯（1915）、丙辰（1916）春夏旱，廷弼命人至龙池请水，设坛祈雨，雨辄应，人尤异焉。"③ 或"因水旱之灾，祈于龙神"。④ 广汉县若逢干旱，乡镇会组织祈雨。民众将龙王塑像抬上轿，上街游行，街民则焚香祈求。祈雨期间，一般会命令禁屠，不准宰杀猪、牛、羊，以期感动神灵降雨。

不过禁屠有时只是虚文，"假定明天开始断屠了，屠夫们今天总要赶着多杀几条猪，人们到了卖不出猪肉的时候，总是多杀几个鸡鸭来代替。而且在四月初间，成都断屠的时候，到处饭馆里，一样吃新鲜猪肉，实际是肉市上的肉，搬到人家里卖去了"。⑤ 不仅如此，禁屠有时还会引起民间冲突。比如 1936 年 6 月，金堂县赵镇"因久晴不雨，农田大多数无灌溉，乃由民众筹款设坛建醮祈雨"，并禁止屠宰。部分屠商为了利益，在禁屠

① 陈邦倬修、田树勋纂：《崇宁县志》卷 1，民国十四年刻本，第 94 页。

② 中国第二历史档案馆编：《中华民国史档案资料汇编》第五辑第一编，文化（一），南京：江苏古籍出版社，1994 年，第 502—504 页。

③ 李之青修、戴朝纪纂：《郫县志》孝友序，民国三十七年铅印本，第 468 页。

④ 《金堂县续志》，民国十年刻本，丁世良、赵放主编：《中国地方志民俗资料汇编·西南卷》，北京：书目文献出版社，1991 年，第 20 页。

⑤ 《兴华》，1937 年，第 34 卷，第 16 期，第 17—18 页。

期间仍杀猪私售。民众发现之后，认为其“有违建醮禁屠之旨”，于是将查获的猪肉扔进粪池或河中。这就引发了商民之的冲突，“商团持枪出头调解未遂，竟开枪威骇，当场击毙民众一人，受伤三人”，肇事商团亦遭民众联名反对，并请县府查办。[①]

祭祀龙王、龙神祈雨的形式在民间还得到了丰富。其一称之为“耍水龙”，用竹子和麻布做成的“水龙”，龙头、龙身、龙尾共七节，七人各执一节，在街头舞动，人们舀水泼龙。[②] 什邡县俗：“凡久旱不雨，地方士绅或神会会首常雇人扎柳条龙，沿城乡游行，群众备水浇泼，求天公降雨。”[③] 双流县祈雨在龙王庙举行，同时也采取耍水龙、捉旱魃等形式。[④] 其二是“演戏酬神”，如广汉民众为“诚心祈雨，早际甘霖，以安人心”，设坛供奉关岳五圣和龙王雨师，并演戏酬之以祈降雨。[⑤] 其三称之为“打龙潭”，各地都有不少以龙潭、龙王凼之类命名的水潭。天旱时，民众齐聚水潭边，焚香鸣炮，将石块砸进水潭，意在惊醒龙神降雨。其四称“抬雨功”，雨功俗传为专管降雨的神灵，龙颜青面。若久不雨，民众则聚在供奉雨功的庙里，先进行焚献，再将神像抬上椅轿游街，后跟乐队或僧道念经。游街之后，将神像放在太阳下暴晒，直到下雨才请回原位，并焚香化纸表示歉

① 《新新新闻》，1936 年 6 月 29 日。

② 四川省广汉县志编纂委员会编纂：《广汉县志》，成都：四川人民出版社，1992 年，第 607 页。

③ 四川省什邡县志编纂委员会编纂：《什邡县志》，成都：四川大学出版社，1988 年，第 24—26 页。

④ 四川省双流县志编纂委员会编纂：《双流县志》，成都：四川人民出版社，1992 年，第 825 页。

⑤ 《新新新闻》，1936 年 6 月 29 日。

意。[1] 显然后两种方式对神灵并不太尊敬。

还有一种祈雨方式和民间俗谚有关，在灌县、广汉县[2]、双流县[3]等地都有“笑狗天不晴”这一说法，天不晴则可能下雨。于是人们取此义，将狗穿戴上人的衣帽，放在特制的椅轿上，两人抬着游乡、游街，并有乐队跟随，人们则尽情取笑。民间在预测下一年雨旱、丰歉方面，还自创了一套占卜之法。在除夕夜迎灶之后，“置十二酒杯于灶上，中各贮水，每一杯下一豆，俟元旦察其干湿，以占是年十二月雨旱，遇闰则用十三酒杯。又置豆谷各种于灶上，合成一团，然后用大碗覆之，俟元旦揭开视之，有移至碗边者，则此种是年必主丰收，亦往往有验”。[4] 表现出人们对雨水和丰收的渴望。

有时祈雨会直接请道士做法事，申文上表，祈请有关神祇降雨或降晴。[5] 如灌县久旱不雨，则由道士在城内祈神请水：

> 城内祈神先关闭北门，由道士多人在城隍庙内设坛诵经。七日后燃烛供天。次日有首事、掌坛师率领信众，由轿亭抬上净瓶表文、祭品并彩旗、鼓乐，到灵岩东岳庙或龙溪白龙池请水。请水前由掌坛师指导执事诸人行三跪九叩礼。

---

① 四川省灌县县志编纂委员会编纂：《灌县县志》，成都：四川人民出版社，1991 年，第 728 页。

② 四川省广汉县志编纂委员会编纂：《广汉县志》，成都：四川人民出版社，1992 年，第 607 页。

③ 四川省双流县志编纂委员会编纂：《双流县志》，成都：四川人民出版社，1992 年，第 825 页。

④ 《简阳县志》，民国十六年铅印本，丁世良、赵放主编：《中国地方志民俗资料汇编·西南卷》，北京：书目文献出版社，1991 年，第 137 页。

⑤ 四川省灌县县志编纂委员会编纂：《灌县县志》，成都：四川人民出版社，1991 年，第 728 页。

> 礼毕掌坛师唱赞焚文，继而将瓶注满池水，仪仗如前，抬回城隍庙供于神前。若雨至，则复礼如前仪，送水回池，始启北门。乡间请水，行礼如仪，但一般多在就近河、井中取水。①

关于祈雨法事，有一种说法是“做这请水工作的人，地位愈高，大概求雨的效果愈大”。因此，民众不光对“掌坛师”要求颇高，还会邀请当地政府领导参加。部分县长，乃至区级行政专员，都曾“手捧香盘”混迹于道士之中，“虔诚跪拜”，参与到“请水”仪式中。②

1937年四川大旱，成都市的绅耆善士在玉参慈善会联合组办祈雨法筵，法会由王伏阳主坛，尹仲锡亲自撰写祈雨疏文。4月27日预备工作和仪式已基本完成，慈善会内被重新布置，“请水仪式”也格外慎重，分别从三处取得，二仙庵和孝德慈善会均参与其中：

> 入门为雨坛，有三丈六尺高，上设神位旗幡，再进大殿为□坛，又进为皇坛，极为庄严。其主坛者，为二仙庵退隐老方丈王伏阳律师，本日午前七时开坛，坛□迎水，据□主坛云，系分三处，一于灌县宝瓶口所取，一于外北万□桥所取，一于新西门孝德慈善会所取。三瓶皆□□坛，外北迎水为二仙庵申方丈竹青主科，灌县迎水，系法筵交际主任文成章君，会同灌县宣化慈善会郑维之君迎归，新西门迎水，系

① 四川省灌县县志编纂委员会编纂：《灌县县志》，成都：四川人民出版社，1991年，第727页。

② 《兴华》，1937年，第34卷，第16期，第17—18页。

> 陈光廷杨柱臣两君，同往迎归，所召坛事，皆王老方文住持，至于会务一切，则由玉参慈善会洪主席幼三办理。

27日中午，绅耆方旭、尹仲锡、刘豫波等，及市各慈善会主席和委员到坛拈香。[①] 29日夜，王伏阳正式在雨坛作法，"静中见东北角雨气浓厚，知有感应，或川东北于是时获甘霖矣，正默祷毕，细雨密濛，已浮佳音，乃谢圣下坛"。《新新新闻》记者以王伏阳素来"为人和善，修持有年，或无诳语"，于是向川东北各县友好处探寻是否下雨，后被告知"川东北各县日昨多获甘霖"。因此于5月1日以"昨日午夜均喜雨，祈雨果然应验"为题报道了此次祈雨事件，并对王伏阳予以积极评价。[②] 祈雨获验后，众绅耆、善士"以旱区辽阔，恐雨泽尚未普遍"，在5月2日再次进行祈祷。时任四十五军军长邓锡侯，对于祈雨法筵也"极表赞同"，因在病中特派秘书石芝于5月2日前往雨坛代为行礼，并附其名于祈雨文书上。[③]

几乎在同一时间段，青羊宫和二仙庵也进行了设坛祈雨。4月28日，两宫观集合道士百余人，着道袍，捧香盘，张彩帐，持色旗，"并画八卦图，继后着便服，捧香盘者又数十人，以锣鼓喇叭作先导，凝精会神，奉诵经忏"，"青羊宫的老君殿，更设坛祈祷，坛堂中央供有老君、玉皇、龙王诸神，两旁置以彩帐色旗，五色缤纷，坛前对立四人诵经，左右地上又跪八人合诵，坛堂下方用八张木方桌摆成八卦形，每桌置花瓶，中插柳条。又三人各持清水一杯举于额上相对密祷，交叉行进，用柳叶将水洒

① 《新新新闻》，1937年4月30日。
② 《新新新闻》，1937年5月1日。
③ 《新新新闻》，1937年5月4日。

于地上，行动极为整齐，如是许久，又变成一列纵队，绕八卦转圆，仍用柳叶将水洒于地上，水洒尽，各人手持三角形色旗一面，仍复原来步法，仍举于额上相对密祷，交叉行进”。宫观外信众和游人“绵延半里，车马充塞，颇为热闹”。[①]

道教界和慈善会能够这样公开地举办祈雨法会，实际是得益于政府的认可或妥协。1937 年四川旱灾极为严重，约有 130 县受灾，其中 26 县重灾，64 县稍次重灾。面对难以抗拒的灾难和民众的请求，政府不得不选择妥协以“顺应民意”。1937 年 4 月 28 日，四川省政府电令各县市准其祈雨，认为“此种举措，虽云事涉迷信，但各地灾荒严重，人民望泽情殷，不能不加以曲谅，亦借以顺应民意”，除抓紧筹款赈灾外，并要求“各市县政府官民一律斋戒，并禁屠宰，绅民祈有雨者，加以保护，全省合作，庶可感召天和”。[②] 玉参慈善会、青羊宫、二仙庵等祈雨法会即是在此期间组织起来的。

事实上，除了政府偶尔会“徇民之请”而认可祈雨活动外，通过一些媒体文章，我们还发现许多知识精英虽然在批判这类活动，但他们对于祈雨的态度和认识也有些“模棱两可”。比如媒体宣传，一方面他们认为各类祈雨活动都是“荒诞不经”和“迷信”的，政府准许各县市祈雨实属“掩耳盗铃”。[③] 但同时他们又报道着各种祈雨“应验”的事实，比如 1934 年 8 月“湘省祈雨后果然获大雨”；[④] 1936 年广汉县和新都县分别组织演戏

---

① 《新新新闻》，1937 年 4 月 29 日。
② 《新新新闻》，1937 年 4 月 29 日。
③ 《兴华》，1937 年，第 34 卷，第 16 期，第 17—18 页。
④ 《新新新闻》，1934 年 8 月 6 日。

酬神和水龙游街，报道称凡此类活动“须属迷信”，但面对随之而来的降雨，作者开始感到困惑，称其“收效迅速，俨如有求必应之功，当于立坛起连夜果降倾盆大雨”，“收效颇大，连日果降大雨”；[①] 还有 1937 年王伏阳祈雨获验的报道。似乎他们也开始对祈雨到底是“巧合”还是“必然”产生了怀疑。而当这些试图改良民俗的知识精英都无法把握祈雨的“本质”时，下层民众在灾害中对于祈雨的需求和渴望似乎也情有可原。对于政府而言，虽然时常以“迷信”视之，但在特殊情况下却不得不以“民俗”待之。

本章小结

道教本就来自于民间，在漫长的历史进程中，道教与信仰民俗始终存在着互动，二者之间的关系愈发难解难分。清中后期以来，道教在官方失去活力，其活动逐渐转向民间。民国时期，在西方科学观念的冲击下，道教与相关民俗、信仰又受到了前所未有的质疑和批判。如果说清廷在清末只是任由道教自生自灭，那么在民国宗教信仰自由的背景下，民国时期的政府尤其是国民政府，就试图全面改良或彻底禁绝神灵信仰和民间习俗中其认为不合科学、落后、迷信的成分。诸多宗教与民俗改良的法规、条例相继出台。不过国民政府很快就认识到，传统的改变绝不能一蹴而就，因此在法规修改上一再让步。特别是在新旧历问题上，传

① 《新新新闻》，1936 年 6 月 29 日。

统与现代的矛盾表现得十分突出，政府不得不做出妥协。

虽然在很多时候，尤其是在乡镇、农村地区，政府的改良或禁止并没有起到理想作用。民众在岁时节日、民间信仰、日常生活三个方面仍保有诸多固有传统，三者与道教神仙信仰、斋醮科仪、术数等方面都有不同程度的联系，且掺杂有许多民间迷信、巫觋的成分。而事实上，信仰民俗在民国时期遭到了比道教更为严重的打击。从更长远的目光来看，政府和社会精英的批判和改良已经产生了效果，行会逐步改组为同业公会；部分地区通宵坐香念经的活动遭到禁止；声势浩大的城隍出驾活动逐渐销声匿迹；丧葬习俗得到简化等都应证了这一点。

同时需要说明的是，大部分民众并不会刻意区分信仰民俗所属宗教，或对之毫无概念。对他们来说，只要某种信仰或行为能够满足自身精神或物质上的需求，那么这位神灵就是值得崇奉的，这种行为也是值得遵行的。因此才会出现有人在城隍会和老君会上念佛，以及第一章所述民众转信天主教、基督教等情况。在这种情况下，民间信仰有时也表现出三教合一的特点，比如人们在家中，“于中堂大书天地君亲师位，旁列文昌、财神、牛王诸神不等，甚有中列真武、观音、文昌、牛王、马王、关圣、财神等，而祖宗反居左侧者，名为三教香火”。①

即便如此，我们仍不能否认民间在道教文化传承方面做出的贡献，因为民间充当了道教处于弱势时文化载体的角色，在清中后期道教逐步在上层失去地位之后更是如此。尽管民众在行为和信仰上稍显粗犷，过于保守和迷信的思想屡受诟病，然而这正是

① 《简阳县志》，民国十六年铅印本，丁世良、赵放主编：《中国地方志民俗资料汇编 · 西南卷》，北京：书目文献出版社，1991 年，第 136 页。

道教文化得以延续的途径之一。如果没有民间这样庞大而坚实的信仰民俗基础，道教将失去其广袤的生存和发展空间，其丰富的理论和信仰来源亦会枯竭。

第五章　结　论

清末民国时期，全中国都笼罩在改良、变革、革命的氛围中。中西的碰撞，新旧的交替，传统和变革的冲突是最明显的时代特色。科学与迷信的对立使得传统受到前所未有的质疑和抨击；民主与专制的反复较量导致军阀林立。南京国民政府成立之后，国家获得了短暂的稳定，近乎全方位的改革开始系统推进。然而好景不长，随着抗战全面爆发，中国再一次陷入战乱之中。毫无疑问，这是一个变革与动荡的时代。民国成都道教正是在这样的历史大背景中艰难前行。自民国初期到中华人民共和国成立前夕，成都乃至四川道教的宫观数量、道士人数、信众人数均呈下滑趋势，据本书研究，在1916—1949年间，四川道士人数下降率高达50%左右。同时在多种宗教共生的环境中，道教势力在与佛教、伊斯兰教、天主教、基督教比较时并不占优，甚至存在相当大的差距。而这似乎并不是四川独有的特点，河南、山东、广东等省市也存在这样的情况，或许这正是全国较为普遍的形势。

如果要对该时期成都道教的发展和生存状况进行概括，我们可认为其处于一个“困境”与“机遇”交织的环境和时代。实际上，道教本自清中期起即在上层渐失活力。清末民国以来，又作为传统的一部分遭到前所未有之质疑和抨击。然而正是在此时，宗教信仰、言论、集会等自由却得以确立，这对于道教来说又是一机遇。各种道教会应运而生，许多新时代理念开始为道教界所用，表现出一定的凝聚力和新气象。然而面对现实困境和发展机遇，尽管道教界试图做出改变，但仍受制于各种内外不利因素，并未真正摆脱困境，依然表现得相当被动和消沉。为数不多的公益慈善事业并未改变道教的负面形象；为寻求外界认同而进行的学术化转向失败；道教会发展也受制于人才凋敝和经济困难。在这样的情况下，道教依然在民间生存和延续着，不过较道教而言，民间信仰和习俗受到了更为严重的打击。尽管信仰民俗表现出顽强的生命力，批判和改良一时显得收效甚微，但从更长的时间线来观察，其固有成分已悄然改变、削弱乃至消逝。因此对于处在时代变革中的民国成都道教而言，不仅在寻求振兴的道路上举步维艰，而长期作为其生存空间的“民间”也受到了前所未有的冲击。

从民国成都道教生存的“外部状况”来讲。其一，是道教官方地位和社会形象的下滑。清末民国以来，随着民主和科学观念的传播，人们开始对中国固有传统表示出空前质疑和批判，道教自然包括其中。不过中国知识精英对道教的抨击，已从明清之际士人传统的延续，转变为在更大范围内展开的对社会和文化批判的一部分。①

从整体倾向来看，不论态度激缓，清末民国成都的知识精英

① 具体参考王东杰《近代道教之污名及其净化》，《学术月刊》，第50卷，第4期，第142—162页。

对道教和民俗总是批判居多。其中以报纸、杂志等新兴媒体对道教、道士、民俗的抨击最为猛烈。但同时也有相当一部分学人仍保有对道教的认可，他们并未在文化和思想的“本质”上进行过否认，而是对“人为因素”造成的与道教有关的负面社会现象感到惋惜和不满。不过对于民俗，其态度就要苛刻许多。他们认为民俗当中包含大量迷信成分，迷信又与旁门左道、淫祀、巫术、术数等有着千丝万缕的关系；而这些成分的存在，不仅干扰了人们对道教的正确认识，对于儒、释、道三教的发展乃至社会和国家的进步都极为不利，故亟待纠正。

其二，国民政府和国民党党部长期参与到道教的管理和控制之中，虽然是必要之举，但却在一定程度上限制了道教的发展，并塑造了一种负面的道士形象。民国时期国家并未放松对道教的管理，如果说北洋政府时期的宗教政策还停留在一般的宫观、道士管理层面，那么国民政府已经上升到了改良与控制并重的高度。尽管这些改革没有完全实现，但却对道教，尤其是被认为与“迷信”“巫觋”有关的火居道造成了严重的打击。控制方面，清末渐兴的警察系统负责宫观人口、宫观不动产、宫观法物等调查和登记；监控街头游方僧道；维持青羊宫、二仙庵劝业会秩序等工作。地方政府和党部也始终参与到道教会的管理中，政府派指导员督促各会改组，三民主义作为主流意识形态被纳入道教会章程和宗旨。抗战全面爆发以后，随着情报活动升级，僧道被视为“汉奸”的嫌疑人受到更为严密的监控，对道教的社会活动而言无疑又多了一层约束。

其三，道教的宫观庙产还受军阀、新式学堂、新兴团体和政府机关等多种形式的占用，生存空间受到严重挤压。军阀或将宫观作为驻军地，或强占庙产以筹集军饷。学校、团体、机关对庙产的占用源自一个长期而动态的过程。新式学堂是对传统的反思和对西学的效仿；团体涌现是民权主义和纠集民力的反馈；新兴机构是国家在政治体制重塑和地方自治推进中的尝试，都是改良和改革的产物。尽管它们涉及的领域和层面各不相同，但在庙产占用上却表现出一致性。面对外来的各种冲击，成都道教界始终处于被动，虽然有所回应，但成效不容乐观。当军阀入驻宫观或企图强卖庙产筹饷时，手无寸铁的道士除了求助四川省政府外别无他法，而政府通常又为军阀或其他势力把持。当学校、团体和机关占用或租用宫观庙产时，道教所面对不仅仅是其本身，而是与在背后起支撑作用的时代潮流进行对抗，或者是与复杂的利益关系在较量，因此道教的落败似乎是难以避免的。

不过在道教遭到诸多外部打击的同时，宗教信仰、集会、言论等自由却在民国法律层面得到确立，在清代统治之下这些都是不可想象的事请。因此对于道教来说，这的确是重振宗风千载难逢的一个“机遇”。成立道教会是当时道教界为实现振兴选择的一种最主要的方式，也是极具时代特色的产物。不过在机遇把握面前，虽然道教界试图也的确做出了改变，但仍旧表现得相当被动和消沉。而造成该现象的原因，并不能完全归咎于外部环境的冲击，道教的“内部状况”的确存在诸多问题。

宗教在现实生活中的活动，基本上是围绕着世俗制度来进行的。[①] 不管道教界如何强调其本土性和重要性，及其对国家、政治、社会、法律、人心等的辅助作用。道教会的产生一定程度上

① ［美］杨庆堃著、范丽珠等译：《中国社会中的宗教：宗教的现代社会功能与其历史因素之研究》，上海：上海人民出版社，2007 年，第 307 页。

也是为了迎合世俗制度，以求得生存和发展空间。

全真道由于受政府认可程度较高的缘故，在道教会创设方面的表现最为突出。全国道教总会创立之时，全真道为顺应时代潮流进行了主动的自我反省，淡化了“修仙”色彩，强调了“入世”精神。将符箓、服食、炼养、隐居的行为，以及部分依托神仙的信仰进行了批判。对许多道士的顽固保守，懒惰无能进行了批判，称其“惟以募化为生活，疏懒为事业，在人类中为寄生物，为附属品”，导致道教“江河日下，而为社会所鄙弃，地方所摧残，自侮人侮”。①

四川道教界在全国道教总会成立的次年 5 月，即发起成立四川省道教总分会，这对于地处西南内陆，相对闭塞的城市来说是难能可贵的。从全国道教总会，到地方省、市、县各分会，基本上都延续了最初的理念，成都地区也不例外。从四川道教总分会到改组后的四川省道教会，以及市、县道教会的章程和具体活动中，都可以看到它们对全国道教总会理念和制度的传承。

从道教历史、文化层面来讲，成都无疑是四川道教的中心之一。若从道教会角度出发，成都更是四川道教的核心。会址方面，四川省道教总分会设在成都青羊宫，改组后的四川省道教会设在成都二仙庵。事务推进方面，位于成都的省级道教会，在整个民国时期都领导和统筹着整个四川道教的发展。这一点在 1946 年四川省道教会改组后表现得尤为明显。四川省道教会在地方沟通着市、县政府，市、县道教会，及四川省政府社会处，从全国范围来看，沟通着各省道教，乃至国民政府。

---

① 《藏外道书》，第 24 册，第 474 页。

民国成都道教最大的革新，是各类道教会的创设而非在道教思想和理论上的创新；新时代理念在道教会管理和会务推进中的运用；以及在道教会体系中制定和展开的一系列改革措施和社会活动。概括来讲，其一是将“民权”“平等”的思想运用在道教会体系之中；其二是在自我教育和社会教育方面提出了学术化转向的要求；其三是提出要多举办慈善、公益活动；其四是坤道地位在“女权”思想带动下得到提升。最重要的是通过这些革新达到团结和振兴成都乃至四川道教的目的。

然而，就像我们不能忽略其为数不多的社会公益慈善活动那样，我们也不能夸大其革新所带来的实际成效。首先其学术化转向并不成功，由于教内教育机构极不完善，民国成都除易心莹外，有学养的道士寥寥无几。受自身素质所限，以阐扬道教学术和哲学为目的的社会教育也未实现。这也是成都道教思想和理论缺乏创新的原因之一。慈善、公益方面，道教经济情况本就不佳，许多道士的生存都成了问题。王伏阳也曾以经济困难，会务难以推进为由请辞四川省道教会理事长一职。加上庙产侵占，分会理事长侵吞会费，政府职员诈骗会费等多重打击，成都道教界不仅没有能力展开大规模的慈善活动，甚至连道教会运转都存在很大困难。

民主和民权认识方面，由于各道教会章程框架已成定式，道士的思维中多少形成了一些民主和民权的意识，这也是社会团体之创建希望达到的目的。不过在实际情况中，这些思想和概念并未真正普及，这也是特定历史时期的必然现象。根据对民主、民权思想认识程度之深浅，或直从责任心和担当而言，我们大致可以把道士分为两类：一类是积极组建道教会，践行章程制度；在会务中努力促进民主、民权在道教会的实现，并为道教在各宗教中争取平等地位，参与大选；在捍卫宫观、道士的合法权益时利用“民权”“法律”等新时代话语据理力争。这类人大部分是道教会的发起人和组织者，和具体事务的执行者。第二类是诸多被知识精英，包括道教内部所诟病的不学无术、毫无热心的道士。即所谓“渐堕宗风，寺观滋多，强半游食，虚名坐拥，硕学无闻”。[①] 当宫观和自身利益遭到侵犯时，这些道士无动于衷。在有人主动带头维护宫观利益时，他们也未给予支持，表现出保守、冷漠、消沉的一面。

即便是最为突出的道教会组织创设，在很长一段时间里，也并未真正改变道教一盘散沙的状况。至少在社团强制改组之前，成都乃至四川道教界并没有太多有效的凝聚道教力量的举措，多县道教会会务包括市区的华阳县都曾处于停顿，虚有组织。真正让四川道教力量凝聚起来的原因，或许反而是全面抗战以来国民政府为了方便战时动员和团体控制，对社团进行的强制改组。改组产生了许多新的道教会组织，各会章程制度得到统一。四川省道教会统领全川道教事务的特点，其实是在 40 年代改组筹备阶段开始才逐渐得到彰显，直到 1946—1948 年三次会员大会召开期间正式确立。可以说，国民政府对社团的控制变相促进了成都、四川道教组织的完善。如果改组不具备强制性，道教会很有可能持续从前松散的状态。因此对于民国成都道教而言，虽然在道教会理念、制度、组织等方面做出了诸多革新，但由于其内部长期积弱，并不具备重振道教的能力和资本。

在这样的情况下，民国成都道教在民间的生存空间仍然存

---

① 宋育仁纂，王嘉陵等整理：《重修四川通志稿（外一种）》，北京：国家图书馆出版社，2015 年，第 590 页。

在，并以信仰民俗的形式广为流传，具有相对牢固的民众基础。与全真道、正一道不同，政府可以通过组建团体牢牢掌控，信仰民俗早已深深融入民众的日常生活和思维方式之中，并与火居道士的关系更近。基层民众在岁时节日、民间信仰、日常生活三个方面上仍保留着诸多固有传统文化因素，同时这三者与道教神仙信仰、斋醮科仪、术数等方面都有不同程度的联系，且掺杂有许多民间迷信、巫觋的成分。

政府和社会精英站在时代变革和振兴中华层面，试图对基层民众进行诸多改造，自然具有非常积极的意义。然而就像我们站在今天的角度去评判历史，去批判某一政策制定之不切实际一样，民国时期政府和社会精英对基层民众普遍的改良和批评或许也存在类似的问题。对于这些民众来说，现实是困苦的，未来亦不可预知，面对死亡、疾病、瘟疫、灾难、贫穷带来的不安和恐慌，他们不得不在旧有习俗中找到解决办法，或在信仰中寻找对美好未来的寄托。而这在部分受过“良好教育”或接受了西方思想的精英眼中则是“落后”和“迷信”的。

不过我们仍不能否认信仰民俗在道教文化传承方面做出的贡献。它不仅对处于内外交困的民国成都道教具有十分特殊的意义，从道教产生直至今天，民间对于道教之生存和发展而言都扮演着重要角色。事实上道教本就从民间而来，它不仅是道教理论和信仰的源泉，也是道教文化的一种载体。二者互相吸收和借鉴，道教也持续批评着民间习俗和信仰中其不认可的成分。虽然大部分民众在思想和文化层面的理解与道教存在着诸多偏差，或者不会刻意区分信仰所属之宗教。但对他们来说，只要某种信仰或行为能够满足精神或物质上的需求，那么这位神灵就是值得崇奉的，这种行为也是值得遵循的。不过这样的信仰也十分脆弱，当一种宗教不能满足民众需求时，他们就会以类似的心态转而信奉其他或者外来宗教。所以在大多数情况下，民众对道教文化的传承或许并非出于自觉，甚至根本没有对道教文化的认识，只是根据自己在精神和物质上的需求去理解和实践，并将该过程中形成的种种信仰民俗“日用而不知”地充分融入自己生活中。然而这正是道教文化得以延续的途径之一，也是诸多传统文化流传的方式。不管是批判还是褒扬，民间的作用始终都会存在。

相较沿海地区，成都是一个更加保守而闭塞的城市。对道教而言，成都在四川、全国乃至在道教史中也具有相当地位。但正是在这里，道教受到了这样强烈的外来冲击，自身积弊也暴露得如此明显。即便这并不能完全反映各个地区道教不同的生存状况，也多少体现了民国道教的一般处境。因此本文的研究将会在一定程度上有助于我们认识民国时期中国道教的生存状况；理解道教所面临“困境”和“机遇”的内涵，及其对道教所处“外部状况”“内部状况”，“民间”生存空间造成的影响和改变；并认识到这三者之间存在着的深刻互动。

在民主和科学思想盛行的年代，道教等传统文化遭受到前所未有的打击。而正是在此时，道教会的兴起似乎让教内人士看到了重振道教的希望。不过事与愿违，知识精英对道教的批判，国家对道教、道士的管理和控制却从未休止，甚至愈演愈烈。道教遭受如此冲击，很大程度上是因为其与信仰民俗的密切的关系。国家和许多知识精英对于部分道教文化思想和全真道保有宽容，对正一道颇有限制，其批判对象主要是以“民俗”“迷信”“火居道”等形象出现。不过在长期交融过程中，它们之间往往不存在严格的界限，尤其是在普通民众看来。

在历史负担的重压之下，尽管道教声称其有辅助国家、政治、法律，改善社会风气的作用，但从实际情况来看，道教不利于现代政治和社会建设的形象似乎更加突出。就像有的媒体宣传那样，凡是提倡或借宗教“以范围社会人心，辅助法律道德之所不能及”者，与从前的“神道设教”实际上是一回事。[①] 同时，道教庙产受到新式学堂、新兴团体和政府机关的持续占用，也成了军阀争权夺利的牺牲品。与道教有关的信仰民俗，虽然表现出顽强生命力，但从更长远的时间范围去观察，其形式和内涵已发生变化甚至消逝。而这正是民国政府和社会精英长期的批判和改良所致，即便其效果在短时间内并不明显。

所以相比在宗教信仰和集会自由中获得的好处，道教在时代变革中所受之打击或许要严重得多。看似机遇背后，实际上隐含着更为严峻的危机。在管理宗教基础上，道教信仰遭受到如《神祠存废标准》等政策、法规、条例的规范和重塑，反映出新旧观念的冲突和价值取向的转变。道教强调的自我价值，包括本土性、历史性，以及辅助国家、社会的功能等，似乎也未得到世俗社会的普遍认可。在这样的情况下，承载着振兴道教重任，被道教徒寄予厚望的道教会，或许仍未超越一般意义上的管理机构，多少沦为了迎合世俗制度以求得生存的一种组织形式。

而事实上，外界对道教的态度也反映出道教自身之积弊。精英持续给予批判却似乎少有提出解决办法，振兴道教的重担最终还得落到道士自己的肩上。不幸的是，尽管道士中远见卓识者承

① 《新新新闻》，1932 年 8 月 27 日。

袭了一套新的理念和制度体系，但实际成效却令人难以接受。从世俗层面来讲，相对保守的道教不大可能成为时代的“引领者”，而更倾向于“追随者”，后者的影响力和社会认可程度则较低。当我们把道教置于更大的社会视角之中，就会发现其所谓的革新在世俗社会中早已有之。道教会的理念和制度并不是道士的发明；道教会只是众多社会团体当中的一种；坤道地位提升也只是“女权”意识出现的狭隘表现。同时由于长期积弱，经济困难，人才缺乏，道教在追随时代步伐时显得十分吃力，诸多设想和目标成为空谈。更为讽刺的是，道教界最为注重的完善组织建设的目标，一定程度上讲或许并非由道教亲自实现，而是在政府推行的强制改组中变相完成。而这样形成的道教会，恐怕已与最初“振兴道教”的理念相去甚远。而道教这不尽如人意的表现，或许又会引来外界新一轮的批判。

因此对于民国道教而言，“机遇”十分明显，即宗教信仰、集会、言论等自由在民国法律层面确立，但怎样合理运用和把握，确实存在很多问题；同时“困境”却是具体而多方面的，甚至包括如何抓住机遇本身，也是一个非常严峻的挑战。尽管我们可以站在分析的角度，去认为当时的道教在面临抉择时，应当表现得更加积极主动。而在实际面对困境和机遇时，道教或许并没有太多自主选择的空间，表现出顺应、被动、弱势的一面。道教自身积弊及其与民俗的紧密联系招致外界持续诟病，外界态度又将道教推至现代化进程中的次要地位，为改变现状而产生的道教会受制于各种原因而罕有作为，长期作为道教理论、信仰源泉和生存空间的民间遭到比道教更为严重的打击。可以说当时的道教既缺少真正抓住机遇、摆脱困境的能力，也缺少实现振兴的外部条件，或许这就是民国时代变革中，中国道教较为真实的生存状况。

最后希望说明的是，虽然作为物质存在的道教宫观容易遭到清除，而作为一种精神存在的道教文化却不会轻易随潮流而动，它早以思想、文化、意识的形式深刻地融入人们的思维和生活中。围绕道教会的一系列革新并不成功，甚至近乎失败，然而是否就能全部将之归于书中提及的内外因素，尤其是道士素质有限，或涉及另一个较难考察的方面。正如许多学人在批判道教的同时，仍对其保有温情和认可那样，刘咸炘就曾说过："道门之高者，多不显于时，而贵显者大都败类。"① 一个有着家族渊源和深厚学养的学者都持这种观点，那么终日沉浸在宗教氛围中的道教信仰群体抱有这种态度应该当属自然。或许在部分道门中人看来，所谓道教振兴和道教会建设，对于其精神境界提升来说都是徒劳。甚至在道教会提倡者和组织者的内心，是否真正认可这些世俗事务亦未可知。在部分道教信奉者的世界观中，"道"或许依然是他们最高的追求，而"求道"的传统流传千年，并不会因世代更迭而骤然改变。他们需要做的只是"致虚极，守静笃"，去体悟"道"的本来面目。新兴思想或许在其看来，无非又一轮"大道废，有仁义"的历史循环。至于时代对"民主"、"民权"的理解和追寻，他们可能更愿意相信"天人合一"、"道法自然"才是超越世俗意义的真正平等。而这正是他们的信仰与追求。时至今日，道家思想和道教，作为中国固有传统文化与宗教，持续受到世界各国的关注、研究和重视。这也在一定程度上表明，他们这种信仰的理论和精神依据中，蕴含的文化价值。

---

① 刘咸炘：《道教征略》(上)，《图书集刊》，1946 年，第 7 期，第 26—28 页。

参考文献

一、史料典籍

陈邦倬修，易象乾、田树勋纂：民国《崇宁县志》，《中国地方志集成·四川府县志辑》第 9 册，成都：巴蜀书社，1992 年

陈法驾等修，曾鉴等纂：民国《华阳县志》，《中国地方志集成·四川府县志辑》第 3 册，成都：巴蜀书社，1992 年

陈习删等修，闵昌术等纂：民国《新都县志》，《中国地方志集成·四川府县志辑》第 11 册，成都：巴蜀书社，1992 年

成都市档案馆，全宗号民国 0093，案卷号 818、847、962、1022、1053、1066、1076、1322、1648、1654

成都市档案馆，全宗号民国 0001，案卷号 63、93、102、103、119、179、190、223

成都市档案馆，全宗号民国 0134，案卷号 51、64

《道门定制》，《道藏》（文物出版社、上海书店、天津古籍出版社，下同），第 31 册

《道教会第一次布告》，《藏外道书》（巴蜀书社，下同），第 24 册

丁世良、赵放主编：《中国地方志民俗资料汇编·西南卷》（上、下全两册），北京：书目文献出版社，1991 年

冯任修，张世雍等纂：天启《新修成都府志》，《中国地方志集成·四川府县志辑》第1册，成都：巴蜀书社，1992年

何建明主编：《中国地方志佛道教文献汇纂》，北京：国家图书馆出版社，2003年

侯俊德等修，刘复等纂：民国《新繁县志》，《中国地方志集成·四川府县志辑》第12册，成都：巴蜀书社，1992年

李玉宣等修，衷兴鉴等纂：同治《重修成都县志》，《中国地方志集成·四川府县志辑》第2册，成都：巴蜀书社，1992年

李之青修，戴朝纪纂：民国《郫县志》，《中国地方志集成·四川府县志辑》第8册，成都：巴蜀书社，1992年

刘佶等修，刘咸荣等纂：民国《双流县志》，《中国地方志集成·四川府县志辑》第3册，成都：巴蜀书社，1992年

刘长庚修，侯肇元、张怀泗纂：嘉庆《汉州志》，《中国地方志集成·四川府县志辑》第11册，成都：巴蜀书社，1992年

刘夐等修，宁缃等纂：民国《邛崃县志》，《中国地方志集成·四川府县志辑》第13册，成都：巴蜀书社，1992年

刘沅：《法言会纂》，《藏外道书》第30册

《三教源流搜神大全》，《藏外道书》，第31册

宋育仁纂，王嘉陵等整理：《重修四川通志稿（外一种）》，北京：国家图书馆出版社，2015年

桑兵主编：《国家图书馆藏清代档案文献汇编》，北京：国家图书馆出版社，2012年

释延藏主编：《古今图书集成佛道教文献汇编》，北京：中国书店，2009年

四川省档案馆，四川省政府社会处，全宗号186，案卷号1431

孙清士修，解瑸、徐元善纂：光绪《浦江县志》，《中国地方志集成·四川府县志辑》第12册，成都：巴蜀书社，1992年

王暨英等修，曾茂林等纂：民国《金堂县续志》，《中国地方志集成·四川府县志辑》第 4 册，成都：巴蜀书社，1992 年

王梦庚原稿，陈霁学修，叶方模、童宗沛纂：道光《新津县志》，《中国地方志集成·四川府县志辑》第 12 册，成都：巴蜀书社，1992 年

王铭新等修，钟毓灵等纂：民国《大邑县志》，《中国地方志集成·四川府县志辑》第 14 册，成都：巴蜀书社，1992 年

王秋桂主编：《中国传统科仪本汇编》，台湾：新文丰出版公司，2007 年

王文照修，曾庆奎、吴江纂：民国《重修什邡县志》，《中国地方志集成·四川府县志辑》第 10 册，成都：巴蜀书社，1992 年

吴巩修，王来遴纂：嘉庆《邛州直隶州志》，《中国地方志集成·四川府县志辑》第 13 册，成都：巴蜀书社，1992 年

谢惟杰修，黄烈、陈一津修纂：嘉庆《金堂县志》，《中国地方志集成·四川府县志辑》第 4 册，成都：巴蜀书社，1992 年

谢汝霖等修，罗元黼等纂：民国《崇庆县志》，《中国地方志集成·四川府县志辑》第 14 册，成都：巴蜀书社，1992 年

徐珂编纂：《清稗类钞》，北京：中华书局，2010 年

叶大锵修，罗骏声纂：《灌县志》，《中国地方志集成·四川府县志辑》第 9 册，成都：巴蜀书社，1992 年

赵尔巽等纂：《清史稿》，北京：中华书局，1977 年

张超等修，曾履中、张敏行纂：《续汉州志》，《中国地方志集成·四川府县志辑》第 11 册，成都：巴蜀书社，1992 年

张骥修，曾学传纂，《温江县志》，《中国地方志集成·四川府县志辑》第 8 册，成都：巴蜀书社，1992 年

张龙甲修，吕调阳纂，《重修彭县志》，《中国地方志集成·四川府县志辑》第 10 册，成都：巴蜀书社，1992 年

中国古代府州县舆图集成编委会：《中国古代府州县舆图集成》第三

辑，北京：线装书局，2012年

二、研究论著

鲍宁：《清末北京城庙产兴学与新式学堂的建设》，《史学月刊》，2014年第12期

陈建明：《四川地方历史档案文献述要》，《四川师范大学学报（社会科学版）》，2000年第4期

陈金龙：《从庙产管理看南京国民政府时期的政教关系——以1927—1937年为中心的考察》，《华南师范大学学报》（社会科学版），2006年第5期

陈金龙、傅玉能：《中国宗教界与抗日战争》，《长沙电力学院学报》，1999年第4期

陈世松主编：《四川通史》（第五册），成都：四川大学出版社，1993年

陈垣编：《道家金石略》，北京：文物出版社，1988年

陈垣：《南宋初河北新道教考》，北京：中华书局，1962年

陈志波：《南京国民政府社团法制研究》，苏州大学博士学位论文，2014年

蔡鸿源主编：《民国法规集成》第6册，湖北：黄山书社，1999年

成都通史编纂委员会：《成都通史》，成都：四川人民出版社，2011年

成都市地方志编纂委员会：《成都市志·大事记》，北京：东方出版社，2010年

成都市地方志编纂委员会：《成都市志·宗教志》，成都：四川辞书出版社，1998年

成都市档案馆编辑部：《民国时期成都的社会教育运动》，《四川档案》2001年第1期

成都市政协文史学习委员会编：《成都市文史资料选编·蓉城杂俎

篇》，成都：四川人民出版社，2007 年

《成都市政府周报》，1939 年第 5 期

《成都市市政公报》，1930 年第 19、20 期

《成都常识周刊》，1928 年第 16 期；1929 年第 18 期

代洪亮：《复兴与发展：学术史视野中的中国社会史研究（1980—2010）》，山东大学博士学位论文

丁常春：《民国时期四川道教界的社会服务活动》，《中国道教》，2016 年第 2 期

丁常春：《道教“三祖”圣地——四川新津老君庙》，《中国宗教》，2006 年第 3 期

丁培仁：《元前道派研究》，成都：四川人民出版社，2014 年

丁培仁：《道教与民俗浅议论——以斋醮、礼俗为例》，《宗教学研究》，2001 年第 4 期

丁培仁：《道教戒律书考要》，《宗教学研究》，2006 年第 2 期

丁培仁：《明道藏有关文昌梓潼帝君文献考述》，《宗教学研究》，2004 年第 3 期

丁培仁：《近代成都道教活动管窥——从〈八字功过格〉说起》，《四川大学学报（哲学社会科学版）》，2001 年第 6 期

丁若木：《都江堰神祠与道教》，《宗教学研究》，1994 年第 4 期

段玉明：《西南寺庙文化》，昆明：云南教育出版社，2001 年

段玉明：《论道教善书的当代价值》，《宗教学研究》，2006 年第 3 期

《电脉月刊》，1936 年第 10 期

《大千》，1943 年第 3 期

樊光春：《西北道教史》，北京：商务印书馆，2010 年

樊光春：《陕西道教两千年》，西安：三秦出版社，2001 年

付海晏：《北京白云观与近代中国社会》，北京：中国社会科学出版社，2018 年

付海晏：《革命、法律与庙产——民国北平铁山寺案研究》，《历史研究》，2009 年第 3 期

傅崇矩编：《成都通览》，成都时代出版社，2006 年

Goossaert Vincent：The Taoists of Peking，1800—1949：A social History of Urban Clerics，Cambridge，Mass：Harvard University Asia Center，2007

［法］高万桑：《清代江南地区的城隍庙、张天师及道教官僚体系》，《清史研究》，2010 年第 1 期

［法］高万桑：《清初苏州的道教与民间信仰——穹窿山施道渊的个案》，《清史研究》，2015 年第 1 期

［法］高万桑著、黄郁璇译：《近代中国的国家与宗教：宗教政策与学术典范》，《“中央研究院”近代史研究所集刊》第 54 期（2006 年 12 月）

［美］葛维汉（David Crockett Graham）：《中国四川的宗教》（Religion in Szechwan，China）（华盛顿特区，1928 年），《史密森学会综合文集》（Smithsonian Miscellaneous Collections），第 80 卷第 4 期

甘绍成：《川西道教音乐与地方音乐的关系》，《音乐探索》，1992 年第 3 期

甘绍成：《川西道教音乐概述》，《中国道教》，1993 年第 1 期

甘绍成：《成都道教音乐现状调查》，《中华文化论坛》，2013 年第 1 期

甘绍成：《清代以来四川道教广成坛使用的科仪与音乐——从〈广成仪制〉〈雅宜集〉谈起》，《音乐探索》2016 年第 2 期

甘绍成：《从〈儒院文稿〉看早期成都儒坛的设置、仪礼与洞经音乐》，《音乐探索》，2013 年第 2 期

盖建民：《道教金丹派南宗考论：道派、历史、文献与思想综合研究》（上下），北京：社会科学文献出版社，2013 年

高文：《四川历代碑刻》，成都：四川大学出版社，1990 年

高伟：《道教文化与川剧演出风俗——以川剧戏台“万年台”上的“三星壁”为例》，《宗教学研究》，2009 年第 4 期

葛兆光：《中国思想史》，上海：复旦大学出版社，2001 年

葛兆光：《西潮又东风；晚清民初思想、宗教与学术十论》，上海：上海古籍出版社，2006 年

葛状：《宗教和近代上海社会的变迁》，上海：上海书店出版社，1999 年

苟波：《道教与神魔小说》，《世界宗教研究》，2005 年第 2 期

苟波：《明清道教伦理的新特征及传播》，《宗教学研究》，2010 年第 4 期

苟波：《明清小说视野中的社会思潮与道教伦理》，《宗教学研究》，2009 年第 2 期

郭广辉：《移民、宗族与地域社会——以清代成都廖氏宗族为中心的讨论》，西南民族大学硕士论文，2012 年

郭武：《道教与云南文化》，昆明：云南大学出版社，2006 年

郭武：《全真道初传四川地区小考》，《中国道教》，2008 年第 2 期

郭武：《明清时期云南道教的发展》，《中国道教》，1994 年第 2 期

郭武：《净明道与传统道派关系考述》，《云南社会科学》，2005 年第 3 期

郭武：《陈撄宁与佛教》，《四川大学学报（哲学社会科学版）》，2015 年第 5 期

《广益丛报》，1908 年第 163、186 期

行龙：《从社会史到区域社会史——20 年学术经历之检讨》，《山西大学学报（哲学社会科学版）》，2008 年 7 月第 4 期

胡锐：《试论道教庙会的发展及特点》，《宗教学研究》，2005 年第 4 期

胡文和、曾德仁：《四川道教石窟造像》，《四川文物》，1992 年第 1 期

胡文和、曾德仁：《四川道教石窟造像（续）》，《四川文物》，1992 年第 2 期

黄天华：《蒋介石与川政统一》，《四川师范大学学报（社会科学版）》，

2010 年第 9 期

贾大全主编：《四川通史》（第四册），成都：四川大学出版社，1994 年

《建设周讯》，1937 年第 2 卷第 1112 期

[德] 柯若朴主编：《中国民间宗教、民间信仰研究之中欧视角》，博扬文化事业有限公司，2012 年

孔令宏：《晚清民国时期三大政治运动对佛教和道教的影响》，《武汉科技大学学报》（社会科学版），2016 年 10 月（第 18 卷第 5 期）

寇凤凯：《明代道教文化与社会生活》，成都：巴蜀书社，2016 年

寇凤凯：《民国时期云游道士进京述论——以民国档案为中心的考察》，《宗教学研究》，2015 年第 4 期

吕大吉：《宗教学通论新编》，北京：中国社会科学出版社，2010 年

刘大钧总主编：《百年易学菁华集成·初编》，《周易》与中国文化，上海：上海科学技术文献出版社，2010 年

刘大钧总主编：《百年易学菁华集成·初编》，《周易》与术数，上海：上海科学技术文献出版社，2010 年

蓝勇：《西南历史文化地理》，成都：西南师范大学出版社，1997 年

蓝勇：《清代四川土著和移民分布的地理特征研究》，《中国历史地理论丛》，1995 年第 2 期

蓝勇：《清代西南移民会馆名实与职能研究》，《中国史研究》，1996 年 11 月

李德英：《从民国温江县档案看抗战时期国民政府对乡村民间信仰的抑制与利用》，《宗教学研究》，2014 年第 3 期

李向平：《佛教信仰与社会变迁》，北京：宗教文化出版社，2007 年

李向平等：《当代美国宗教社会学理论研究》，上海：中西书局，2015 年

李养正：《当代中国道教》，北京：中国社会科学出版社，1993 年

李远国、刘仲宇、许尚枢：《道教与民间信仰》，上海：上海人民出版社，2011 年

李远国：《四川道教史话》，成都：四川人民出版社，1985 年

李远国：《王家佑的道教研究》，《宗教学研究》，2013 年第 4 期

李远国：《神霄雷法》，成都：四川人民出版社，2003 年

李远国：《道教符箓派诸宗概述》，《中国道教》，1997 年第 2 期

李远国：《道教符箓派诸宗概述（二）》，《中国道教》，1998 年第 3 期

李远国：《道教符箓派诸宗概述（三）》，《中国道教》，1999 年第 1 期

李远国：《道教的孝道思想》，《文史杂志》，2002 年第 5 期

李远国：《大禹崇拜与道教文化》，《中华文化论坛》，2012 年第 1 期

李远国：《论蒙文通先生在道家研究领域中的贡献（一）》，《文史杂志》，2002 年第 3 期

李远国：《论蒙文通先生在道家研究领域中的贡献（二）》，《文史杂志》，2002 年第 4 期

李远国：《论明清时代的神霄派》，《中国道教》，2002 年第 2 期

李远国：《略考巴蜀地区的道教法印——以“灵宝大法司印”为例》，《文史杂志》，2003 年第 6 期

李远国：《哪吒信仰及其在巴蜀的传播》，《中华文化论坛》，2009 年第 4 期

李远国：《南方丝绸之路上的宗教文化交流》，《中华文化论坛》，2008 年第 12 期

李远国、田苗苗：《论巴蜀地区的川主、二郎信仰》，《中华文化论坛》，2012 年第 6 期

黎志添：《道教与民间宗教研究论集》，香港：学峰文化出版社，1999 年

黎志添：《宗教多元文化与宗教之间的互动》，《中国民族报》，2008 年 4 月 15 日第 006 版

黎志添：《宗教之间内外融合与冲突的关系：一个宗教学理论的观点》，《东方丛刊》2007 年第 3 期

廖玲：《清代以来四川药王庙与药王信仰研究》，《宗教学研究》2015 年第 4 期

梁景之：《清代民间宗教与乡土社会》，北京社会科学文献出版社，2004 年

梁勇：《清代四川移民史研究的回顾与前瞻》，《西华师范大学学报（哲学社会科学版）》，2011 年第 4 期

林移刚：《清代四川土地崇拜和土地神信仰》，《农业考古》，2014 年第 3 期

林移刚：《清代四川坛神信仰源流考》，《四川师范大学学报》，2014 年 7 月（第 42 卷第 4 期）

刘仲宇：《儒释道与中国民俗》，桂林：广西师范大学出版社，2016 年

刘红：《道教音乐体系及其流派特征——正一道与全真道两大教派之宫观音乐（上）》，《大音》，2013 年第 12 期

刘红：《道教音乐体系及其流派特征——正一道与全真道两大教派之宫观音乐（下）》，《大音》，2014 年第 11 期

刘思辰：《民国政府佛教管理政策研究（1912—1949）》，四川师范大学硕士学位论文，2013 年

刘雄峰：《明清民间宗教思想研究：以神灵观为中心》，成都：巴蜀书社，2011 年

刘迅：《清末南阳玄妙观传戒考略》，《宗教学研究》，2013 年第 3 期

刘正刚：《清代前期广东移民四川原因考述》，《广东社会科学》，1995 年第 1 期

刘正刚：《清代福建移民在四川分布考——兼补罗香林四川客家人说》，《中国历史地理论丛》，1995 年第 3 期

刘正刚：《清代广东移民在四川分布考——兼补罗香林四川客家人

说》,《暨南学报(哲学社会科学)》, 1996 年 1 月(第 18 卷, 第 1 期)

刘正刚:《试论清代四川南华宫的社会活动》,《暨南学报(哲学社会科学)》, 1997 年 10 月(第 19 卷, 第 4 期)

刘正刚:《清代四川南华宫分布考》,《岭南文史》, 1997 年第 3 期

刘正刚:《清代四川天后宫考述》,《汕头大学学报(人文科学版)》, 1997 年第 5 期(第 13 卷)

龙显昭、黄海德主编:《巴蜀道教碑文集成》, 成都:四川大学出版社, 1997 年

罗映光:《蒙文通道学思想研究》, 四川大学博士学位论文, 2006 年

[德] 马克斯·韦伯(Max Weber)著, [美] 斯蒂芬·卡尔伯格(Stephen Kalberg)英译, 苏国勋、谭方明、赵立玮、秦明瑞中译:《新教伦理与资本主义精神》, 北京:社会科学文献出版社, 2010 年

麻天祥:《晚清佛学与近代社会思潮》, 开封:河南大学出版社, 2005 年

马莉:《民国政府的宗教政策研究》, 中央民族大学博士论文, 2007 年

马西沙、韩秉方著:《中国民间宗教史》, 北京:中国社会科学出版社, 2004 年

梅莉:《变动时代背景下的全真道与地方社会——侯永德与民国二三十年代的长春观》,《华中师范大学学报(人文社会科学版)》, 2012 年第 5 期

梅莉:《民国〈湖北省长春观乙丑坛登真箓〉探研》,《世界宗教研究》, 2011 年第 2 期

梅莉:《民国城市正一火居道士群体研究——以汉口为中心》,《世界宗教研究》, 2015 年第 1 期

梅莉:《民国年间汉口地方政府对火居道士的管理——以档案为中心的考察》,《江汉论坛》, 2012 年第 3 期

梅铮铮:《清初住持张清夜与武侯祠事研究》,《四川文物》2004 年第

5 期

梅铮铮:《清代雍正至道光年间武侯祠道士事迹考评》,《四川文物》2003 年第 4 期

米晓燕:《迷信与科学——民国时期成都市民面对瘟疫的应对之策》,《现代妇女(下旬)》,2013 年第 7 期

牟旭平:《清代四川庙会地理分布研究》,西南大学硕士学位论文,2015 年

南怀瑾:《中国道教发展史略》,上海:复旦大学出版社,2013 年

南怀瑾:《中国佛教发展史略》,上海:复旦大学出版社,2013 年

《内政消息》,1934 年第 3 期

[德] 欧福克:《道法的分工:四川法言坛的法脉及特点》,盖建民主编:《“回顾与展望:青城山道教学术研究前沿问题国际论坛”文集》,成都:巴蜀书社,2016 年

[德] 欧福克:《川西夫子论碧洞真人:刘止唐笔下的陈清觉——兼论四川道观与民间团体的关系》,盖建民主编:《第四届中国(成都)道教文化节“道在养生高峰论坛暨道教研究学术前沿国际会议”论文集》,成都:巴蜀书社,2015 年

Volker Olles:*Ritual Words*:*Daoist Liturgy and Confucian Liumen Tradition in Sichuan Province*, Harrassowitz Verlag. Wiesbaden, 2013

[美] 欧大年(Overmyer, Daniel L.)著、刘新勇等译:《中国民间宗教教派研究》,上海:上海古籍出版社,1993 年

濮文起:《新编中国民间宗教辞典》,福州:福建人民出版社,2015 年

蒲孝荣:《四川政区沿革与治地今释》,成都:四川人民出版社,1986 年

卿希泰主编:《中国道教史》,成都:四川人民出版社,1996 年

卿希泰主编、詹石窗副主编:《中国道教思想史》,北京:人民出版社,2009 年

卿希泰：《道教在巴蜀初探（上）》，《社会科学研究》，2004 年第 5 期

卿希泰：《道教在巴蜀初探（下）》，《社会科学研究》，2004 年第 6 期

卿希泰：《有关道教发源于四川的几个问题》，《世界宗教研究》，2001 年第 4 期

卿希泰：《重温鲁迅先生“中国根柢全在道教”的科学论断》，《社会科学研究》，2002 年第 1 期

卿希泰：《可贵的开拓，后学的楷模——〈蒙文通文集〉读后》，《宗教学研究》，2002 年第 3 期

卿希泰、由申：《乾隆朝的道教事务管理》，《湖南大学学报（社会科学版）》，卷 30 第 2 期，2016 年 3 月

卿三祥：《成都武侯祠民国时期纪事》，《四川文物》，2001 年第 5 期

［美］瞿同祖著、范忠信等译：《清代地方政府》，北京：法律出版社，2003 年

《人物杂志》，1947 年，第 2 卷第 11 期

［法］施舟人：《道教在近代中国的变迁》，《中国文化基因库》，北京：北京大学出版社，2002 年

［法］施舟人：《旧北京的宗教行事结构》，《中国道教》，1992 年第 1 期

孙尚扬：《宗教社会学》（第四版），北京：北京大学出版社，2015 年

单侠：《民国时期佛教革新研究（1919—1949）——以革新派僧伽为主要研究对象》，陕西师范大学博士学位论文，2012 年

上海民间文艺家协会上海民俗学会编：《中国民间文化——地方神信仰》，上海：学林出版社，1995 年

四川百科全书编纂委员会编：《四川百科全书》，成都：四川辞书出版社，1997 年

四川省地方志编纂委员会编纂：《四川省志 · 宗教志》，四川人民出版社，1998 年

四川省资阳县志编纂委员会编纂：《资阳县志》，成都：巴蜀书社，1993年

四川省温江县志编纂委员会编纂：《温江县志》，成都：四川人民出版社，1990年

四川省金堂县志编纂委员会编纂：《金堂县志》，成都：四川人民出版社，1994年

四川省崇庆县志编纂委员会编纂：《崇庆县志》，成都：四川人民出版社，1991年

四川省彭县县志编纂委员会编纂：《彭县县志》，成都：四川人民出版社，1989年

四川省邛崃县志编纂委员会编纂：《邛崃县志》，成都：四川人民出版社，1993年

四川省双流县志编纂委员会编纂：《双流县志》，成都：四川人民出版社，1992年

四川省广汉县志编纂委员会编纂：《广汉县志》，成都：四川人民出版社，1992年

四川省灌县县志编纂委员会编纂：《灌县县志》，成都：四川人民出版社，1991年

四川省郫县志编纂委员会编纂：《郫县志》，成都：四川人民出版社，1989年

四川省新津县志编纂委员会编纂：《新津县志》，成都：四川人民出版社，1989年

四川省大邑县志编纂委员会编纂：《大邑县志》，成都：四川人民出版社，1992年

四川省蒲江县志编纂委员会编纂：《蒲江县志》，成都：四川人民出版社，1992年

四川省什邡县志编纂委员会编纂：《什邡县志》，成都：四川大学出版

社，1988 年

四川省文史研究馆：《成都城坊古迹考》，成都：成都时代出版社，2006 年

《四川月报》，1934 年，第 5 卷，第 4 期

《社会调查与统计》，1944 年第 4 期

沈起炜编著：《中国历史大事年表 · 古代卷》，上海：上海辞书出版社，2001 年

沈渭滨主编：《中国历史大事年表 · 近代卷》，上海：上海辞书出版社，1999 年

孙跃中：《从花会到劝业会——成都庙会文化的历史沿革》，《文史杂志》，2005 年第 3 期

孙跃中：《近代成都劝业会研究》，四川大学硕士学位论文，2006 年

谭绿英：《民国中期成都慈善事业发展及变化》，《中华文化论坛》，2009 年第 2 期

谭世宝、胡孝忠：《略论清代至民国时期四川的天后信仰》，《莆田学院学报》，2007 年 8 月（第 14 卷第 4 期）

唐大潮：《试论明清之际道教“三教合一”思想的特点》，《世界宗教研究》，1996 年第 4 期

唐大潮：《〈阴符发秘〉、〈玄门戒白〉思想浅析》，《宗教学研究》，2004 年第 2 期

唐大潮：《佛教、基督教在中国的传播和发展之比较》，《社会科学研究》，2001 年第 6 期

唐大潮、石衍丰：《明王朝与武当道教》，《宗教学研究》，1996 年第 3 期

田茂泉：《清代四川全真道发展略说》，《宗教学研究》，2015 年第 1 期

田苗苗：《巴蜀川主信仰研究》，四川省社会科学院研究生学院硕士学位论文，2009 年

王安明：《成都武侯祠、青羊宫道观启派祖师——张清夜》，《中国道教》，2006 年第 6 期

王纯五：《青城山志》，成都：四川人民出版社，1982 年

王纯五：《青城山道教的宗派和现状》，《宗教学研究》，1987 年 6 月

王纯五：《道教与成都民俗》，《民俗研究》，1994 年第 4 期

王笛：《茶馆：成都的公共生活和微观世界，1900—1950》，北京：社会科学文献出版社，2015 年

王笛：《街头文化：成都公共空间、下层民众与地方政治（1870—1930）》，北京：商务印书馆，2013 年

王笛：《跨出封闭的世界——长江上游区域社会研究，1644—1911》，北京：中华书局，1993 年

王笛：《走进中国城市内部：从社会的最底层看历史》，北京：清华大学出版社，2013 年

王笛：《茶馆、戏园与通俗教育——晚清民国时期成都的娱乐与休闲政治》，《近代史研究》，2009 年第 3 期

王东杰：《近代道教之污名及其净化》，《学术月刊》，2018 年第 4 期

王东杰：《“乡神”的建构与重构：方志所见清代四川地区移民会馆崇祀中的地域认同》，《历史研究》，2008 年第 2 期

王芳妮：《论清代民国年间全真道宫观经济与地方社会——以陕西留坝张良庙为个案的研究》，《求索》，2013 年第 1 期

王汉民：《道教神仙戏曲与传统文化》，四川大学博士后学位论文，2003 年

王辉刚：《晚清民国成都二仙庵传戒研究——以 1942 年传戒为中心》，华中师范大学硕士学位论文，2013 年

汪桂平：《东北全真道研究》，北京：中国社会科学出版社，2014 年

王家祐：《四川道教摩崖石刻造像》，《四川文物》1986 年第 6 期

王润泽：《回归本位：民国宗教报纸发展概述》，《新闻学论集》（第

25 辑)，2010 年 12 月

王晓乔：《清代道士与成都武侯祠》，《中华文化论坛》，2016 年第 8 期

王绿萍编著：《四川报刊五十年集成（1897—1949）》，成都：四川大学出版社，2011 年

汪青玉编：《四川风俗传说选》，成都：四川民族出版社，1992 年

文廷海：《清代四川文昌碑文与文昌信仰研究》，《四川文物》，2015 年第 1 期

蔚建鹏：《民国时期四川地区汉族婚俗研究》，西华师范大学硕士学位论文，2016 年

隗瀛涛主编：《四川近代史稿》，成都：四川人民出版社，1990 年

隗瀛涛：《四川保路运动史》，成都：四川人民出版社，1981 年

隗瀛涛、赵清主编：《四川辛亥革命史料》，成都：四川人民出版社，1981 年

吴华：《民国成都佛教研究（1912—1949）》，北京：宗教文化出版社，2016 年

吴康零主编：《四川通史》（第六册），成都：四川大学出版社，1994 年

向世山：《自唐至清四川地方官员与佛教关系评述》，《世界宗教研究》，2005 年第 6 期

向世山：《自宋至清四川民间建寺兴佛活动初探》，《中华文化论坛》，2004 年第 7 期

向世山：《明清川僧修建寺庙述评》，《文史杂志》，2004 年第 11 期

向世山：《成都佛教两千年》，黄心川、释大恩主编：《第三届玄奘国际学术研讨会论文集》，中国人名对外友交流协会玄奘研究中心编印，2006 年

谢重光、白文固：《中国僧官制度史》，西宁：青海人民出版社，1990 年

辛宇玲：《西康建省研究》，中央民族大学硕士学位论文，2005 年

徐跃：《清末四川庙产兴学进程中的砍伐庙树》，《四川大学学报（哲学社会科学版)》，2007 年第 5 期

徐跃：《清末四川庙产兴学及由此产生的僧俗纠纷》，《近代史研究》，2008 年第 5 期

徐跃：《清末庙产兴学政策方针与地方的运作——以清末四川叙永厅为个案》，《华中师范大学学报（人文社会科学版)》，2013 年 5 月（第 52 卷第 3 期）

《新新新闻》，1931—1937、1939、1949 年

《新运导报》，1937 年第 4 期

《兴华》，1937 年第 34 卷第 16 期

《仙道月报》，1939 年第 9、10 期；1941 年第 32 期

杨武能、邱沛篁主编：《成都大词典》，成都：四川辞书出版社，1995 年

杨燮等著，林孔翼辑录：《成都竹枝词》，成都：四川人民出版社，1982 年

杨建宏：《宋代礼制与基层社会控制研究》，四川大学博士学位论文，2006 年

［美］杨庆堃著、范丽珠等译：《中国社会中的宗教：宗教的现代社会功能与其历史因素之研究》，上海：上海人民出版社，2007 年

尹志华：《清代全真道历史新探》，香港：香港中文大学出版社，2014 年

尹志华：《北京白云观藏〈龙门传戒谱系〉初探》，《世界宗教研究》，2009 年第 3 期

尹志华：《清代全真道传戒史料补述》，《中国道教》，2015 年第 3 期

尹志华：《清初全真道新探》，《全真道研究》，2011 年第 2 期

尹志华：《晚清全真道新探》，《全真道研究》，2013 年第 1 期

尹志华：《民国时期的全真道传戒活动考述》，《中国道教》，2016 年第 3 期

余文倩：《青羊花市景无边——花会与民国时期成都市民的娱乐生活》，《文史杂志》2012 年第 1 期

袁泉：《政府、民间、寺僧之间的博弈——以民国宜都写经寺庙产纠纷案（1930—1948）为例》，华中师范大学硕士学位论文，2011 年

袁庭栋：《成都街巷志》，成都：四川文艺出版社，2017 年

袁庭栋：《巴蜀文化志》，成都：巴蜀书社，2009 年

薛玉树：《四川金堂道观略考》，《宗教学研究》，2006 年第 2 期

《扬善半月刊》，1937 年第 92、93 期

中国第二历史档案馆编：《中华民国史档案资料汇编》第五辑第一编，文化，南京：江苏古籍出版社，1994 年

《政府公报》，1912 年第 121、123 期

张广保：《明清内丹思潮与陈撄宁学派的仙学》，《宗教学研究》，1997 年第 4 期

张继禹：《天师道史略》，上海：华文出版社，1990 年

张明心、马瑛主编：《青城山道教志》，北京：中央文献出版社，2007 年

张学君、张莉红：《成都城市史》，成都：成都出版社，1993 年

张玉法：《20 世纪前半期的中国社会变迁（1900—1949）》，《史学月刊》，2006 年第 3 期

张泽洪：《道教斋醮科仪研究》，成都：巴蜀书社，1999 年

张泽洪：《元明清时期全真道在西南地区的传播》，《文史哲》，2015 年第 5 期

张宪文、张玉法主编：《中华民国专题史》第 1 卷，李金强、赵立彬、谷小水：《从帝制到共和：中华民国的创立》，南京：南京大学出版社，2015 年

赵春晨、郭华清等著：《宗教与近代广东社会》，北京：宗教文化出版社，2008 年

赵敏：《青城高道易心莹的生平和思想》，《西南民族大学学报》（人文社会科学版），2010 年第 6 期

赵世瑜：《狂欢与日常：明清以来的庙会与民间社会》，北京：北京大学出版社，2017 年

周振鹤主编，傅林祥、郑宝恒：《中国行政区划通史》中华民国卷，上海：复旦大学出版社，2017 年

周九香：《城隍祭祀与崇州城隍庙会》，《文史杂志》，2011 年第 1 期

周秋光：《民国时期社会慈善事业研究刍议》，《湖南师范大学社会科学学报》，1994 年第 3 期

周秋光、曾桂林：《近代慈善事业的基本特征》，《光明日报》，2004 年 12 月 14 日

后 记

似乎在不知不觉间，二十年的学生生涯就将在此刻告一段落。尽管这并不意味着学习的结束，而是全新的开始，但博士毕业对我来讲仍然是一个重要里程。十多年前，一位忘年挚友在与我的谈话中曾提道："时间和空间都是相对的。"于是似懂非懂的我，开始以自己的方式寻找"生命的方向"。加上在当时尚未认识到的自身文科倾向，对意义问题的热衷和执着，几经曲折，才走上了现在的道路。

今天，曾经充满热情和求知欲，却又裹挟着迷茫和偏激的我，随着内心疑惑不断得到解答，对未来的抉择已更加清晰。虽然是否找到所谓方向尚未可知，但至少在我看来，并未辜负大家的寄托，也无愧于自己的努力和理想。能够顺利走到今天，同时获得越来越开阔、清澈的心境，很大程度上得益于周围一切，不论其在短时间产生了积极还是消极的作用。尽管在很长一段时间里，我试图但又不愿意承认地希望将部分功劳归于自身，尤其是在体悟方面的努力。然而在不断学习和反思的过程中，我逐渐感受到，学术和学问是在彰显个人的同时，不断放下自我的训练；

也是怀揣着改变世界的决心和愿望，最终改变自己的过程。或许只有当我们放下自身的存在和傲慢，摈弃道德和正义的自居，求索中的顽固和偏激，才初具追寻人生意义的品质。而在我看来，这似乎已经是意义的一部分。

的确，时空是相对的。它既有科学理论的支撑，也存在于我们的感性认识中。站在今天的角度，二十年似乎转瞬即逝，但事实上那是一段漫长而煎熬的过程。以至于现在回想起来，都会让我产生一种对未来渺茫的绝望感受。因此我必须要感谢一路走来与我同甘共苦的母亲，充满爱心、热心，勇于担当，正直、坚强，具有洞察智慧的她，在多重困境之中，无微不至地抚养、教育着我，不断纠正我行为、品格等方面的不足，为我提供物质和精神上的支持。最为重要的是，不论在何种困境之中，她都维护着我在思想和爱好上的相对宽松和自由，并告诉我要以开放的心态，始终保持对大家的关爱。回想当初母亲凭借一部自行车承载起家庭的梦想，到如今母子之间足称互为师友的情义、尊重和默契，不由慨叹万分。同时也应当感谢父亲随后在经济上的支持，和对我人生选择的理解和认同。更不应忘记的，是一路走来，曾对我有过诸多帮助、支持和鼓励的，父母一辈的同学朋友们。

然而，家庭情感并不等同于长辈的观点和认识都是正确的，这也是母亲所称的狭隘。所以作为处于人生不同阶段的学生，我们都从未停止向在思想、认识等层面上更具卓识、见地的人学习。因此，我需要感谢于我亦师亦友的陈阳先生。作为一位低调而热爱、深谙中国文化，且洞见泉涌的前辈，在我走上学术道路之前直至今日，始终都启发和帮助着我。有趣的是，其对中国传统积极一面的宣扬，曾一度让我产生了近乎“华夏中心”的偏激认知，尽管这并非其本来目的。先生也是个无私而诙谐的人，颇有“上善若水”之感。其行为有时甚至显得“怪异”，而他自嘲其是以“伪恶”应对“伪善”的践行者。时至今日，我已记不清向先生请教过多少个问题了，但每次他都会耐心、细致地解答，并就该问题而延展，让人有意想不到的收获。随着不断成长，我逐渐拥有了与先生更加深入互动、交流的能力，因此我们时常交谈至深夜，似乎夜晚的沉静更能让人专注。不管是知识层面问题、学术问题，还是意义问题，我们似乎都有一种刨根问底的执着，而心头疑惑的开解，就成了身心最为愉悦的享受。由于处于两地，现在基本只能与先生电话沟通。不过我最为怀念的是，许多年前，在山林的寂静夜晚，虫鸣水流之间，双方纯粹而无欲无求的问答和交流。

像这样在思想、文化层面给予过我提携和帮助的，还有两位前辈。孟道长，一位性情而超然，拥有如画中庄子般形象的道人。其智慧的思维，深厚而深刻的学养和见解，宁静淡雅的生活方式，都不断影响和感染着我。应该说，能与所谓“道”结下缘分，以至于后来走上道教研究的道路，与孟道长和他当时主持的青羊宫老庄书院有着千丝万缕的关系。李凯先生，也是我的老师，是一位胸怀广阔的“功夫高手”，在太极方面有着令人叹为观止的造诣。多年前他随意而又古朴、优雅、灵动的一段剑舞，竟让我等产生了一种几近潸然泪下的感动。更为与众不同的是，李老师虽然以武示人，但深层的却是以文导之，真正做到了“文武兼修”。正因如此，深厚的造诣并未让他产生丝毫满足或者傲慢，反而表现出一种，随时可以放下自己一切成就的洒脱。在近十年中，李老师在我面临人生重大选择、转折和困境时，都给了非常大的帮助，在我心中有着难以取代的地位。也是在这十年中，我们共同走过风雨，相互激励和扶持，打破桎梏，冲出迷惘。而这一切，都让我们的师生之情，或是作为知己的友谊，长久存在于我们之间，让人不由得回味和珍惜。

随着年龄增长，尤其是到了研究生和博士生阶段，学习方式逐渐从被动转为主动。因此如何能主动找到正确、有效的解决问题的办法，就成了十分关键的问题。而当我在不知不觉中解决了诸多问题之后，则愈发感觉到这种能力的获得，很大程度上得益于高中时期学习习惯的培养，即便我现在仍然坚定地认为当初的管理过于苛刻，以至于张弛无度。在这段洋溢着激情、梦想，又充斥着失望、压力、煎熬，单纯而迷茫的岁月中，我与同学们都逐渐学会了如何严于律己、坚持不懈，而又巧妙灵动地强化积累，扩展知识面，甚至不论成败地为了未来奋斗。正是这种能力和精神的历练，使得同学们不管从事何种行业，走入何种全新领域，都能够找到自己的方向，即便尚未做到出类拔萃，至少未愧于自己的努力。因此，我必须要感谢曾经的母校——成都石室中学，以及忘我投身于工作中，培养和教导过我们的各位老师。没有他们的严格要求和悉心教导，我们是无法顺利走到今天的。

本科时期，得益于四川大学历史系、考古系、博物馆系等专业老师的指导，让我获得了较为全面的知识积累，也填补了学科转型带来的空白。这种积累和进步对于我的意义十分巨大，非常感谢在本科期间培养、批评过我的各位老师。而在毕业后能够进入道教与宗教文化研究所，更有幸师从卿希泰先生学习中国道教，则要特别感谢历史学院李德英老师，和时任辅导员陈艺老师，为我提供了宗教所的招生信息，并做了诸多重要沟通。同时也要感谢历史学院与宗教所之间长期存在的这样一段渊源。

卿先生，似乎是每一个与之接触，都会受到其感染和鼓舞，或产生动人故事的老前辈。作为无名后辈，能够受教于先生门下，实在是莫大荣幸，也让我感到十足的压力与惶恐。五年前的夏天，怀着忐忑之心，我第一次拜访先生。出人意料的是，德高望重的先生竟亲自起身迎送。谈话间，先生和余晓红老师表现出对后辈的深切关心、爱护和尊敬，这种谦和让我不由得想起“德高望重”四字，而这次拜访也大大消减了我内心的紧张情绪，相反是久久沉浸在温暖的幸福感之中。正式成为学生之后，先生不顾年事已高、疾病缠身，忘我而充满激情地，与唐大潮老师、周冶老师共同亲自为我们授课。想来已是自高中结束之后，学习生活最为充实而难忘的时光。因为上课和其他种种事务，我与余老师，孙瑞雪、张丽霞二位师姐，有了更多交流。令人兴奋而感慨的是，在她们身上，我也能多少感受到如同先生亲切、谦和、智慧等人格魅力的显现，尤其是在之后有幸认识卿海若、卿格非二位先生之时，这种感受更为强烈。

可以说充满着戏剧性，也许本就顺乎自然规律，两年前卿先生的离世，给我的学习生涯，或者说对所有与先生有关，和受其恩惠的人，都留下了一段刻骨铭心的回忆。那时的感受很难用语言来表达，但或许无言才是更好的珍藏。如果我斗胆将自己归为“宗教研究者”行列，那么从这一角度出发，卿先生的言传身教，或许超越了一般意义上经典和宗教家的高谈阔论，更远胜一知半解乃至大言不惭的道德说教。对我而言，先生留下的精神财富，强烈的人格感召，将等同或更胜于其在学术方面的开拓之功和令人叹为观止的成就。因此，尽管先生之逝世给我们带来了巨大的悲伤和遗憾，但同时似乎，更是对吾辈另一种形式的激励与鼓舞。先生之陨落，好似昼夜交替，如同春秋更迭，亦如万物之生灭，却仿佛在告诉我们，不要哀怨而仰慕地徘徊于“高山仰止”的慨叹中，而当奋起以延续先生学术的辉煌成就，感悟和秉承先生的坚定意志和崇高品格，方不侮先生此生的行持。

同样带给我感动的，还有卿先生的家人们。在告别仪式当晚，卿海若、卿格非两位先生和余老师，即开始着手安排我和其他几位同门今后的学习道路。在征求我们的意见后，共同选择了仍以卿先生为导师，并另组成指导小组的方式。而之后不论是我们取得了何种学术成果，还是开题报告、预答辩、最终答辩通过，或取得学位时，他们都会持续祝贺、称赞和鼓励我们。在我看来，先生的家人们完美地延续了先生的细致、勤奋、热心、谦和，以及对后辈的关爱。其品质本身，包括对美好品格的传承精神，都是值得我敬仰和学习的。

构成指导小组的各位老师，对于我博士论文的写作，都有非常重要的帮助和指导。五年前，应该说正是在盖建民老师的引荐和鼓励下，我才能首次拜访卿先生。从那时起，便不断敦促我要好好努力，珍惜向卿先生学习的机会。先生去世后，更是在我面临求学道路上重大转折和选择时，给予了非常重要的指导和帮助。而更令人感怀于心的是，尽管盖老师每天都要处理大量繁杂事务，但对于我的提问和论文修改意见，却总能做出迅速而详细的解答。让我深刻感受到了其作为学者，更是师长的严谨、敬业和纯粹。具体来讲，盖老师在我博士论文的选题方向、研究方式、具体写作，以及稍后在视野拓展、学术道路选择等各个方面，都提出过诸多实质性、启发性的建议，不断地将我从迷茫和困境中解脱出来。

在论文具体的草创、写作、修改完善过程中，应该说，我与周冶老师的交流是最多的。周老师有着广博而扎实的学术功底和丰富的研究经验，加上他对学术动态全面而敏锐的把握，以至于唐大潮老师都不断叮嘱我多向他学习。在论文写作之初，正是在与周老师反复不断的交流中，我的知识结构得到充实，研究方法和写作思路逐渐清晰。周老师总会在百忙之中抽空与我交流，而我们的对话有时会接近一两个小时。讨论的内容，从用词的细微斟酌，概念的界定，各领域重要相关研究，题目的反复推敲，以至方法和认识层面的种种问题，见证了我毕业论文诞生的全部过程。

一向以“严格”著称的唐大潮老师，和周老师一起，参与到研究生阶段卿先生对我们的授课中。从“初出茅庐”，乃至在随后较长一段时间内，甚至就是现在，我十分有限的知识积累和学术素养，在唐老师看来或许都“不堪入目”。但这种严苛从一开始就未成为我的畏惧，反而化为过去乃至将来，一种令我不断前进的动力，甚至在不知不觉间，已将“得到唐老师的认可”作为了努力的目标。学业上的指导自不在话下，更为感怀的是，唐老师在生活、学习方法、社会经验等方面，都和我有语重心长的沟通。至今犹忆，第一次卿先生上课结束后，唐老师在回到竹林村的路上，与我谈了许多如何对付失眠的办法。前不久又曾对我说：“作为老师最大的满足，就是看到学生的进步，而不是看你怎么对我。”体现出作为师长的奉献和独特的超然。因此，唐老师的形象早已超越过去单纯的“严格”。以现在的我来看，相比将其形容为一位集“慈父”睿智和热心、“严母”专注和细致于一身的“学者”“思想家”，我更愿意视其为一位淡然、洒脱，崇尚君子之交的“侠士”，以至于任何感谢言语都难免落入庸俗。

李裴老师，也是指导小组的成员之一。由于在小组中扮演着与以上三位老师相对不同的角色，以及需要同时负责所内其他诸多重要工作，我们的交流并不能做到非常频繁。不过每次见面时，李老师都会询问我的学习近况，提出建议，并时常向我们推送就业信息。前段时间，在经费申请和参加会议等方面，为我提供了诸多信息，分享了宝贵经验。然而更具特殊意义的是，李老师曾是我最初进入宗教所时的面试老师之一。正是她当时充满善意的微笑，言语中透露的对学生的尊重，让我对宗教所的陌生感，和那种对于未知的担忧，瞬间散去了大半。虽然是平常小事，但这对我来说却有着非同小可的意义。

进入宗教所后，我更欣喜地发现，负责教学和行政的老师，都具有亲切、谦和，关爱后辈的品质，让我再次沉浸在拜访卿先生之后的那种幸福感之中。朱展炎老师，或许是因为年龄接近的原因，更容易和我们打成一片。在博士阶段，他持续关注着我的论文进展和学业情况，我们也经常开心地讨论他的足球爱好。何江涛老师，以严谨、认真著称，在论文修改和查重方面，给我提供了诸多建议。张晓粉老师，给我以低调、细致的感受，严谨地负责着所内的日常工作。尤其是在会议前后，更是以非常效率处理着那些，在我听上去都感到繁琐万分的问题。同时，张老师也在论文写作和修改方面，给我传授了很多有价值并且难以接触到的经验。李平老师，像“母亲”一般呵护着每一个学生。在我眼中，风趣而干练的她，不仅洋溢着对晚辈的关爱和照顾，更彰显出一种“平等”的风范。正是这种平等的关爱，让我赞叹不已，也使得许多学生都对李老师有一种更深的亲切感。而在学校查完资料或是交完材料后，在李老师办公室聊上一番，也成为了我这几年来一种充满乐趣的享受。同时也要感谢孙伟杰老师、杨雯老师，和本届班长罗海军同学，没有他们细致工作和付出，以及耐心解答，我们是无法专心投入毕业论文写作，乃至顺利毕业的。

还要感谢其他曾为我们授课的闵丽、于国庆、哈磊等各位老师；感谢王大伟老师，在期刊文章出版前后，给我提出、传递的修改建议和进行的诸多沟通；感谢同门张龙成、武清旸，学姐袁玉梅，和四川大学出版社许奕女士，在各位共同努力，尤其是在张龙成的多方联络下，我们的合著才能够顺利出版；也要一并感谢世界宗教研究所王皓月老师，在文章修改、发表过程中，耐心的解答和周全的安排，由于学位材料问题，我曾不断提出各种请求，以致多有叨扰，而王老师却始终不厌其烦地为我去实现，这种对后辈无私的提携，我将永远铭记；也要感谢与我同为硕博连读的同学何正金，在处理诸多繁琐事务时，给我的提示和帮助；以及感谢孙瑞雪、张悦、张丽霞、由申四位师姐，在论文写作和发表，包括生活等方面，给我的建议、帮助、鼓舞，和对我的信任。毫不夸张地说，宗教所于我而言，几乎已形成了一种家庭般和谐、温馨的感受。而这种氛围的形成，必须归功于所内全体师生的共同努力，我也将永远铭记和感激四川大学和宗教所，曾为我们提供过这样良好的学习环境。

回到毕业论文上，我还必须感谢从开题报告、预答辩，到匿名外审、最终答辩阶段，对我提出过批评和指导的所有老师。除了盖建民、唐大潮二位老师外，还有詹石窗、黄海德、李远国、张崇富、张钦、苟波、田海华、欧福克八位老师。他们毫无保留地，为我和所有参加开题、答辩的同学提出修改意见和传递丰富的论文写作经验。尽管许多建议颇为严厉，而正是由于具备这种一语道破的能力和无私，才能让我们的论文得到不断的完善。同时，虽然不知道他们的名字，但我仍然要感谢五位匿名外审专家的宝贵建议。最为重要的是，他们让似乎已“身在此山中”的我，看到了论文的诸多不足，进一步扩展了我的学术视野，对未来的研究方向大有启发。

由于研究领域特殊，更是因为学养不足，我的目光在很长一段时间里，不得不仅仅专注于浩瀚的中国传统文化之中。不过在内心深处，我始终对文化的学习、比较、交流，乃至对古往今来中西文化较为全面的掌握，充满着热情与向往，尽管在现在看来，这仍然是一个似乎遥不可及的梦想。然而正是在这种激情的推动下，加之多年学习的积淀，身边师长、朋友的帮助，和机遇的适时出现，增强了我对梦想实现的信心。因此，我必须要感谢由张崇富、胡锐二位老师带领的“道教学术翻译小组”，以及“道教学术翻译与研究”公众号的信息推送，正是这种种因素的存在，我才能获得做一些大胆尝试的机会。张老师在讲座中提到的有关中西文化的种种认识，和外语在道教研究方面的重要性，引起了我心中的共鸣。因此我曾多次向张老师请教相关问题，而他则以十分谦和的态度，耐心细致地回答，并屡有鼓励。让我感受到了一种学者的纯粹，和师长对后辈的关爱和提携。

与此同时，我也要感谢我的几位有着丰富海外学习、生活经验的长辈和同学朋友。范东旭女士，一位具有洞见，且非常善于鼓舞和肯定他人的前辈，在认识西方文化和英文写作等方面给了我非常大的帮助。王鑫，作为我热心和智慧的本科室友，得益于其堪称天才的头脑和异于常人的勤奋，在其研究领域中，已取得令同龄人乃至前辈都叹为观止的成就。虽然研究方向迥异，但这丝毫不妨碍我们之间各种话题的交流，这些谈话对于我学习思路和视野的展开大有帮助，也使得彼此的心胸更为开阔。然而相比起世俗成就来说，其正直和豁达的品格却更加打动着我。曾经十分严峻的经济困难，并未改变他大方和乐于助人的本性；如今获得的荣誉，也未让傲慢和狂妄，淹没了他本来的谦虚和谨慎。吕成浩，我称其为一位“德才兼备”，从事理工科，却又醉心于哲学问题，饱含着人文关怀的“思想家”。高中时期以来，我与他就有着最为长期而深刻的交流。对于内心的疑问，我们似乎有着同样的执着。当时对于存在意义和个人未来近乎天真的讨论，即便放在现在，我们仍不会为所谓的“空谈”而感到惭愧。同时我也欣喜地看到，多年现实生活的历练，除了让他变得更加理性、成熟以外，却从未消磨他对理想人格和未来的追求，仍然是曾经那个深刻而浪漫的人。在吕成浩的引荐下，我有幸结识学姐林蕾。随后，她在海外学习、生活、学术会议、社会科学研究现状等方面，向我传授了诸多最为有效的信息、建议和实际经验。其热情、细致和无私，给我留下了长久的感动。虽然学姐坚持称这是“小事一桩”，但对我来说却是无比的珍贵。应当说，没有各位师长、同学、朋友的提携和帮助，我将无法迈出，哪怕是目前这小小的一步。

尽管学术研究和论文写作的过程，会让人逐渐变得渊博而深邃。在灵感闪现、有所突破，或大功告成之时，会给人带来无比的喜悦和成就感。而这些成长和收获的代价，却往往是更为长久，近乎遥遥无期的枯燥、乏味、痛苦、失望，以及如影随形的精神压力和身心煎熬。

因此在致谢众人之后，我认为也需要对自己的努力和精神给予肯定。建立在“为学日益，为道日损”基础上的求知态度，全面而细致掌握相关领域的学习热情，不求速效、不计成败为了理想奋斗的决心，甘愿为此而忍受长期压力和煎熬的毅力，世俗成就和道德品质并重的价值取向等，共同决定了今天的道路，并支撑着我走到现在。不过同时，陪伴我走过内心起伏的，还有那些时而优美，时而悲怆、时而寂静，又时而激昂澎湃的音乐、歌唱、影视；还有我的那些从事于不同行业的同学和朋友，以及他们曾向我诉说的种种故事和传奇。不同领域积累的丰硕成果和辈出的天才、高人，不断提醒着我，无论过去、现在，还是未来，各个行业都存在着无比卓越的人物，具有重要的存在价值，也蕴含着独特而共通的道理；也时刻警示着我，切勿陷入自我或个人研究领域的狭隘和孤傲之中。

大概是两年前一个炎热的夏日清晨，正处于煎熬和困境中的我，拖着疲惫的身躯，坐车去档案馆查阅资料。当时我就带有浪漫色彩地在想，将来是否有一天，我能够有机会把像这位出租车司机那样，平凡而与我只有一面之缘的人，写进我的致谢。而今天，这个平凡而浪漫的愿望，似乎终于得到了实现。是的，人生短暂，人类亦无比渺小。一个人从出生到死亡，究竟能有多少个二十年，我们的前辈、师长，我们自己，包括我们的后辈，都终将如同一个平凡人那样离去。而我们应该和希望做到的，或许只有感激、珍惜、回报，并为他们留下更多感动和美好的回忆。

金恺文

2022 年 4 月

《儒道释博士论文丛书》已出书目

第一批(1999 年)

道教斋醮科仪研究　张泽洪著

道教炼养心理学引论　张　钦著

道教劝善书研究　陈　霞著

道教与神魔小说　苟　波著

净明道研究　黄小石著

第二批(2000 年)

神圣礼乐
——正统道教科仪音乐研究　蒲亨强著

魏晋玄学人格美研究　高华平著

明清全真教论稿　王志忠著

佛教与儒教的冲突与融合　彭自强著

经验主义的孔子道德思想及其历史演变　邓思平著

第三批(2001 年)

宋元老学研究　刘固盛著

道教内丹学探微　戈国龙著

汉魏六朝道教教育思想研究　汤伟侠著

般若与老庄　蔡　宏著

刘一明修道思想研究　刘　宁著

晚明自我观研究　傅小凡著

第四批(2002 年)

近现代以佛摄儒研究　李远杰著

礼宜乐和的文化思想　金尚礼著

生死超越与人间关怀
——神仙信仰在道教与民间的互动　李小光著

近现代居士佛学研究　刘成有著

生命的层级
——冯友兰人生境界说研究　刘东超著

第五批(2003 年)

中国佛教僧团发展及其研究　王永会著

实相本体与涅槃境界　余日昌著

斋醮科仪　天师神韵　傅利民著

荷泽宗研究　聂　清著

精神分析与佛学的比较研究　尹　立著

太虚对中国佛教现代化道路的抉择　罗同兵著

终极信仰与多元价值的融通　姚才刚著

第六批(2004 年)

西学东渐与明清实学　李志军著

上清派修道思想研究　张崇富著

北宋《老子》注研究　尹志华著

相国寺
——在唐宋帝国的神圣与凡俗之间　段玉明著

熊十力本体论哲学研究　郭美华著

关于知识的本体论研究
——本质　结构　形态　昌家立著

明代王学研究　鲍世斌著

中国技术思想研究
——古代机械设计与方法　刘克明著

朱熹与《参同契》文本　钦伟刚著

中国律宗思想研究　王建光著

第七批(2005 年)

元代庙学
——无法割舍的儒学教育链　胡　务著

牟宗三"道德的形而上学"研究　闵仕君著

隋唐五代道教美学思想研究　李　裴著

宋元道教易学初探　章伟文著

杜光庭《道德真经广圣义》的道教哲学研究　金兑勇著

天台判教论　韩焕忠著

杜光庭道教小说研究　罗争鸣著

魏源思想探析　李素平著

泰州学派新论　季芳桐著

《文子》成书及其思想　葛刚岩著

傅金铨内丹思想研究　谢正强著

第八批(2006 年)

汉末魏晋南北朝道教戒律规范研究　伍成泉著

两性关系本乎阴阳
——先秦儒家、道家经典中的性别意识研究　贺璋瑢著

陈撄宁与道教文化的现代转型　刘延刚著

扬雄《法言》思想研究　郭君铭著

《周易禅解》研究　谢金良著

明清道教与戏剧研究　李　艳著

王弼易学解经体例探源　尹锡珉著

唐代道教管理制度研究　林西朗著

四念处研究　哈　磊著

天人之际的理学新诠释
——王夫之《读四书大全说》思想研究　周　兵著

第九批(2007 年)

晚明狂禅思潮与文学思想研究　赵　伟著

先秦儒家孝道研究　王长坤著

致良知论
——王阳明去恶思想研究　胡永中著

伍守阳内丹思想研究　丁常春著
贝叶上的傣族文明
——云南德宏南传上座部佛教社会考察研究　吴之清著
朱子论"曾点气象"研究　田智忠著
二十世纪中国道教学术的新开展　傅凤英著
道教与基督教生态思想比较研究　毛丽娅著
汉晋文学中的《庄子》接受　杨　柳著
马祖道一禅法思想研究　邱　环著
道教自然观研究　赵　芃著

第十批(2008 年)

王船山礼学思想研究　陈力祥著
王船山美学基础
——以身体观和诠释学为进路的考察　韩振华著
马来西亚华人佛教信仰研究　白玉国著
《管子》哲学思想研究　张连伟著
东晋佛教思想与文学研究　释慧莲著
北宋禅宗思想及其渊源　土屋太祐著
早期道教教职研究　丁　强著
隋唐五代道教诗歌的审美管窥　田晓膺著
道教与明清文人画研究　张明学著
道教戒律研究　唐　怡著

第十一批(2009 年)

驯服自我
——王常月修道思想研究　朱展炎著
道经图像研究　许宜兰著
阳明学与佛道关系研究　刘　聪著
清代净土宗著述研究　于海波著
宗教律法与社会秩序
——以道教戒律为例的研究　刘绍云著
老子及其遗著研究
——关于战国楚简《老子》、《太一生水》、《恒先》的考察　谭宝刚著
汉唐道教修炼方式与道教女性观之变化研究　岳齐琼著
宋元三教融合与道教发展研究　杨　军著
都市佛寺的社会交换研究　肖尧中著
早期天台学对唯识古学的吸收与抉择　刘朝霞著

第十二批(2010 年)

道教社会伦理思想之研究　何立芳著
印度佛教净土思想研究　汪志强著
社会转型下的宗教与健康关系研究　冯小林著

教化与工夫
——工夫论视域中的阳明心学系统　陈多旭著
心性灵明之阶
——早期全真道情欲论思想研究　刘　恒著
中古道书语言研究　冯利华著
近现代禅净合流研究　许　颖著
永明延寿心学研究　田青青著
中国传统社会宗教的世俗化研究
——以金元时期全真教社会思想与传播为个案　夏当英著
成玄英《庄子疏》研究　崔珍哲著

第十三批(2011年)

道医陶弘景研究　刘永霞著
汉代内学
——纬书思想通论　任蜜林著
一心与圆教
——永明延寿思想研究　杨文斌著
三教关系视野中的陈景元思想研究　隋思喜著
蒙文通道学思想研究　罗映光著
敦煌本《太玄真一本际经》思想研究　黄崑威著
总持之智
——太虚大师研究　丁小平著
明清民间宗教思想研究
——以神灵观为中心　刘雄峰著
东晋宋齐梁陈比丘尼研究　唐　嘉著
《贞观政要》治道研究　杨　琪著

第十四批(2012年)

老子八十一化图研究　胡春涛著
马一浮思想研究　李国红著
《老子》思想溯源　刘鹤丹著
“仙佛合宗”修道思想研究　卢笑迎著
方东美论道家思想　施保国著
湛甘泉哲学思想研究　王文娟著
仪式的建构与表达
——滇南建水祭孔仪式的文化与记忆　曾　黎著
智旭佛学易哲学研究　张韶宇著
悟道·修道·弘道
——丘处机道论及其历史地位　赵玉玲著
隋唐道教与习俗　周　波著

第十五批(2013年)

庄子哲学的后现代解读　郭继明著
法藏圆融之“理”研究　孙业成著
汉传佛教寺院经济演变研究　于　飞著
魏晋南北朝社会生活与道教文化　刘　志著

中古道官制度研究　刘康乐著
金元道教信仰与图像表现——以永乐宫壁画为中心　刘　科著
元代道教戏剧研究　廖　敏著
明代灵济道派研究　王福梅著
中国宗教的慈善参与新发展及机制研究　明世法著
两晋南北朝时期河陇佛教地理研究　杨发鹏著

第十六批(2014 **年**)

道教气论学说研究　路永照著
历史中的镜像——论晚明僧人视域中的《庄子》　周黄琴著
从玄解到证悟——论中土佛理诗之发展演变　张君梅著
回归诚明——李翱《复性书》研究　韩丽华著
图像与信仰——中古中国维摩诘变相研究　肖建军著
中国道教经籍在十九世纪英语世界的译介研究　俞森林著
四川道教宫观建筑艺术研究　李星丽著
道与艺——《庄子》的哲学、美学思想与文学艺术　胡晓薇著
李光地易学思想研究　冯静武著
显隐哲学视域中的文艺审美　杨继勇著

第十七批(2015 **年**)

赞宁《宋高僧传》研究　杨志飞著
自我与圣域——现代性视野中的唐君毅哲学　胡　岩著
明代道教文化与社会生活　寇凤凯著
道教医世思想溯源　杨　洋著
近代以来中国佛教慈善事业研究　李湖江著
现代性和中国佛耶关系(1911—1949)　周晓微著
西域佛教演变研究　彭无情著
藏族古典寓言小说研究　觉乃·云才让著
藏传佛教判教研究　何杰峰著
藏彝走廊北部地区藏传佛教寺院研究　李顺庆著

第十八批(2016 **年**)

重庆华岩寺佛教仪式音乐与传承　陈　芳著
明末清初临济宗圆悟、法藏纷争始末考论　吕真观著
《文子》思想研究　姜李勤著
汉末至五代道教书法美学研究　沈　路著
佛教传统的价值重估与重建

——太虚与印顺判教思想研究　邓莉雅著

边缘与归属：道教认同的文化史考察　郭硕知著

道教时日禁忌探源　廖　宇著

清代清修内丹思想比较研究——以柳华阳、闵一得、黄元吉为对象　张　涛著

闵一得研究　陈　云著

第十九批(2017 年)

中医运气学说与道教关系研究　金　权著

《道枢》研究　张　阳著

全真教制初探　高丽杨著

道教师道思想研究　孙瑞雪著

生命哲学视域下的道教服食研究　徐　刚著

"真心观"与宋元明文艺思想研究　曹　磊著

礼法与天理：朱熹《家礼》思想研究　彭卫民著

儒佛融摄视野下的马一浮、熊十力思想比较研究　王　毓著

道教与书法关系研究　阳志辉著

近代城市宫观与地方社会——以杭州玉皇山福星观为中心　郭　峰著

第二十批(2018 年)

法相唯识学认知思想研究　石文山著

禅观影像论　史　文著

早期道教经韵授度体系研究　陈文安著

明清禅宗"牧牛诗组"之研究　林孟蓉著

道教内外丹关系研究　盖　菲著

先秦道家人性论研究　周　耿著

王弼易学研究——以体用论为中心　张二平著

究天人之际——从《尚书》上探儒家本色　黄靖雅著

上阳子陈致虚生平及思想研究　周　冶著

第二十一批(2019 年)

《春秋》纬与汉代思想世界　王小明著

道教与唐前志怪小说专题研究　徐胜男著

康有为、梁启超、谭嗣同佛教思想研究　赵建华著

先秦儒道本体论研究　王先亮著

张万福与唐初道教仪式的形成　田　禾著

“三纲九目”:朱子《小学》思想研究　徐国明著
先秦儒家天命鬼神观研究　胡静静著
汉末道教的“真道”观及其展开——基于《太平经》《老子想尔注》《周易参同契》的研究　孙功进著
道德与解脱:中晚明士人对儒家生死问题的辩论与诠释　刘琳娜著
王阳明与其及门四大弟子的情论研究　张翅飞著
大道鸿烈——《淮南子》汉代黄老新“道治”思想研究　高　旭著

第二十二批(2020年)

元代理学与社会　朱　军著
《晏子春秋》研究　袁　青著
明代寺院经济研究　周上群著
《老子指归》的哲学研究　袁永飞著
南宋士人笔记中的宋代道士形象研究　武清旸著
唐玄宗道儒佛思想研究——以注疏三经为中心　王玲霞著
陈景元美学思想研究　罗崇蓉著
敦煌本《大乘百法明门论》注疏研究　张　磊著
川北地区道教宫观建筑思想及历史文化研究　王鲁辛著
德国巴伐利亚州立图书馆藏三类金门瑶经书抄本研究　肖　习著

第二十三批(2021年)

元代《春秋》学研究　张立恩著
《楞严经》思想体系研究　段新龙著
困境与机遇——民国成都道教生存状况研究　金恺文著
早期禅宗般若思想研究　陆杰峰著
聚云吹万广真研究　王廷法著
邵以正与明初净明道　叶文学著
清代道教事务管理研究　由　申著
四川三台县云台观研究　袁春霞著
宋代道教炼度研究　刘　陶著

图书在版编目（CIP）数据

困境与机遇：民国成都道教生存状况研究/金恺文著.
—成都：巴蜀书社，2022.10
（儒道释博士论文丛书）
ISBN 978-7-5531-1803-1

Ⅰ.①困…　Ⅱ.①金…　Ⅲ.①道教史—研究—成都—民国　Ⅳ.①B959.2

中国版本图书馆CIP数据核字（2022）第185176号

困境与机遇——民国成都道教生存状况研究
KUNJING YU JIYU MINGUO CHENGDU DAOJIAO SHENGCUN ZHUANGKUANG YANJIU
金恺文　著

责任编辑　谢正强
出　　版　巴蜀书社
　　　　　成都市锦江区三色路238号新华之星A座36层
　　　　　邮政编码：610023
　　　　　总编室电话：(028) 86361843
网　　址　www.bsbook.com
发　　行　巴蜀书社
　　　　　发行科电话：(028) 86361852
经　　销　新华书店
印　　刷　四川宏丰印务有限公司
　　　　　电话：(028) 85726655　13689082673
版　　次　2023年4月第1版
印　　次　2023年4月第1次印刷
成品尺寸　203mm×140mm
印　　张　11.625
字　　数　290千字
书　　号　ISBN 978-7-5531-1803-1
定　　价　66.00元
